Dispensa Coletiva Não é Um Direito

Dispensa Coletiva Não é Um Direito

Jorge Luiz Souto Maior

Professor Associado da Faculdade de Direito do Largo de São Francisco – Universidade de São Paulo. Desembargador do Tribunal Regional do Trabalho da 15ª Região.

LACIER

LACIER
Lacier Livraria e Editora
www.livrarialacier.com.br

Rua Doutor Quirino, 808 – Centro
CEP 13015-081 – Campinas, SP – Brasil

Agosto, 2021

Diretor: *Lacier José de Rezende*
Diretor assistente: *Eduardo Soares Aureliano*
Revisão: *Giovanna Magalhães*
Projeto de capa: *Fabio Giglio*
Projeto gráfico e editoração eletrônica: *Peter Fritz Strotbek – The Best Page*

Ficha Catalográfica

Dados Internacionais de Catalogação na Publicação (CIP)
(Câmara Brasileira do Livro, SP, Brasil)

Maior, Jorge Luiz Souto
Dispensa coletiva não é um direito / Jorge Luiz Souto Maior. — Campinas, SP : Lacier Editora, 2021.

Bibliografia.
ISBN 978-65-88805-10-7

1. Contrato de trabalho — Brasil 2. Dignidade humana 3. Direito do trabalho 4. Direitos humanos 5. Empregados — Demissão — Brasil I. Título.

21-75624 CDU– 34:331.13

Índices para catálogo sistemático:

1. Dispensa coletiva : Direito do trabalho 34:331.13

Cibele Maria Dias – Bibliotecária – CRB-8/9427

Sumário

"A solução pro nosso povo eu vou dá
Negócio bom assim ninguém nunca viu
Tá tudo pronto aqui é só vim pegar
A solução é alugar o Brasil."

Aluga-se, Raul Seixas, 1980.

Prefácio

Valdete Souto Severo[1]

O convite para apresentar esse livro me emociona, porque é de algum modo importante registro de uma trajetória de pelo menos 15 anos de estudos compartilhados sobre o tema da perda do emprego. Evoca em mim a memória dos tantos encontros acadêmicos e associativos, em que — com Jorge —, conseguimos pautar temas centrais que orbitam o mundo do trabalho. Encontros hoje interditados pela realidade trágica de uma pandemia utilizada como instrumento político de morte e de disputa de poder.

Seguimos nossa troca, por meios virtuais, e é sempre um aprendizado incrível ler e ouvir o Jorge. Esse texto, por exemplo, é delicioso pelo conteúdo, pela forma de exposição e pelo que nos convoca a refletir.

Estamos vivendo não apenas mais uma das crises agudas do capital, mas a asfixia de um sistema que sempre foi disfuncional, cujas características objetivas tiveram como consequência, nesses três últimos séculos, uma destruição ambiental e humana que nos coloca na berlinda. Como Jorge bem demonstra no mergulho histórico sobre a construção dos Direitos Humanos, não passamos esse tempo todo aplaudindo as escolhas políticas que produziram tais resultados. Ao contrário, o modelo de convívio social em que apostamos é tão predatório, que violenta e dialeticamente nos impeliu à necessidade de criação de mecanismos de contenção.

Como afirma Jorge, "por mais que a teoria dos Direitos Humanos tenha se esforçado para criar uma narrativa de que as Declarações e Tratados firmados no século XX tivessem sido uma continuidade do processo normativo iniciado no século XVIII, o fato concreto é que a racionalidade social assumida neste período foi, precisamente, a de romper com os valores liberais e individualistas que até então imperavam". Uma

(1) Doutora em Direito do Trabalho pela USP/SP. Pós-doutoranda em Ciências Políticas pela UFRGS/RS. Professora. Coordenadora do Grupo de Pesquisa Trabalho e Capital da UFRGS/RS. Juíza do Trabalho. Membra do RENAPEDTS — Rede Nacional de Pesquisa em Direito do Trabalho e Seguridade Social. Presidenta da AJD — Associação Juízes para a Democracia. Membra da Diretoria da ALTJ Associação Latinoamericana de Jueces del Trabajo.

tentativa, portanto, de salvar o capitalismo de si mesmo. O conjunto de Direitos Humanos, dentro do qual — talvez como sua principal expressão — está situado o Direito do Trabalho, não reafirma ideais burgueses. Essa é uma das preciosidades desse texto: a explicitação da fraude narrativa que decorre de toda a tentativa de acomodar os Direitos Humanos dentro de uma pretensa continuidade evolutiva dos preceitos liberais modernos.

O que se fez no Século XX foi construir diques, a partir de um discurso que busca confrontar a perversidade dos "padrões de vida burgueses", embora sem propor, é verdade, mudanças estruturais mais profundas. O fato de que as dimensões desses direitos são teorizadas a partir da tríade igualdade, liberdade e fraternidade, tema da Revolução Francesa, demonstra que houve, e há, no mínimo, ingenuidade no estudo e na compreensão do significado histórico dos pactos construídos, especialmente em nível internacional, ao longo do Século XX.

Os direitos de quem vive do trabalho são fruto desse tempo histórico em que já se tornara evidente a impossibilidade de seguir apostando em uma regulação liberal. Também eles não podem, portanto, ser compreendidos a partir da racionalidade que inspirou as revoluções burguesas. É o que Jorge demonstra neste texto. Há uma tentativa de ruptura, a partir da fixação de limites para a espoliação. Limites que, não por acaso, são sistematicamente ignorados. E o melhor exemplo é sem dúvida o inciso I do art. 7º da Constituição de 1988, que segue sendo interpretado a partir de uma regra transitória que nega seu conteúdo. A proteção *contra* a despedida resume-se, na prática das relações de trabalho, à indenização *em razão da* perda do emprego. O tema mereceu a atenção dos agentes que se mobilizaram para destruir o Direito do Trabalho através do texto da Lei n. 13.467, e que introduziram na CLT o art. 477A. Enquanto isso, segue o silêncio eloquente da doutrina e da jurisprudência, acerca da necessária eficácia — ainda que mínima — do direito à relação *de emprego protegida contra a despedida*, a que se refere a Constituição.

A proteção contra a perda do emprego é condição de possibilidade para o exercício de todos os demais direitos sociais. Não há limitação da jornada, contenção do assédio, condições saudáveis de trabalho ou mesmo salário mínimo, em uma realidade na qual a despedida pode ser imotivada, especialmente se houver milhões de pessoas desempregadas. Perder o emprego é perder a possibilidade de viver com dignidade ou mesmo de viver, ainda que em situação de precariedade. Afinal, a nossa escolha de tornar tudo mercadoria a ser adquirida através de dinheiro que, como regra, só é acessível com a venda de trabalho, faz com que a vida dependa do salário. No Brasil, hoje, são quase 15 milhões de pessoas desempregadas. A maior parte da população economicamente ativa está sem trabalho ou subempregada, o que torna ainda mais grave a perda do emprego.

Vários países, cujas experiências são trazidas neste livro, atuaram concretamente para dificultar a despedida, tornando a estabilidade um instituto central na regulação jurídica das relações sociais. Outros, como o Brasil, muito por conta da cultura colonial e escravista que dissemina o discurso do trabalho como benesse e relativiza a violência da dominação, negam a mínima segurança que decorre do direito à motivação da dispensa.

A discussão travada no RE n. 999.435 sequer tangencia o direito à estabilidade. Refere-se à necessidade de negociação coletiva prévia à decisão de despedir um número expressivo de pessoas, como um modo de evitar a perda do emprego ou, pelo menos, engendrar caminhos para a realocação das trabalhadoras e trabalhadores ou para viabilizar sua sobrevivência física, até que encontrem novo trabalho.

A despedida coletiva é a potencialização da perversidade que decorre da perda do trabalho remunerado. Quando grandes empresas, "diante do mero argumento da possibilidade futura de uma dificuldade econômica", sacrificam empregos, obtendo como resultado o "desemprego em massa, diminuindo o poder de compra dos trabalhadores, aumentando o déficit público com as parcelas de seguro-desemprego, produzindo, assim, um efeito bola de neve no sentido autodestruidor na interligação que se instaura entre capital, trabalho, produção e consumo", como refere Jorge, é a sociedade toda que perde. Afinal, a circulação de riquezas e o consumo são condições para que o sistema funcione. Logo, a facilitação da despedida constitui prática que compromete inclusive os ideais de segurança e previsibilidade, tão caros ao discurso liberal.

Por trás de toda essa discussão, está o tema da função que o Estado e o Direito exercem, desde uma perspectiva supostamente comprometida com os Direitos Humanos. Eis a outra preciosidade deste livro. Mostrar como a discussão sobre a garantia mínima de negociação antes de uma despedida coletiva coloca em xeque a incapacidade do Estado em lidar com um projeto social que de algum modo tensione a lógica liberal de aposta na precarização, na exclusão, na concentração de renda e, pois, no aumento da desigualdade e da miséria.

Ao examinar a atuação do STF diante da necessidade de concretização da ordem constitucional, o que Jorge revela é um aparente paradoxo. O poder, cuja existência justifica-se exatamente pela necessidade de fazer valer a ordem constitucional, tem atuado, sistematicamente, para boicotá-la. Não o faz, porém, em todos os temas. Ao contrário, no âmbito dos direitos individuais, é possível identificar uma atuação comprometida com valores contemporâneos que revelam um discurso solidário, humanitário, que supera os pressupostos de uma ordem estritamente liberal. Isso muda, porém, quando o tema é trabalhista.

A análise das decisões proferidas pelo STF nos últimos anos, em relação ao Direito do Trabalho, revela uma atuação desconstrutiva, negacionista, que impede a realização do projeto de sociedade previsto na Constituição. Os exemplos são muitos: a redução do prazo de prescrição do FGTS, a ampliação da terceirização, o reconhecimento da validade de cláusula de quitação geral em planos de "demissão voluntária", a supressão do direito às horas *in itinere*, a possibilidade de redução de salário por acordo individual, a supressão dos juros dos créditos trabalhistas, além dos votos já proferidos em relação à constitucionalidade da Lei n. 13.467, na ADI n. 5.766.

O paradoxo é apenas aparente porque o Estado atua substancialmente como instrumento de manutenção da ordem do capital. O tensionamento dessa ordem, por meio de toda a doutrina dos Direitos Humanos, esbarra na *eficiência* das estruturas de poder, idealizadas e instrumentalizadas para viabilizar e perpetuar as características objetivas do sistema capitalista. Como Jorge bem afirma, nossa apreensão em relação ao que será o resultado do RE n. 999.435 é, em si, evidência de uma crise. Em tese, deveríamos ter a certeza de que a corte constitucional agiria no sentido de reafirmar a efetividade dos Direitos Humanos de quem vive do trabalho, afinal é neles que a Constituição está fundada. Se nos preocupamos, é porque algo está fora do lugar.

A questão é investigar o que realmente está fora de lugar. Em outras palavras, é preciso saber se há espaço para os Direitos Humanos em uma realidade capitalista. E, se não houver, qual deverá ser a nossa aposta: no sistema vigente ou em mudanças estruturais que finalmente permitam a prevalência concreta da racionalidade pela qual — como diz o art. 170 da Constituição — a economia seja orientada pelos "ditames da justiça social". Afinal, no âmbito do discurso, já conseguimos afirmar e compreender que não há justiça onde há desemprego, miséria, fome. Esse discurso, porém, torna-se inócuo, se os diferentes agentes de poder atuam, de forma coordenada, para negá-lo.

Uma Constituição como a de 1988 constitui a pretensão de consolidação de um novo pacto, cabendo ao Direito materializá-lo. Quando esse pacto de algum modo atinge características objetivas do sistema, é fácil intuir que sua materialização encontrará fortes obstáculos.

As decisões do STF em matéria trabalhista, desde o momento em que reconhecida a constitucionalidade do Direito do Trabalho — algo inevitável, como Jorge demonstra já no início deste livro — têm explicitado isso, exatamente porque a regulação da relação entre capital e trabalho é o que — dentro do Direito — torna mais clara a contradição entre a racionalidade social e a lógica capitalista.

As informações e as reflexões contidas neste livro constituem, portanto, uma leitura obrigatória, não apenas porque põem luz na questão central de que não há Estado Social sem proteção contra a despedida. Também, e sobretudo, para que se compreenda o que está em jogo em decisões como aquela a ser proferida no RE n. 999.435. Não há mais como seguir teorizando ou apostando em um Estado Social que não existe. O uso hermenêutico do discurso jurídico para distorcer, negar e corromper Direitos Humanos chegou ao seu limite. É preciso que essa falência seja reconhecida e discutida com seriedade. Decisões que negam direitos a quem vive do trabalho inviabilizam a materialização do Estado Social, cujo discurso conscientemente assumimos como necessário.

Após quase 33 anos de vigência, tornou-se algo evidente que o texto da Constituição não operará a necessária mudança de discurso. Nem mesmo a tragédia da pandemia da Covid-19, que ceifou precocemente mais de 500 mil vidas em pouco mais de um ano e vem deixando um legado de milhões de pessoas sequeladas, física e emocionalmente, foi capaz de sensibilizar quem atua nas estruturas de poder. Ao contrário, é justamente durante o período de crise sanitária e humanitária que vemos multiplicarem-se medidas e decisões, nas quais direitos sociais são sonegados.

Estamos em uma encruzilhada. Não podemos seguir agindo como se tudo estivesse bem, como se decisões judiciais que contrariam a literalidade da Constituição fossem fruto de uma interpretação legítima das regras do jogo e não estratégia de construção de uma nova ordem, na qual não há espaço para Direitos Humanos.

Na tensão de forças entre o que o modelo de organização social vigente é, e o que queremos dele (ou *em que queremos transformá-lo*), não está dado o que prevalecerá. Essa é a riqueza do nosso tempo histórico. Daí a importância das reflexões aqui reunidas.

Nossas escolhas políticas matam e isso não é uma simples metáfora. Nossa omissão também. Desemprego em uma realidade capitalista é sinônimo de endividamento, perda de capacidade de consumo e, no limite, prejuízo concreto à saúde e à vida. Em tempo de pandemia, despedidas coletivas são atos que potencializam o adoecimento e a morte. Então, impedi-las ou ao menos dificultá-las, especialmente agora, é essencial. Como essencial é também pensar nossa existência, nossa função e o sentido de estarmos em uma realidade na qual democracia, redução da miséria e desenvolvimento nacional não têm passado de meras palavras escritas no texto da Constituição. Mudar essa realidade é tarefa histórica urgente e esse livro é um importante instrumento à sua disposição.

Então, aprecie sem moderação!

Apresentação

Leonardo Vieira Wandelli[1]

Fim. É este o começo do fio da meada a puxar para entender a história. Como mostra o tema desta obra que tenho a honra de apresentar, é o fim que revela o sentido da trama. Sim, como no cinema. O sofrimento, os anseios, os conflitos, as esperanças, as idealizações, tanta coisa que se passou... tanto esforço... tudo converge e tensiona para um sentido que só se produz inteiramente no final. Assim é o filme das relações vividas — na pele, não na tela — no mundo do trabalho. O seu sentido se revela por inteiro quando do exercício do poder privado de pôr-lhe um fim. Por isso é justo que este prefácio, por definição algo que vem antes, já vá direto ao fim. É ele o tema deste valioso estudo de Jorge Luíz Souto Maior: o fim coletivo, balizado pelo direito e pela organização coletiva, vivido em histórias humanas que, se de um lado, se repetem pela massificação da vulnerabilidade frente ao possível descarte sem maiores considerações, lamentável filme tantas vezes visto, de outro são experimentadas seja como momento de luta e solidariedade coletiva, seja como drama singularmente sofrido com as múltiplas configurações que a centralidade do trabalho propicia na vida de cada um.

Jorge, sem favor um dos maiores nomes do Direito do Trabalho brasileiro, nos apresenta uma reflexão doutrinária rigorosamente jurídica sobre o julgamento a respeito do fim coletivo das relações de trabalho, ora em curso no STF. Uma obra que é produto de estudos e angústias cultivados pela sabedoria do autor e condensados ao longo de décadas em que essa chaga jurídica permanece aberta. Tempos em que muito aprendi com Jorge ao compartilhar a preocupação com essa questão crucial que pautou boa parte do que escrevi.[2] Mas esta é uma obra publicada ainda antes do fim do julgamento do RE n. 999.435, tamanha a importância e o impacto que os votos já

(1) Juiz do Trabalho no Paraná. Mestre e doutor em direito pela UFPR. Diploma de Estudios Avanzados en Derechos Humanos y Desarrollo pela Universidad Pablo de Olavide de Sevilla. Professor em cursos de especialização. Consultant contractor do OHCHR/UN. Gestor nacional do Programa Trabalho Seguro do TST/CSJT.

(2) WANDELLI, Leonardo. *Despedida abusiva.* São Paulo. LTr, 2004. *Idem. O direito humano e fundamental ao trabalho:* fundamentação e exigibilidade. São Paulo: LTr, 2012. *Idem.* Comentário ao art. 7º, I, in: CANOTILHO, J. J. Gomes *et alii* (Coords.). *Comentários à constituição do Brasil.* 2. ed. São Paulo: Saraiva, 2018. p. 584 e ss.

proferidos projetam sobre a realidade e os valores e normas constitucionais em plena pandemia.

Realmente, diversas análises empíricas têm demonstrado o quanto a hecatombe sanitária vem servindo de ensejo para o agravamento ainda maior da já elevada precariedade nas relações de trabalho no Brasil(3), afetando desigualmente os segmentos mais vulneráveis, quando o óbvio movimento deveria ser o de reforçar os mecanismos de proteção do emprego e das pessoas, inclusive para mitigar-se o impacto sobre a renda do trabalho, tão relevante para a retomada da atividade econômica.

Enquanto se aguarda o fim do julgamento — como dizia Paulo Freire em sua Canção Óbvia, "o tempo da espera é um tempo de quefazer" — é necessário refletir sobre como o enredo nos trouxe até aqui, pra tentar descobrir como sair dessa enrascada. Dias em que a tragédia mundial é aproveitada não para fortalecer o que nos resta de civilidade, como Jorge bem lembra ter sido feito ao final das duas maiores guerras do século XX, quando justamente fez-se questão de fixar que "o trabalho não é uma mercadoria" e que "não há paz duradoura sem justiça social", dando ensejo à progressão do reconhecimento e implementação, dentre os direitos humanos, daqueles relativos ao mundo do trabalho e dos trabalhadores. Se foi necessário proclamar a lembrança desses princípios básicos nesses precisos momentos, não foi por acaso ou benemerência. Agora, o que vemos, é que a pandemia serve de pretexto para que as relações de trabalho já dilaceradas pelas décadas neoliberais, sejam ainda mais espremidas pelo modelo de concentração de renda e promoção deliberada da vulnerabilidade como método de produção e governança, cuja exacerbação já coloca em cheque a própria democracia.

É importante perceber que não se trata dos efeitos de uma escassez natural que afeta os números do trabalho, mas sim do resultado das opções políticas, econômicas e jurídicas repetidamente adotadas diante de mais esta crise. Uma compulsão de repetição, como naqueles filmes em que o personagem acorda todos os dias retornando ao início da trama sem conseguir se desvencilhar do mesmo fim traumático.(4) Neste caso, o ritornelo neoliberal parece aprisionar a sociedade em reiterar a mesma fórmula de que seria preciso reduzir e suprimir direitos, para que mais pessoas tenham algum trabalho. Uma ideia morta-viva, porque jamais confirmada pela realidade, tendo sido

---

(3) De 2003 a 2014 o mercado de trabalho brasileiro experimentou relativa redução da precariedade, havendo piora qualitativa progressiva desde 2016, que foi agudizada a partir da pandemia em 2020. BRIDI, Maria Aparecida. *A pandemia Covid-19:* crise e deterioração do mercado de trabalho no Brasil. Estudos Avançados [*online*]. 2020, v. 34, n. 100 [Acesso em: 11 Julho 2021], p. 141-165. Disponível em: <https://doi.org/10.1590/s0103-4014.2020.34100.010>. *Epub* 11 nov. 2020. ISSN 1806-9592. <https://doi.org/10.1590/s0103-4014.2020.34100.010>.

(4) Vale citar, dentre outros o clássico Feitiço do Tempo (Groundhog Day, 1993), A Morte Te Dá Parabéns (Happy Death Day, 2017) e o excelente curta, ganhador do Oscar, Dois Estranhos (Two Distant Strangers, 2021).

muitas vezes falseada[5], mas que, mesmo sem vida real, insiste em devorar o trabalho vivo. Uma ameaça que caberia muito bem como personagem de filmes de zumbis. Mas é essa ideia zumbi que parece animar os pensamentos que se expressam em muitos votos de ministros do STF em matéria trabalhista nos últimos anos. Em alguns casos, rudimentos de ilações sobre consequências econômicas das decisões são adotadas como fundamento jurídico, em uma clara sobredeterminação do direito por certa mitologia econômica, algo que Niklas Luhmann denominaria corrupção do código do sistema jurídico. Em outros, escassas referências a trabalhos de economia aplicada com um único e marcado viés são apropriadas fora de contexto para revestir de "fundamento científico" a decisão tomada.[6] A pandemia de Covid-19, por sua vez, foi invocada pelo STF na ADI n. 6.363 para validar a disposição de direitos por acordo individual, escanteando o papel constitucional reservado aos sindicatos.

É preocupante perceber como, nas últimas décadas, o STF primeiro exerceu o papel voluntário de figurante na cena jurídica do trabalho, malgrado a intensa constitucionalização da proteção do trabalho pela Constituição de 1988, para assumir, nos anos mais recentes, a posição de protagonista e ativista de uma desconstrução da regulação pública de proteção do trabalho digna do cine-catástrofe. Até pouco mais de uma década atrás, o STF pós 1988 poderia ser considerado uma corte que se mantinha distante da tarefa de constitucionalização do direito do trabalho. Não

---

(5) A OIT publicou em 2009 um volume especial da sua *Revista Internacional del Trabajo*, na qual se faz um balanço geral de todas as políticas flexibilizadoras das relações de trabalho de corte neoliberal adotadas na América Latina nos anos 1980 e 1990, com estudos especificos sobre os casos do Brasil, Argentina, México, Bolívia e Chile. Em todos esses casos, as políticas de flexibilização da regulação estatal somente resultaram em degradação das condições de vida e piora dos indicadores do mercado de trabalho, aumento da desigualdade e redução da proteção social, sem que houvesse a geração de emprego. Desde o fracasso dessas políticas nesses países se iniciou, no Brasil a partir de 2003, na Argentina em 2002, na Bolívia em 2006, no Chile desde 2008, uma mudança na tônica das políticas de regulação do mercado de trabalho, com um viés de fortalecimento da regulação pública, muito embora, como no caso brasileiro, tenha havido contraditoriamente a adoção de algumas medidas flexibilizadoras, como é o caso da redução das garantias aos créditos trabalhistas na recuperação judicial ou das leis de trabalho intelectual e de transporte de carga, que induzem a contratações fraudulentas. Mas, de modo geral, houve no Brasil, no decênio de 2004-2013, uma significativa redução do trabalho sem registro, aumento do salário mínimo em mais de 50% em termos reais, aumento do emprego com melhora qualitativa da ocupação, redução significativa do desemprego, aumento da participação do trabalho na renda, melhora dos indicadores de desigualdade, sem o recurso a medidas flexibilizadoras, ao contrário, com ampliação da regulação pública do trabalho (ressalvadas algumas medidas contraditórias). KREIN, José Dari; SANTOS, Anselmo Luis dos; NUNES, Bartira Tardelli. *Trabalho no Governo Lula:* Avanços e Contradições. Texto para discussão. Campinas, IE/UNICAMP, n. 201, fev. 2012. *Vide*, especialmente, o grande levantamento internacional realizado pela OIT, constatando a ausência de correlação entre nível de rigidez da regulação e nível de emprego, OIT, *World Employment and Social Outlook 2015: The Changing Nature of Jobs* (Geneva, 2015) p. 118, 129.

(6) CUNHA FILHO, Marcio. Direito e ciência: uma relação difícil. *Revista Direito GV* [*online*]. 2021, v. 17, n. 1 [Acesso em: 12 jul. 2021] , e 2110. Disponível em: <https://doi.org/10.1590/2317-6172202110>. Epub 16 abr. 2021. ISSN 2317-6172. <https://doi.org/10.1590/2317-6172202110>. O autor faz um rigoroso escrutínio, sob o ponto de vista da atitude supostamente "científica" no voto do Min. Luiz Fux no julgamento do RE n. 958.252/MG, em que o STF reconheceu a constitucionalidade da terceirização nas chamadas atividades fins e a inconstitucionalidade da Súmula 331, do TST, que vedava essa forma de intermediação do trabalho.

que não tenha decidido alguns temas importantes, inclusive quanto à disciplina da despedida, especialmente em controle objetivo, como na ADIn 1480, em que afastou aplicabilidade da Convenção n. 158 da OIT, baseando-se na compreensão de que o tratado internacional teria estatura de mera lei ordinária e não poderia ocupar um espaço reservado pelo art. 7º, I, à lei complementar. Uma decisão cujos efeitos são analisados nesta obra e, embora seu fundamento esteja hoje já superado pelo mesmo STF a Corte ainda não chegou ao fim do julgamento da ADIn n. 1.625 proposta há mais de 20 anos. Esta ADI questiona a constitucionalidade da denúncia da mesma Convenção da OIT e que hoje, compreendida como norma supralegal, poderia ocupar o lugar normativo interditado pela eloquente omissão de mais de três décadas do legislador. Manifestou-se o STF nas ADIns ns. 1.721 e 1.770, quando reconheceu que a aposentadoria espontânea não poderia ser considerada causa de extinção do contrato de trabalho, como também na ADI 639, em que reconheceu que a lei ordinária poderia estabelecer estabilidade especial ao acidentado[7]. Contudo, a tônica foi de omissão no essencial, haja vista a tolerância com a omissão em dar efetividade à "proteção contra a despedida arbitrária ou sem justa causa" que encabeça o rol de direitos fundamentais do art. 7º, ou o fato de que nunca se desenvolveu uma doutrina constitucional substantiva sobre aquele que é considerado o "direito social por antonomásia", o direito ao trabalho.[8] O conhecimento das controvérsias trabalhistas na via incidental em regra esteve limitado sob os argumentos de violação reflexa e de a pretensão depender de revisão da matéria de fato. Na via direta, muitas questões tiveram seu julgamento simplesmente postergado. Ou seja, nos anos que se seguiram à promulgação da Constituição, o déficit de constitucionalidade nas construções dogmáticas do direito do trabalho decorria da atuação extremamente comedida do STF nessa área, salvo alguns aspectos pontuais, caracterizando uma certa inércia complacente.

Especialmente na última década, o STF passou a assumir como tarefa o debate constitucional do direito do trabalho, protagonizando um verdadeiro ativismo com o objetivo de interditar ou pelo menos apequenar qualquer movimento de dar normatividade à Constituição nesse âmbito, frente a omissões ou violações do legislador ordinário, adotando em muitos casos fundamentos que claramente promovem uma visão neoliberal da normatividade do trabalho[9], a pôr-se de costas ao intenso plexo

---

(7) A respeito da disciplina da despedida na Constituição, ver o nosso comentário ao art. 7º, I, em CANOTILHO, J. J. Gomes *et alii* (Orgs.), ob. cit., p. 592-596.

(8) WANDELLI, Leonardo Vieira. *O direito humano e fundamental ao trabalho*, ob. cit.

(9) COUTINHO, Aldacy Rachid. Retrocesso social em tempos de crise ou haverá esperança para o direito do trabalho?: uma análise da jurisprudência do Supremo Tribunal Federal. *Revista do Tribunal Superior do Trabalho*, São Paulo, SP, v. 83, n. 3, p. 17-58, jul./set. 2017. *Idem*. Reforma trabalhista brasileira e o Supremo Tribunal Federal : as escolhas trágicas? *Revista da Faculdade Mineira de Direito*, Belo Horizonte, v. 21, n. 31 (2018), p. 31-52. Em consistente investigação, Grijalbo Coutinho periodiza a atuação do STF como conservadora-moderada, no período 1990-2006 e ativista-conservador, no período 2007-2020. COUTINHO, Grijalbo F. *Justiça política do capital:* a desconstrução do Direito do Trabalho por meio de decisões judiciais. São Paulo:

constitucional de proteção do trabalho humano. Assim, no período mais recente, o STF passou a conhecer proativamente de diversos temas trabalhistas, inclusive em matérias em que tradicionalmente sua jurisprudência era no sentido de não conhecimento, mudando de posição, agora com o objetivo de bloquear intentos de "acordar os textos da Constituição"(10) a respeito das relações de trabalho, seja na sua aplicação direta, seja no controle de constitucionalidade dos atos legislativos e administrativos.

Daí o justificado ranger de cadeiras na plateia dos juristas do trabalho, que acompanham com vivo temor o suspense do julgamento que aqui se comenta e a premência em se acender as luzes sobre a questão, trazidas por esta bem-vinda obra. De fato, a definição de limitações ao poder privado de pôr fim à relação de emprego não é uma cena qualquer da trama, mas uma cena-chave. A regulação das despedidas é o eixo sobre o qual giram os fatores mais determinantes para o efetivo exercício dos demais direitos decorrentes da relação de emprego em regime de mercado. Frente à desproteção em face da despedida, todo o conjunto de direitos e valores jurídicos de proteção do trabalho acaba materialmente esvaziado pela possibilidade da perda do emprego mediante um simples ato imotivado de exercício de poder privado pelo empregador.

Sendo historicamente raras as situações de pleno emprego, a possibilidade de resistir a condições de trabalho discriminatórias, prejudiciais à saúde, assédios, transferências ilícitas, alterações nas condições de trabalho, ou mesmo frente ao não recebimento de parte dos salários ou horas extras, por exemplo, acaba essencialmente tolhida na vigência de relação de emprego à mercê da ruptura arbitrária pelo empregador. Bem assim, a despedida injusta performa verdadeira denegação de reconhecimento do valor da contribuição do trabalho. Por isso, a ruptura do contrato de trabalho não é um simples ato de vontade negocial como outro qualquer, estando repleta de consequências juridicamente relevantes para o plexo de bens juridicamente protegidos associados ao trabalho digno. Deve, pois, estar adstrita aos fins sociais da ordem econômica de valorização social do trabalho e busca do pleno emprego (art. 170, *caput*, e VIII) e aos direitos fundamentais ao trabalho e de proteção contra despedidas arbitrárias ou sem justa causa. A cidadania e os direitos fundamentais não perdem o efeito quando seus titulares passam pela catraca da empresa. Portanto não faz sentido que haja todo um conjunto de direitos, mas cuja vigência pode ser simplesmente suprimida de fato por um ato de mera vontade do empregador, sem motivação ou pela ameaça constante de sua prática.

Não por acaso a Constituição identificou o direito fundamental de proteção contra a despedida arbitrária ou sem justa causa como o primeiro no rol do art. 7º, a

---

Tirant lo Blanch, 2021.

(10) MÜLLER, Friedrich. *Discours de la méthode juridique*. Paris: PUF, 1996.

evidenciar sua relevância. Já no plano do direito internacional, tão bem estudado pelo autor da obra, a exigência de motivação justificada no rendimento ou na conduta do trabalhador ou nas necessidades de funcionamento da empresa é considerada a "pedra angular" das normas de proteção em face da despedida.[11] Para referir apenas elementos recentes de uma larga história no direito internacional, em resolução de março de 2016, o Conselho de Direitos Humanos da ONU ressaltou que "o direito ao trabalho compreende, entre outras coisas, o direito a não ser privado de trabalho de maneira arbitrária e injusta e que os Estados, de conformidade com as obrigações pertinentes relativas ao direito ao trabalho, estão obrigados a por em prática medidas que garantam a proteção dos trabalhadores contra a despedida injustificada."[12] No mesmo sentido, a sentença proferida pela Corte Interamericana de Direitos Humanos no caso Lagos del Campo vs. Peru (2017), deduzindo o direito à justificação da despedida diretamente do direito ao trabalho decorrente dos arts. 45, b e 34, b da Carta da OEA e no art. XIV da Declaração Americana de Direitos Humanos, considerou uma violação desse direito a despedida injustificada de um empregado que manifestara opinião crítica à empresa.

Já no caso das despedidas coletivas, a situação se torna ainda muito mais grave, em função da sua elevada repercussão jurídica e social. Neste caso é afetada toda uma comunidade de famílias e inclusive o seu entorno econômico e social. Além disso, no interior da empresa, a iminente despedida coletiva é o palco não só de um dilacerante impacto para os trabalhadores que permanecem, afetando a organização do trabalho[13], como também o ensejo para práticas discriminatórias e de opressão em torno da escolha dos demitidos. Tudo isso a exigir como núcleo mínimo da proteção do trabalho, o tratamento especial das despedidas coletivas, seguindo-se uma tradição normativa que vem do direito comparado, em especial da Convenção n. 158 da OIT e da Diretiva 98/59 da Comunidade Europeia e que no Brasil, em absoluta conformidade com os comandos da Constituição, levou à evolução da jurisprudência do TST, passando a exigir, como condição de validade das despedidas coletivas, a prévia negociação coletiva com a participação sindical. Esse pequeno avanço num tema tão crucial, que agora está ameaçado por um fim macabro.

É certo que tudo pode vir a ter um fim alguma hora e relações de trabalho não seriam diferentes. Contudo, poderíamos dizer que, na verdade, o fim principal da proteção jurídica do trabalho, como aliás houve bem de perceber o constituinte, é que o fim das relações de trabalho, quando ocorre, deve ser, diria, não um final feliz, o que seria esperar demais de relações de compra e venda do trabalho humano, mas um

---

(11) Estudio General sobre el Convenio n. 158 da OIT, 1995.

(12) Resolução da Assembleia Geral do CDH de 22-3-2016, A/HRC/31/L.32, sobre a efetividade do direito ao trabalho.

(13) Esse impacto é explorado no excelente filme Amor Sem Escalas (Up In The Air, 2010).

fim que expresse pelo menos um pouco do mesmo vínculo de compromisso e respeito que se exigiu e cultivou ao longo da relação para que dela se obtivessem os resultados esperados pela organização. Os fins da organização dependem desse envolvimento.

Trabalhar é, sem dúvida, a mais importante manifestação humana de obtenção do próprio sustento. É a ação em que a reprodução do próprio sujeito da ação constitui o seu fim. Mas é muito mais que isso. Quem trabalha não está só a desincumbir-se da prestação a qual se obrigou com o tomador de trabalho. O trabalhador está, nesse mesmo ato de alienação, em alguma medida, exercendo o direito fundamental ao trabalho, via essencial do desenvolvimento de sua personalidade, da conquista da saúde psíquica, do fortalecimento da identidade, da formação de vínculos de solidariedade, de aprendizado ético e político. E o dedicar-se ao trabalho, algo tão esperado pelas empresas, implica projetar expectativas de reciprocidade moral, de respeito e estima recíprocos que estão no cerne da construção intersubjetiva da identidade. Quando ocorre uma despedida massiva, esse efeito de ruptura de sentido, de quebra de compromisso, se expande exponencialmente. O mínimo que se pode esperar, de um estado democrático de direito que também valha para a cidadania do trabalho é que haja uma necessária mediação desse processo tão traumático, pela negociação coletiva, o que na prática, aliás, muitas vezes tem logrado evitar a despedida ou minimizar significativamente o seu impacto. Não há porque impor-se, do ponto de vista jurídico, ético, econômico, da organização produtiva ou o que for, a crueza de aceitar-se tamanho impacto na esfera pessoal e jurídica de tantas famílias e até de cidades inteiras sem qualquer negociação prévia. É a simples mediação, antes do ato, que se está a exigir. Não sejamos ingênuos. É uma mediação que não elimina a desigualdade de poder entre o trabalho e o capital. Mas cumpre a função democrática indeclinável de distanciar um tanto esse poder privado da crua violência. Como observa Byung-Chul Han, a mediação é o que permite o poder se estabilizar, diferenciando-o da violência e, por isso, as tiranias, cegas em mediações, são tão instáveis.[(14)] Talvez por isso o neoliberalismo, em sua crise de hegemonia, tenha de rasgar tanto as formas mais civilizadas de mediação do poder do capital, frutos de lutas históricas e, paradoxalmente, apelar a tão diferenciadas formas de violência, que vão da fome e exploração do medo à violência positiva, mesmo tendo logrado obter o máximo do poder sobre os trabalhadores: a autoexploração "livre". Oxalá seja esse um prenúncio de seu fim.

Não se pode esquecer que um dos principais fins da regulação pública do trabalho é proteger o próprio mercado de sua tendência autodestrutiva, que socava as bases principais da produção de valor: a natureza e o trabalho humano. Atualmente, na grave crise pandêmica, veem-se muitas empresas querendo maximizar atualmente seus ganhos, mediante o recurso a despedidas massivas, para depois contratar com salários

(14) HAN, Byung-Chul. *O que é poder*. Petrópolis: Vozes, 2019.

mais baixos, quando a opção legislativa seria pela suspensão dos contratos compensada pelo — precário — benefício emergencial, preservando os vínculos. Tal agir prejudica sobremaneira o futuro de toda a coletividade. E a negociação coletiva é o melhor meio de conter, aprimorar e minimizar os efeitos de um projeto de despedida massiva.

A modernidade capitalista, inventora do futuro e do progresso, cada vez mais absolutiza uma única dentre as racionalidades humanas: a racionalidade estratégica e instrumental. Ela é muito útil, por nos ensinar a como atingir os fins humanos com otimização eficiente dos meios empregados. Mas ela tem uma deficiência. Nada nos ensina sobre a escolha dos fins a atingir de forma eficiente. Para isso é necessário mobilizar outras racionalidades e afetos. Além disso, a racionalidade estratégico instrumental não inclui a reprodução do próprio sujeito da ação racional. Ela nada nos avisa sobre o risco de ser eficiente em cortar o galho em que se está sentado. Eis aí a sua irracionalidade.(15) A humanidade, sob a absolutização da lógica do capital, tornou-se esta estranha espécie, capaz de tudo fazer de modo eficiente, mas perdida acerca de quais seriam os fins dignos de serem buscados, aí incluída a própria reprodução e o desenvolvimento humanos. Terminamos sendo cada vez mais eficientes em devorar as bases da riqueza humana e da sustentabilidade de nossa existência no planeta. O julgamento de uma questão como a envolvida no RE n. 999.435, pode dizer muito a respeito de a quantas andamos nesse processo e se ainda somos capazes de mudar de rumo antes do precipício, mitigando o tratamento do trabalho humano como mercadoria pela afirmação de uma necessária mediação antes do fim.

As relações humanas habitam a história. Não há na história sistema político ou econômico que não tenha chegado ao fim, por mais que o agora falido modelo neoliberal tenha se autoproclamado o fim da história. Mas a história, mesma, essa não tem fim. Por isso, jamais ganhamos ou perdemos definitivamente. E o direito não é externo a essas lutas, mas um de seus elementos. É sempre paradoxal defender os direitos de oprimidos na sociedade capitalista, já que sabemos que, em suma, o Estado nada tem de neutro. Mas essa defesa é ainda hoje a nossa principal prática de resistência e talvez a luta social não deva mesmo abandonar a luta por direitos. Paradoxos têm a vantagem de deslocar continuamente o fim. Nisso, o caráter paradoxal dos direitos humanos têm seu quê de utopia e nos faz ir adiante. Ainda vale, pois, a advertência de que "o fim dos direitos chega quando eles perdem o seu fim utópico".(16)

Já é tempo de pôr um fim a este prefácio e desejar uma boa leitura, quem sabe com pipoca, mas também convidando a plateia a interagir e ir à luta, como faz esse grande autor e magistrado que é o Professor Jorge Luiz Souto Maior.

---

(15) HINKELAMMERT, Franz. *Crítica de la razón utópica*. Bilbao: Desclée de Brouwer, 2002.

(16) DOUZINAS, Costas. *O fim dos Direitos Humanos*. São Leopoldo: Editora Unisinos, 2009. p. 384.

1. O Papel do STF Frente ao Constitucionalismo Social

Está em andamento, no STF, no RE n. 999.435, a definição acerca das dispensas coletivas de trabalhadores. O julgamento foi suspenso em razão de pedido de vista do Min. Dias Toffoli. Por ora, o placar está 3 a 2, em favor da possibilidade de os empregadores promoverem dispensas coletivas de seus empregados, sem darem satisfação a ninguém.

Diante do teor do último voto prolatado, da lavra do Ministro Barroso, que foi contrário às expectativas, e em razão do pedido de vista, realizado logo após a explicitação do voto do Min. Barroso, abriu-se uma incerteza de qual será o resultado final deste julgamento.

Essa incerteza, no entanto, já é reveladora de um grave desvirtuamento do papel assumido pelo STF frente aos direitos trabalhistas.

Explico.

Certamente, uma manifestação completa a respeito dos fundamentos para essa explicação exigiria muitas horas de informações, análises e diálogos.

Mas há atalhos possíveis.

Vejamos, por conseguinte, essa questão por um ângulo cronologicamente invertido.

Seguindo este itinerário, a primeira constatação inevitável que se apresenta a olhos nus é a de que se o STF possui jurisdição sobre direitos trabalhistas é porque esses direitos foram alçados ao rol dos direitos constitucionais.

Essa constatação nos obriga a buscar entender como e porque isto se deu. Também esta apreensão exigiria um longo relato histórico, ileso, inclusive, a revisionismos.

De todo modo, a ninguém é dado desconhecer que ao final da Primeira Guerra Mundial, os diversos países envolvidos no conflito foram obrigados a formularem as bases de uma reconstrução da ordem mundial.

No Pacto da Sociedade das Nações, fixado no Tratado de Versalhes, restou formalizado o compromisso de se desenvolver uma cooperação entre as Nações, para o fim de garantir a paz e a segurança. Para a concretização de tal pacto, cumpriria às nações, dentre outras compromissos: manter claramente relações internacionais fundadas sobre a justiça e a honra; observar rigorosamente as prescrições do Direito Internacional, reconhecidas de ora em diante com regra de conduta efetiva dos Governos; fazer reinar a justiça e respeitar escrupulosamente todas as obrigações dos Tratados nas relações mútuas dos povos organizados.

Nos termos do art. 23, item 1, do Tratado consignou-se que os membros da Sociedade:

> esforçar-se-ão por assegurar e manter condições de trabalho equitativas e humanas para o homem, a mulher e a criança nos seus próprios territórios, assim como em todos os países aos quais se estendam suas relações de comércio e indústria e, com esse fim, por fundar e sustentar as organizações internacionais necessárias.(1)

No Tratado de Versalhes há um reconhecimento expresso de que o desprezo pelas condições de trabalho e de vida dos trabalhadores foi uma das causas principais da conflagração. Prova contundente e insofismável disso são os termos do próprio Tratado e a preocupação expressa de encontrar uma solução para o problema a partir da criação de instituições voltadas à formulação de direitos aos trabalhadores.

Como assevera o grande jurista espanhol, Manuel Alonso Olea:

> A ideia mais importante, expressa tanto pelo Tratado de Versalhes — Pacto da Sociedade das Nações, art. 23 — como pela Constituição da Organização internacional do Trabalho, é a de que a intranquilidade social é resultante da inexistência ou dos defeitos da regulamentação do trabalho de cada país, e gera tensões que ameaçam a paz e a tranquilidade gerais.(2)

Com estes propósitos foi criada, no bojo do Tratado de Versalhes (na Seção I da Parte XIII), a Organização Internacional do Trabalho (OIT), cujo princípio dirigente, expressamente previsto no referido documento, é o de que "o trabalho não deve ser considerado simplesmente como mercadoria ou artigo de comércio".

Em 1944, ao final da Segunda Guerra Mundial, as atividades da OIT foram retomadas e, em Conferência realizada na Filadélfia, realizada em maio daquele ano, foi proclamada a Declaração da Filadélfia, cujo objetivo principal foi o de reafirmar os compromissos firmados (e não cumpridos) no pacto que pôs fim ao primeiro conflito, ressaltando, mais uma vez, a relevância da proteção social aos trabalhadores a partir do princípio dirigente acima enunciado.

---

(1) Pacto da Sociedade das Nações. Liga das Nações. *DHNET*. Disponível em: <http://www.dhnet.org.br/direitos/anthist/his1919.htm>. Acesso em: 2 jun. 2021.

(2) OLEA, Manoel Alonso. *Introdução do Direito do Trabalho*. Tradução: Carlos Alberto Barata Silva, em colaboração com Darci Rodrigues de Oliveira Santana. São Paulo: LTr, 1984. p. 233.

Em 1946, a OIT foi tornada órgão permanente da ONU e, em 1948, a Declaração Universal dos Direitos Humanos relacionou, de forma expressa, os direitos trabalhistas.

No âmbito das Américas, em 1945, adotou-se a Declaração de Princípios Sociais da América, que restou inscrita na ata da Conferência Interamericana sobre os Problemas da Guerra e da Paz que se realizou na cidade Chapultepec, no México. O documento faz expressa referência à essencialidade dos direitos trabalhistas.

Em 1948, proclamou-se a Declaração Americana de Direitos e Deveres do Homem, também com menção explícita aos direitos dos trabalhadores, sendo que tal temática foi reforçada e ampliada, em 1988, no Protocolo Adicional à Convenção Americana sobre Direitos Humanos em matéria de Direitos Econômicos, Sociais e Culturais ("Protocolo de San Salvador").

Pois bem, foi esse o movimento internacional de reconhecimento da relevância dos direitos sociais, direcionado pela determinação dos países capitalistas em construir nova base de relacionamento com a classe trabalhadora (que, inclusive, participou ativamente das guerras), que acabou repercutindo, inevitavelmente, na ordem interna dos diversos países signatários das Declarações e Tratados, como forma, inclusive, de demonstrarem o quanto estavam mesmo dispostos a levar a efeitos concretos os compromissos assumidos.

É por isso que os direitos sociais (trabalhistas e previdenciários) foram parar nas Constituições de diversos países, inaugurando-se o movimento conhecido como "Constitucionalismo social". Não foi capricho, devaneio ou descuido dos constituintes locais.

No Brasil (país signatário de todos esses Tratados e Declarações), os efeitos do percurso histórico dos compromissos em questão podem ser observados no conteúdo das Constituições de 1934, 1937, 1946, 1967 e 1988, onde se vê, claramente, a consagração de direitos trabalhistas como valores constitucionalmente assegurados.

Na Constituição Federal de 1988, inclusive, em razão do papel preeminente da classe trabalhadora no processo de redemocratização do país, os direitos trabalhistas foram alçados ao Título das Garantias e Direitos Fundamentais.

Assim, quando se deparam com direitos trabalhistas na Constituição Federal de 1988 há de se compreender que o fato está relacionado a compromissos histórica e internacionalmente firmados.

E vale reforçar que a integração desses direitos à Constituição está diretamente ligada ao objetivo de se conferir eficácia plena aos valores humanos que expressam, vez que o desprezo com o tema, como reconhecido nas Declarações e Tratados internacionais, pôs em risco da sobrevivência da humanidade.

Atendidos todos esses parâmetros, cumpre ao STF, como guardião da Constituição e atuando com competência residual, intervir na jurisdição trabalhista apenas da hipótese concreta de uma decisão judicial ou do advento de uma lei ordinária que afronte o projeto constitucional baseado na dignidade humana (art. 1º, III), no "primado do trabalho" (art. 193), nos "ditames da justiça social" (art. 170) e na melhoria da condição social dos trabalhadores (art. 7º).

Cabe ao STF garantir a eficácia dos compromissos constitucionais e a essencialidade dos direitos trabalhistas e não usar o seu poder para se transmudar em uma quarta instância trabalhista e, muito menos, por via da interpretação e até mesmo da amplitude jurisdicional conferida às ações e recursos de sua competência, reescrever a Constituição a partir de postulados valorativos inversos daqueles nela consagrados, promovendo, com isso, uma redução da proteção jurídica trabalhista.

Uma atuação neste sentido desconsidera a própria razão histórica pela qual os direitos trabalhistas foram alçados às constituições.

A respeito do tema específico das dispensas de trabalhadores, por exemplo, a Constituição Federal é bastante clara ao enunciar que a relação de emprego está protegida contra a dispensa arbitrária (inciso I, art. 7º) e, como se sabe, ou se deveria saber, nenhuma norma de lei ordinária pode se sobrepor à Constituição.

Bastaria isso, portanto, para que não se tivesse qualquer dúvida quanto ao resultado do julgamento no RE n. 999.435.

Mas há inúmeros outros motivos jurídicos para que não se possa declarar que o empregador tem o direito potestativo de promover o desemprego em massa e, assim, afrontar os interesses social e econômico.

2. Os Direitos Sociais Como Essência dos Direitos Humanos na Ordem Internacional e os Novos Sujeitos de Direitos

A formação do Pacto da Sociedade das Nações (Tratado de Versalhes, 1919), a criação da Organização internacional do Trabalho — OIT (Tratado de Versalhes, 1919), a Declaração da Filadélfia (1944), a criação da Organização das Nações Unidas (1945), a Declaração Universal dos Direitos Humanos (1948); a Declaração de Princípios Sociais da América (1945), a criação da Organização dos Estados Americanos — OEA (1948), a Declaração Americana dos Direitos e Deveres do Homem (1948), a Carta Interamericana de Garantias Sociais (1948), a Convenção Europeia de Salvaguarda dos Direitos do Homem e das Liberdades Fundamentais (1950), a Carta Social Europeia (1961), o Pacto Internacional dos Direitos Econômicos, Sociais e Culturais (1966), a Convenção Americana sobre Direitos Humanos — Pacto de San José da Costa Rica (1969), a Declaração Tripartite de Princípios sobre as Empresas Multinacionais e a Política Social — OIT (1977), a Convenção Americana de Direitos Humanos sobre Direitos Econômicos, Sociais e Culturais — Protocolo de San Salvador (1988), a Declaração Sócio-Laboral do MERCOSUR (1998), a Comunitária dos Direitos Sociais Fundamentais dos Trabalhadores (1989), a Carta Social Europeia (1996), a Declaração de Direitos e Princípios Fundamentais — OIT (1998), a Carta dos Direitos Fundamentais da União Europeia (2000), a Carta dos Direitos Fundamentais da União Europeia (2007) e a Declaração sobre a Justiça Social para uma Globalização Equitativa — OIT (2008), além das 189 Convenções da OIT, demonstram de forma muito evidente a consagração de uma ordem jurídica internacional relativa aos direitos trabalhistas na esfera dos Direitos Humanos.

Até porque, por mais que a teoria dos Direitos Humanos tenha se esforçado para criar uma narrativa de que as Declarações e Tratados firmados no século XX tivessem sido uma continuidade do processo normativo iniciado no século XVIII, o fato concreto é que a racionalidade social assumida neste período foi, precisamente, a de romper com os valores liberais e individualistas que até então imperavam.

As declarações produzidas no século XX foram tomadas pela teoria dos Direitos Humanos como direcionadas ao ser humano com padrões de vida burgueses, mas para este já se tinha a declaração de 1789, cuja disseminação, inclusive, conduziu à Primeira Guerra Mundial. Tanto não foram direcionados aos propósitos burgueses as Declarações e Tratados do século XX que a preservação dos antigos valores individualistas, na atuação dos formadores de opinião burgueses na configuração de uma "teoria" dos Direitos Humanos, foi tentada pela remissão ao conteúdo da Declaração Francesa de 1789, cujo conteúdo, claramente, se contrapõe ao que fora firmado nos documentos do século XX.

A Declaração de 1789, ademais, não era uma Declaração de Direitos Humanos e muito menos universal. Era direcionada exclusivamente ao homem francês, do gênero masculino e possuidor de propriedades.

Por aplicação dos princípios consagrados na Declaração de 1789 é que se chegou a toda a desordem política, social, econômica e humana que marcou o século XIX. O que se tinha, por aplicação desses preceitos, era meramente a liberdade do homem burguês frente ao Estado, a igualdade do homem burguês frente à nobreza, a liberdade do homem burguês para explorar, sem qualquer limite, o trabalhador, que era reduzido à equação matemática do valor de mercado de sua força de trabalho. Em concreto, nenhum desses valores ligados à liberdade jamais se aplicou a todos os membros da sociedade, incluindo mulheres, despossuídos e operários.

Assim, o que estava em jogo no momento do pós-guerra só podia ser a necessidade de se superarem os valores liberais, e não se querendo assumir a prática socialista, buscou-se na ordem jurídica a força coercitiva necessária para impor as realizações essenciais à reconstrução da paz mundial, tomando como pressuposto o imperativo da justiça social.

Desse modo, quando somos postos diante da tarefa de fazer valer os preceitos inscritos nos Direitos Humanos somos obrigados a reconhecer que o sujeito desses direitos é precisamente aquele que foi excluído, como titular de direitos, na ordem liberal, o que confere ainda mais relevância aos direitos sociais nos pactos firmados.

A dificuldade em se admitir isso gerou — e ainda tem gerado — grande dificuldade para a aplicação dos preceitos inscritos nos Direitos Humanos a partir do Tratado de Versalhes. A constatação desta resistência jurídica aos Direitos Humanos e, de modo especial, aos direitos sociais, conduziu Norberto Bobbio a proferir o clássico desabafo:

Deve-se recordar que o mais forte argumento adotado pelos reacionários de todos os países contra os direitos do homem, particularmente contra os direitos sociais, não é a sua falta de fundamento, mas a sua inexequibilidade. Quando se trata de enunciá-los, o acordo é obtido com relativa facilidade, independentemente do maior ou menor poder de convicção de seu fundamento absoluto; quando se trata de passar à ação, ainda que o fundamento seja inquestionável, começam as reservas e as oposições.(3)

---

(3) BOBBIO, Norberto. *A Era dos Direitos*. Rio de Janeiro: Campus, 1992. p. 24.

Conclui o autor em questão com a seguinte observação: "O problema fundamental em relação aos direitos do homem, hoje, não é tanto o de *justificá-los*, mas o de *protegê-los*."(4)

Não é por acaso, portanto, que, em 1966, quando enfim, por meio do Pacto Internacional dos Direitos Econômicos, Sociais e Culturais, se conseguiu superar os entraves políticos e ideológicos para, enfim, regulamentar os direitos sociais enunciados na Declaração Universal dos Direitos Humanos, teve-se o cuidado de consignar na própria declaração uma regra de proteção contra a atuação destrutiva dos juristas, por meio da intepretação.

O PIDESC, por isso, traz no seu art. 5º a seguinte declaração:

Art. 5º

§ 1. Nenhuma das disposições do presente Pacto poderá ser interpretada no sentido de reconhecer a um Estado, grupo ou indivíduo qualquer direito de dedicar-se a quaisquer atividades ou de praticar quaisquer atos que tenham por objetivo destruir os direitos ou liberdades reconhecidos no presente Pacto ou impor-lhes limitações mais amplas do que aquelas nele previstas.

§ 2. Não se admitirá qualquer restrição ou suspensão dos direitos humanos fundamentais reconhecidos ou vigentes em qualquer país em virtude de leis, convenções, regulamentos ou costumes, sob o pretexto de que o presente Pacto não os reconheça ou os reconheça em menor grau.

O apelo ao respeito a essa nova racionalidade, ademais, já constava expresso na própria Declaração Universal (1948), em seu art. 1º. Com efeito, a par de reafirmar preceitos liberais como a liberdade e a igualdade, o dispositivo em questão **vincula o uso da razão**, que é a conquista maior do homem moderno, **ao ato de agir**, concretamente, com espírito de fraternidade com relação aos outros.

Dispõe referido artigo: "Todas as pessoas nascem livres e iguais em dignidade e direitos. São dotadas de razão e consciência e **devem agir** em relação umas às outras com **espírito de fraternidade**."

Além disso, no preâmbulo da Declaração, a menção à constituição da **"família humana"** a qual se integram todas as pessoas, sem qualquer distinção, é a demonstração clara da superação do individualismo.

Proclama-se, ainda, a importância do Estado na efetivação dos direitos e a necessidade de se atingir o progresso social e de alcançar a melhoria das condições de vida.

---

(4) BOBBIO, Norberto. *A Era dos Direitos*. Rio de Janeiro: Campus, 1992, p. 24.

Considerando que o reconhecimento da **dignidade inerente a todos os membros da família humana** e de seus **direitos iguais e inalienáveis** é o fundamento da **liberdade**, da **justiça** e da **paz** no mundo,

> Considerando que o **desprezo** e o **desrespeito** pelos direitos humanos **resultaram em atos bárbaros** que **ultrajaram a consciência da Humanidade** e que o advento de um mundo em que os homens gozem de liberdade de palavra, de crença e da liberdade de **viverem a salvo do temor e da necessidade** foi proclamado como a mais alta aspiração do homem comum,
>
> Considerando essencial que os direitos humanos sejam **protegidos pelo Estado de Direito**, para que o homem **não seja compelido**, como último recurso, à rebelião contra tirania e a opressão,
>
> [...]
>
> Considerando que os povos das Nações Unidas reafirmaram, na Carta, sua **fé nos direitos humanos fundamentais**, na **dignidade** e no **valor da pessoa humana** e na igualdade de direitos dos homens e das mulheres, e que decidiram **promover o progresso social** e **melhores condições de vida** em uma liberdade mais ampla,
>
> [...]
>
> A Assembleia Geral proclama
>
> A presente Declaração Universal dos Diretos Humanos como o **ideal comum a ser atingido** por todos os povos e todas as nações, com o objetivo de que **cada indivíduo e cada órgão da sociedade, tendo sempre em mente esta Declaração, se esforce**, através do **ensino** e da **educação**, por **promover o respeito a esses direitos e liberdades**, e, pela adoção de medidas **progressivas** de caráter nacional e internacional, por assegurar o seu reconhecimento e a sua observância universais e efetivos, tanto entre os povos dos próprios Estados-Membros, quanto entre os povos dos territórios sob sua jurisdição.

Os artigos da Declaração que dizem respeito aos denominados direitos sociais já eram inegáveis consagrações de direitos e não apenas regras programáticas, como foram entendidos pela via hermenêutica, a saber:

> Artigo XXII
>
> Toda pessoa, **como membro da sociedade**, tem direito à **segurança social** e à realização, pelo esforço nacional, pela cooperação internacional e de acordo com a organização e recursos de cada Estado, dos **direitos econômicos, sociais e culturais indispensáveis à sua dignidade** e ao livre **desenvolvimento da sua personalidade**.
>
> Artigo XXIII
>
> 1.Toda pessoa tem direito ao trabalho, à livre escolha de emprego, a condições justas e favoráveis de trabalho e à **proteção contra o desemprego**.
>
> 2. Toda pessoa, sem qualquer distinção, tem direito a igual remuneração por igual trabalho.
>
> 3. Toda pessoa que trabalhe tem direito a uma **remuneração justa e satisfatória**, que lhe assegure, **assim como à sua família**, uma **existência compatível com a dignidade humana**, e a que se acrescentarão, se necessário, outros **meios de proteção social**.

4. Toda pessoa tem direito a organizar sindicatos e neles ingressar para proteção de seus interesses.

Artigo XXIV

Toda pessoa tem direito a **repouso** e **lazer**, inclusive a **limitação razoável das horas de trabalho** e **férias periódicas remuneradas.**

Artigo XXV

1. Toda pessoa tem direito a um padrão de vida capaz de assegurar a si e a sua família saúde e bem-estar, inclusive alimentação, vestuário, habitação, cuidados médicos e os serviços sociais indispensáveis, e direito à segurança em caso de desemprego, doença, invalidez, viuvez, velhice ou outros casos de perda dos meios de subsistência fora de seu controle.

2. A maternidade e a infância têm direito a cuidados e assistência especiais. Todas as crianças nascidas dentro ou fora do matrimônio, gozarão da mesma proteção social.

Com o Pacto de 1966 procura-se, pois, reforçar a relevância dos direitos sociais na ordem internacional.

Vale lembrar que a esta altura já há vasta atuação legislativa, no sentido protetivo do trabalho, movimento que fora iniciado ainda no final do século XIX, e já há, igualmente, como corolário do movimento conhecido como "constitucionalismo social", importantes considerações sobre o Direito Social nas Constituições de muitos países.

Como assevera Daniela Muradas Reis:

> [...] o Pacto de 1966 foi além das garantias proclamadas pela Declaração de Filadélfia e pela Declaração de 1948, ao passo que consagrou o princípio da autonomia sindical, vedando, portanto, ingerências estatais e empresariais na vida sindical. Proclamando ainda o direito à livre estruturação sindical, o Pacto admitiu a criação de entidades sindicais de cúpula ou filiação à entidade sindical de caráter internacional.
>
> Além disso, o documento internacional expressamente sagrou a greve como direito humano. Com respeito a este último aspecto, é de se grifar, inclusive, que o Pacto é o único diploma internacional de alcance geral que expressa e inequivocamente referencia o direito de greve como direito humano. Note-se que, mesmo no âmbito da ação normativa da Organização Internacional do Trabalho, o direito de greve não conta com consagração expressa, sendo inferido das convenções relativas à liberdade sindical (Convenção n. 87) e à negociação coletiva (Convenção n. 98).(5)

(5) REIS, Daniela Muradas. *O princípio da vedação do retrocesso no direito do trabalho*. São Paulo: LTr, 2010. p. 88-89.

3. Os Direitos Humanos Como Direito Supranacional e a Relevância dos Tribunais Internos

É possível perceber, inclusive, uma transformação do conteúdo obrigacional das Declarações, que buscam, assim, atribuir um caráter jurídico aos valores consagrados, constituindo um **direito supranacional** na esfera dos Direitos Humanos, nos quais os direitos sociais ganham posição de proeminência.

Nesta perspectiva dos Direitos Humanos reforça-se a preocupação com a integração dos direitos e princípios internacionalmente consagrados às realidades internas.

Como esclarece Antônio Augusto Cançado Trindade, "os próprios tratados de direitos humanos atribuem uma função capital à proteção por parte dos tribunais internos"(6).

Nas palavras desse autor: "Tendo a si confiada a proteção primária dos direitos humanos, os tribunais internos têm, em contrapartida, que conhecer e interpretar as disposições pertinentes dos tratados de direitos humanos"(7).

Segundo destaca Fábio Konder Comparato, "o sistema de direitos humanos está situado no ápice do ordenamento jurídico, e constitui a ponte de integração do direito interno ao direito internacional"(8).

Assim, quando se estabelece, no âmbito dos instrumentos internacionais de Direitos Humanos que as autoridades internas estão obrigadas ao atendimento das normas e princípios neles contidos, incluem-se nesta obrigação, sobretudo, a magistratura nacional.

---

(6) TRINDADE, Antônio Augusto Cançado. *Direito Internacional e direito interno:* sua interação na proteção dos Direitos Humanos. Prefácio da obra: *Instrumentos internacionais de proteção dos Direitos Humanos*. São Paulo: Centro de Estudos da Procuradoria Geral do Estado, 1997. p. 24

(7) *Idem.*

(8) COMPARATO, Fábio Konder. O papel do juiz na efetivação dos direitos humanos. *Revista do Tribunal Regional do Trabalho da 15ª Região*, Campinas, São Paulo, n. 14, 2001. Disponível em: <http://trt15.gov.br/escola_da_magistratura/Rev14Art5.pdf>. Acesso em: 4 nov. 2008.

Como adverte Fábio Konder Comparato:

> Ao verificar que a aplicação de determinada regra legal ao caso submetido a julgamento acarreta clara violação de um princípio fundamental de direitos humanos, muito embora a regra não seja inconstitucional em tese, o juiz deve afastar a aplicação da lei na hipótese, tendo em vista a supremacia dos princípios sobre as regras. (9)

E, acrescenta: "quando estiver convencido de que um princípio constitucional incide sobre a matéria trazida ao seu julgamento, o juiz deve aplicá-lo, sem necessidade de pedido da parte."(10)

A proteção dos Direitos Humanos, assim, transcende até mesmo ao poder do Estado.

É neste sentido que se diz que a uma internacionalização das formas de produção corresponde, na mesma proporção, uma internacionalização mais intensa e precisa do Direito do Trabalho, com incentivo à sindicalização internacional e à busca de uma normatização internacional de princípios éticos e sociais no trabalho, efetivando-se uma "mondialisation de la démocratie et de l'Etat de Droit"(11).

A ideia da supranacionalidade dos Direitos Humanos, mesmo dando ênfase à autodeterminação, é realçada na Declaração e Programa de Ação, fruto da Conferência Mundial dos Direitos Humanos realizada em Viena, em junho de 1993, quando, no item 15, restou estabelecido que "o respeito aos direitos humanos e liberdades fundamentais, sem distinções de qualquer espécie, é uma norma fundamental do direito internacional na área dos direitos humanos".

E vale reforçar. Aos Direitos Humanos integram-se, de forma indissolúvel e sem possibilidade de retrocesso, os direitos sociais. Nos termos dos instrumentos produzidos no final do século XX, não se concebe a integridade da condição humana sem a perspectiva da busca da justiça social.

---

(9) COMPARATO, Fábio Konder. O papel do juiz na efetivação dos direitos humanos. *Revista do Tribunal Regional do Trabalho da 15ª Região*, Campinas, São Paulo, n. 14, 2001. Disponível em: <http://trt15.gov.br/escola_da_magistratura/Rev14Art5.pdf>. Acesso em: 4 nov. 2008.

(10) *Idem*.

(11) CHEVALLIER, Jacques, *apud* JEAMMAUD, Antoine. *La Mondialisation, épreuve pour le droit du travail in Globalizzazione e diritto del lavoro*. Bologne: Il Mulino, 2001. p. 2.

4. O Sistema de Controle Internacional

Após o término da segunda guerra foi realizada uma Conferência em São Francisco. Desta conferência resultou a elaboração da Carta das Nações Unidas, também conhecido como Carta de São Francisco, assinado em 26 de junho de 1945 e tendo entrado em vigor em 24 de outubro de 1945.

Conforme realça José Damião de Lima Trindade, o contexto histórico do pós-guerra determinou o conteúdo da Carta, sobretudo no aspecto de que "não seria possível ignorar os pontos de vista da União Soviética, de seus aliados na Europa e do renascido movimento dos trabalhadores"[(12)].

Informa Damião Trindade que "o embaixador Bogomolov, representante soviético na comissão que elaborou a proposta de Declaração, colaborou ativamente na redação dos artigos concernentes aos chamados direitos econômicos, sociais e culturais do texto submetido à Assembleia Geral da ONU"[(13)].

Destaca-se, em primeiro plano, a reafirmação da relevância da eliminação dos problemas sociais como pressuposto da paz mundial, vinculando a economia a esse propósito.

O Capítulo IX estabelece o regramento em prol da **COOPERAÇÃO INTERNACIONAL ECONÔMICA E SOCIAL** e no art. 55 dispõe que:

> Com o fim de criar condições de **estabilidade** e **bem-estar, necessárias às relações pacíficas e amistosas entre as Nações**, baseadas no respeito ao princípio da igualdade de direitos e da autodeterminação dos povos, as Nações Unidas favorecerão: a) **níveis mais altos de vida, trabalho efetivo e condições de progresso e desenvolvimento econômico e social** [...]

O art. 56[(14)], logo em seguida, reforça a importância de que todos os países, efetivamente, ajam no sentido proposto no art. 55, visando, assim, corrigir a inércia frente às disposições do Tratado de Versalhes, verificada no período entre guerras, conforme demonstrado acima no que diz respeito às normas da Organização Internacional do Trabalho.

Para não ficar em promessas, a Carta cria o CONSELHO ECONÔMICO E SOCIAL, composto por 54 Membros das Nações Unidas, isto é, os Estados, mediante eleição da Assembleia Geral (art. 61).

---

(12) TRINDADE, José Damião de Lima. *História social dos direitos humanos*. São Paulo: Peirópolis, 2002. p. 189.

(13) *Ibidem*, p. 190.

(14) Art. 56 – "Para a realização dos propósitos enumerados no Art. 55, todos os Membros da Organização se comprometem a agir em cooperação com esta, em conjunto ou separadamente".

Este Conselho teria como função a elaboração de estudos e relatórios de assuntos internacionais de caráter econômico, social, cultural, educacional, sanitário e conexos, podendo fazer recomendações a respeito de tais assuntos à Assembleia Geral, aos Membros das Nações Unidas e às entidades especializadas interessadas (item 1, art. 62)

Releva a função do Conselho de "fazer recomendações destinadas a promover o respeito e a observância dos direitos humanos e das liberdades fundamentais para todos" (item 2, art. 62).

A Carta das Nações Unidas também traz a criação, no Capítulo XIV, da Corte Internacional de Justiça. Nos termos do art. 92, a Corte Internacional de Justiça se constitui o principal órgão judiciário das Nações Unidas, funcionando de acordo com o Estatuto também criado pela Carta, apresentado em um documento anexo.

Esse Tribunal, ou Corte como também conhecido, substituiu o Tribunal Permanente de Justiça Internacional, criado em 1920 pelo art. 14, do Pacto da Sociedade das Nações, situada, como o seu sucessor, também na cidade de Haia. A alteração se deu porque os países que agora se integravam às Nações Unidas viam a Sociedade das Nações, e suas instituições, como um órgão que não os representava.

A criação desse Tribunal representa um avanço concreto no que se refere à efetivação dos compromissos assumidos nos Tratados, vez que se dedica a:

> todas as controvérsias jurídicas que tenham por objeto: a) a interpretação de um tratado; b) qualquer questão de direito internacional; c) a existência de qualquer fato que, se verificado, constituiria violação de um compromisso internacional; d) a natureza ou a extensão da reparação devida pela ruptura de um compromisso internacional.

O Estatuto do Tribunal Internacional, no entanto, apenas permite que um Estado ofereça demanda perante a entidade (art. 34, do Estatuto). Uma efetiva ampliação da proteção jurídica dos direitos consagrados nos documentos internacionais vai apenas se concretizar, tempos depois, com a criação dos Tratados Internacionais de Direitos Humanos, nos quais se conferiu acesso direto do cidadão.

Conforme consta nos considerandos da Declaração de Viena, de 1993, não se deve olvidar a determinação, já contida na Carta das Nações Unidas, no sentido de:

> preservar as gerações futuras do flagelo da guerra, de estabelecer condições sob as quais a justiça e o respeito às obrigações emanadas de tratados e outras fontes do direito internacional possam ser mantidos, de promover o progresso social e o melhor padrão de vida dentro de um conceito mais amplo de liberdade, de praticar a tolerância e a boa vizinhança e de empregar mecanismos internacionais para promover avanços econômicos e sociais em benefício de todos os povos.

A mesma Declaração destaca que:

> todos os direitos humanos são universais, indivisíveis, interdependentes e inter-relacionados", estabelecendo que "a comunidade internacional deve tratar os direitos humanos de forma global, justa e equitativa, em pé de igualdade e com a mesma ênfase. Embora particularidades nacionais e regionais devam ser levadas em consideração, assim como diversos contextos históricos, culturais e religiosos, é dever dos Estados promover e proteger todos os direitos humanos e liberdades fundamentais, sejam quais forem seus sistemas políticos, econômicos e culturais. (item 5)

No item 6, da referida Declaração, resta claro que:

> Os esforços do sistema das Nações Unidas para garantir o respeito universal e a observância de todos os direitos humanos e liberdades fundamentais de todas as pessoas contribuem para a estabilidade e bem-estar necessários à existência de relações pacíficas e amistosas entre as nações e para melhorar as condições de paz e segurança e o desenvolvimento social e econômico, em conformidade com a Carta das Nações Unidas.

Extremamente relevante, ainda, o item 10 da Declaração em questão, que põe como ponto central das preocupações humanas a preservação dos direitos fundamentais e não o desenvolvimento econômico, sem desprezar, por óbvio, a importância do desenvolvimento para a efetivação desses direitos, evidenciando que mesmo a deficiência em termos de desenvolvimento não é motivo suficiente para negar a eficácia dos direitos fundamentais:

> A Conferência Mundial sobre Direitos Humanos reafirma o direito ao desenvolvimento, previsto na Declaração sobre Direito ao Desenvolvimento, como um direito universal e inalienável e parte integral dos direitos humanos fundamentais.
>
> Como afirma a Declaração sobre o Direito ao Desenvolvimento, a pessoa humana é o sujeito central do desenvolvimento.
>
> Embora o desenvolvimento facilite a realização de todos os direitos humanos, **a falta de desenvolvimento não poderá ser invocada como justificativa para se limitar os direitos humanos internacionalmente reconhecidos**.
>
> Os Estados devem cooperar uns com os outros para garantir o desenvolvimento e eliminar obstáculos ao mesmo. A comunidade internacional deve promover uma cooperação internacional eficaz visando à realização do direito ao desenvolvimento e à eliminação de obstáculos ao desenvolvimento.
>
> O progresso duradouro necessário à realização do direito ao desenvolvimento exige políticas eficazes de desenvolvimento em nível nacional, bem como relações econômicas equitativas e um ambiente econômico favorável em nível internacional.

O Estado brasileiro, como signatário da Declaração Interamericana de Direitos Humanos e, por conseguinte, do Protocolo de San Salvador, deve responder à Comissão Interamericana de Direitos Humanos pelos seus atos e omissões que digam respeito às normas do referido tratado, podendo ser compelido pela Corte Interamericana de Direitos Humanos a inibir a violação dos direitos humanos e até a reparar as consequências da violação desses direitos mediante o pagamento de indenização justa à parte lesada (art. 63, Pacto São José da Costa Rica)[(15)].

Isto significa que se levada a juízo uma questão que diga respeito à violação de um direito humano, sequer o Judiciário brasileiro tem a última palavra, se sua decisão não foi eficiente para reparar o dano sofrido pela vítima. Ou em outros termos, em se tratando de direitos humanos, os juízes não podem manter uma postura indiferente e complacente com o agressor.

Exemplar neste sentido é o caso n. 12.201, encaminhado à Comissão Interamericana de Direitos Humanos, que reflete a situação de uma pessoa que teria sido discriminada por anúncio de emprego, publicado no Jornal Folha de São Paulo, de 02 de março de 1997, pelo qual se previa que a candidata ao emprego ofertado fosse "preferencialmente branca". A vítima apresentou queixa na Delegacia de Investigações sobre Crimes Raciais, mas o Ministério Público pediu arquivamento do processo, aduzindo que o ato não se constituiu crime de racismo, o que foi seguido pelo juiz, que determinou, enfim, o seu arquivamento.

A questão, no entanto, foi conduzida à Comissão Interamericana de Direitos Humanos, em 07 de outubro de 1997, tendo sido o caso aceito, com notificação do Estado brasileiro para apresentar sua defesa. Trata-se, portanto, da primeira situação em que o Estado brasileiro, nesta matéria, pode receber relatório final da Comissão, responsabilizando-o pela violação de dispositivos da Convenção Americana que cuidam de discriminação racial.

Este é apenas um dos exemplos da inserção concreta de uma norma internacional no ordenamento interno para preservação dos Direitos Humanos, mas a realidade brasileira está repleta de outros exemplos da pertinência da inserção das normas internacionais dos Direitos Humanos, sendo a questão da proteção da contra a dispensa arbitrária e, principalmente, contra dispensa coletiva uma das principais.

Por fim, importante reproduzir a advertência feita por Lorena Vasconcelos Porto e Augusto Grieco Sant'Anna Meirinho, no sentido de que, no Brasil, o próprio STF "reconheceu o estatuto da supralegalidade aos tratados e convenções internacionais ratificados pelo Brasil, consoante decisão de seu órgão plenário de 03.12.2008, (HC n. 87.585/TO e RE n. 466.343/SP)". Assim, pontuam os referidos autores, "a lei ordinária não pode contrariar as normas internacionais", sendo que a "eficácia supralegal é estendida até mesmo às normas internacionais que não tratam de direitos humanos".[(16)]

---

(15) Para maiores esclarecimentos a respeito, *vide* PIOVESAN, Flávia. Introdução ao Sistema Interamericano de Proteção dos Direitos Humanos: a Convenção Americana sobre Direitos Humanos. In: *Sistema Interamericano de Proteção dos Direitos Humanos:* legislação e jurisprudência. São Paulo: Centro de Estudos da Procuradoria Geral do Estado de São Paulo, 2001. p. 70-104.

(16) PORTO, Lorena Vasconcelos; MEIRINHO, Augusto Grieco Sant'Anna. A dispensa em massa e a pandemia de COVID19. *Rev. Trib. Reg. Trab. 3ª Reg.*, Belo Horizonte, edição especial, t. II, p. 477-507, jul. 2020, p. 487.

5. A Supranacionalidade do Direito do Trabalho.

Na mesma linha, vislumbrando a integração de preceitos jurídicos trabalhistas consagrados internacionalmente, a OIT editou, em 1998, a Declaração de Direitos e Princípios Fundamentais, com o seguinte teor:

DECLARAÇÃO DA OIT SOBRE OS PRINCÍPIOS E DIREITOS FUNDAMENTAIS NO TRABALHO

Considerando que a criação da OIT procede da **convicção de que a justiça social é essencial para garantir uma paz universal e permanente**;

Considerando que o **crescimento econômico** é essencial, mas **insuficiente, para assegurar a equidade, o progresso social e a erradicação da pobreza**, o que confirma a necessidade de que a OIT promova políticas sociais sólidas, a justiça e instituições democráticas;

Considerando, portanto, que a OIT deve hoje, mais do que nunca, mobilizar o conjunto de seus meios de ação normativa, de cooperação técnica e de investigação em todos os âmbitos de sua competência, e em particular no âmbito do emprego, a formação profissional e as condições de trabalho, a fim de que no âmbito de uma estratégia global de desenvolvimento econômico e social, as políticas econômicas e sociais se reforcem mutuamente com vistas à criação de um desenvolvimento sustentável de ampla base;

Considerando que a OIT deveria prestar especial atenção aos problemas de pessoas com necessidades sociais especiais, em particular os desempregados e os trabalhadores migrantes, mobilizar e estimular os esforços nacionais, regionais e internacionais encaminhados à solução de seus problemas, e promover políticas eficazes destinadas à criação de emprego;

Considerando que, com o objetivo de manter o vínculo entre progresso social e crescimento econômico, a garantia dos princípios e direitos fundamentais no trabalho reveste uma importância e um significado especiais ao **assegurar aos próprios interessados a possibilidade de reivindicar livremente e em igualdade de oportunidades uma participação justa nas riquezas** a cuja criação têm contribuído, assim como a de desenvolver plenamente seu potencial humano;

Considerando que a OIT é a organização internacional com mandato constitucional e o órgão competente para estabelecer Normas Internacionais do Trabalho e ocupar-se das mesmas, e que goza de apoio e reconhecimento universais na promoção dos direitos fundamentais no trabalho como expressão de seus princípios constitucionais;

Considerando que numa situação de crescente interdependência econômica urge reafirmar a permanência dos princípios e direitos fundamentais inscritos na Constituição da Organização, assim como promover sua aplicação universal;

A Conferência Internacional do Trabalho,

1. Lembra:

a) que **no momento de incorporar-se livremente à OIT, todos os Membros aceitaram os princípios e direitos enunciados em sua Constituição e na Declaração de Filadélfia**, e se comprometeram a esforçar-se por alcançar os objetivos gerais da Organização na medida de suas possibilidades e atendendo a suas condições específicas;

b) que **esses princípios e direitos têm sido expressados e desenvolvidos sob a forma de direitos e obrigações** específicos em convenções que foram reconhecidas como fundamentais dentro e fora da Organização.

2. Declara que todos os Membros, **ainda que não tenham ratificado as convenções aludidas**, têm um compromisso derivado do fato de pertencer à Organização de **respeitar, promover e tornar realidade, de boa fé e de conformidade com a Constituição, os princípios relativos aos direitos fundamentais** que são objeto dessas convenções, isto é:

a) a liberdade sindical e o reconhecimento efetivo do direito de negociação coletiva;

b) a eliminação de todas as formas de trabalho forçado ou obrigatório;

c) a abolição efetiva do trabalho infantil; e

d) a eliminação da discriminação em matéria de emprego e ocupação.

3. Reconhece a obrigação da Organização de ajudar a seus Membros, em resposta às necessidades que tenham sido estabelecidas e expressadas, a alcançar esses objetivos fazendo pleno uso de seus recursos constitucionais, de funcionamento e orçamentários, incluída a mobilização de recursos e apoio externos, assim como estimulando a outras organizações internacionais com as quais a OIT tenha estabelecido relações, de conformidade com o art. 12 de sua Constituição, a apoiar esses esforços:

a) oferecendo cooperação técnica e serviços de assessoramento destinados a promover a ratificação e aplicação das convenções fundamentais;

b) assistindo aos Membros que ainda não estão em condições de ratificar todas ou algumas dessas convenções em seus esforços por respeitar, promover e tornar realidade os princípios relativos aos direitos fundamentais que são objeto dessas convenções; e

c) ajudando aos Membros em seus esforços por criar um meio ambiente favorável de desenvolvimento econômico e social.

4. Decide que, para tornar plenamente efetiva a presente Declaração, implementar-se-á um seguimento promocional, que seja crível e eficaz, de acordo com as modalidades que se estabelecem no anexo que será considerado parte integrante da Declaração.

5. Sublinha que as normas do trabalho não deveriam utilizar-se com fins comerciais protecionistas e que nada na presente Declaração e seu seguimento poderá invocar-se nem utilizar-se de outro modo com esses fins; ademais, não deveria de modo algum colocar-se em questão a vantagem comparativa de qualquer país sobre a base da presente Declaração e seu seguimento.

Importante compreender que a relação dos princípios em questão não é taxativa, afinal vários outros princípios que decorrem de instrumentos internacionais que tratam dos direitos sociais são dignos do mesmo tratamento, conforme expresso nos diversos instrumentos acima citados.

Sob o prisma da internacionalização dos direitos trabalhistas merece destaque a Declaração Tripartite de Princípios sobre as Empresas Multinacionais e a Política Social, que fora adotada pela OIT, em novembro de 1977, para consignar, inclusive, um obstáculo social ao neoliberalismo e ao aumento da influência das grandes corporações no cenário internacional que já se pronunciavam com bastante força na década de 1970.

Essa Declaração, que foi reafirmada, em novembro de 2000, reconhece a importância das empresas multinacionais para o desenvolvimento econômico, mas destacada que a defesa exclusiva de seus interesses, passando por cima de todos os demais valores humanos, pode representar um grave risco à efetivação dos direitos trabalhistas:

> 1. As empresas multinacionais desempenham um pape muito importante nas economias da maior parte dos países e nas relações econômicas internacionais, que é de interesse crescente para os governos, assim como para os empregadores, os trabalhadores e suas respectivas organizações. Mediante os investimentos diretos internacionais e outros meios, estas empresas podem trazer vantagens substanciais ao país que as acolhe e ao país de origem, contribuindo para uma utilização mais eficaz do capital, da tecnologia e do trabalho. No marco das políticas de desenvolvimento estabelecidas pelos governos, podem trazer também uma contribuição muito importante à promoção do bem-estar econômico e social, à melhora do nível de vida e a satisfação das necessidades básica, à criação de oportunidades de emprego, tanto direta quanto indiretamente, e à promoção dos direitos humanos básicos, incluída a liberdade sindical, em todo o mundo. Por outra parte, os progressos realizados por estas empresas multinacionais na organização de suas operações que transcendem o marco nacional podem dar lugar a uma concentração abusiva de poder econômico e a conflitos objetivos da política nacional e os interesses dos trabalhadores. A complexidade destas empresas e a dificuldade de perceber claramente suas estruturas, operações e planos são também motivo de preocupação no país de acolhida, no país de origem ou em ambos.

A Declaração em questão enuncia princípios em matéria de emprego, formação profissional, condições de trabalho e de vida e relações laborais, cuja aplicação se recomenda em caráter voluntário a governo, a organizações patronais e de trabalhadores e às empresas multinacionais (item 7)

De forma geral, é preconizado que as multinacionais devem respeitar os direitos soberanos dos Estados, observar as leis e regulamentos nacionais e as práticas locais, respeitando as normas internacionais aplicáveis. Mas, devem respeitar, também, a Declaração Universal dos Direitos Humanos e os Pactos Internacionais correspondentes, além da Constituição da OIT e seus princípios, visando um progresso sustentável a partir dos pressupostos essenciais da liberdade de expressão e de associação (item 8).

No item 16 é destacado que:

> as empresas multinacionais, sobretudo quando realizam suas operações nos países em via de desenvolvimento, devem esforçar-se para aumentar as oportunidades e níveis de emprego, tendo em conta a política e os objetivos dos governos locais a este respeito, assim como a segurança do emprego e o desenvolvimento a longo prazo da empresa.

O item 18 prevê que:

> as empresas multinacionais deverão dar prioridade de emprego, de desenvolvimento profissional, de promoção e de aperfeiçoamento, aos trabalhadores do país de acolhida em todos os níveis, em cooperação, quando corresponda, com os representantes dos trabalhadores da empresa ou as organizações destes trabalhadores e com autoridades governamentais.

No que tange às condições de trabalho e de vida, é fixado no item 33 que "os salários, prestações e condições de trabalho que ofereçam as empresas multinacionais não devem ser menos favoráveis para os trabalhadores que as oferecidas por empregadores no país de acolhida".

Acrescenta o item 34:

> Quando as empresas multinacionais operem em países em vias de desenvolvimento, nos quais possam existir empregadores que lhes sejam comparáveis, devem proporcionar os salários, prestações e condições de trabalho melhores possíveis no marco da política governamental.

As empresas multinacionais devem aplicar normas em matéria de relações de trabalho que não sejam menos favoráveis que as observadas pelos empregadores que lhe sejam comparáveis no país de acolhida (item 41).

A Declaração traz, inclusive, um título pertinente à Segurança do Emprego, atribuindo às empresas multinacionais, assim como às nacionais, a obrigação de estabelecerem uma planificação "para assegurar um emprego estável a seus trabalhadores e para observar as obrigações livremente negociadas em matéria de estabilidade do emprego e da seguridade social" (itens 24 a 26), devendo evitar os procedimentos de dispensa arbitrária (item 27).

Em junho de 2008, a 97ª reunião da Conferência Internacional do Trabalho, da OIT, por consenso dos 182 Estados membros, adotou a Declaração sobre a Justiça Social para uma Globalização Equitativa, na qual, de forma sintomática, foram revividos os princípios da Constituição da OIT, de 1919, e da Declaração da Filadélfia, de 1944, chegando-se mesmo a ampliá-los.

Na Declaração em questão deixa-se evidenciado o reconhecimento de que no contexto da globalização:

> caracterizado pela difusão de novas tecnologias, a circulação das ideias, o intercâmbio de bens e serviços, o crescimento da movimentação de capital e fluxos financeiros, a internacionalização do mundo dos negócios e seus processos, do diálogo bem como da circulação de pessoas, especialmente trabalhadoras e trabalhadores [...] faz-se ainda mais necessário obter melhores resultados, equitativamente distribuídos entre todos com **o fim de responder à aspiração universal de justiça social, alcançar o pleno emprego, assegurar a sustentabilidade das sociedades abertas e da economia mundial, conquistar a coesão social e lutar contra a pobreza e as desigualdades crescentes.**

Reforçando a importância da atuação da Organização Internacional do Trabalho para a "promoção e conquista do progresso e da justiça social", reafirma-se que:

> • o trabalho não é uma mercadoria e que a pobreza, onde houver, constitui um perigo para a prosperidade de todos;
>
> • a OIT tem a solene obrigação de promover entre as nações do mundo, programas próprios que permitam alcançar os objetivos do pleno emprego e a elevação do nível de vida, um salário mínimo vital e a extensão das medidas de seguridade social para garantir ingressos básicos a quem precise, junto com os demais objetivos enunciados na Declaração da Filadélfia;
>
> • a OIT deve examinar e considerar, à luz do objetivo fundamental de justiça social, todas as políticas econômicas e financeiras internacionais;

Declara-se, também, que:

> em um contexto mundial marcado por uma interdependência e complexidade crescentes, assim como pela internacionalização da produção: – os valores fundamentais de liberdade, dignidade humana, justiça social, seguridade e não discriminação são essenciais para um desenvolvimento e uma eficácia sustentáveis em matéria econômica e social; – o diálogo social e a prática do tripartismo entre os governos e as organizações representativas de trabalhadores e de empregadores, tanto no plano nacional como internacional se tornam ainda mais vigentes para alcançar soluções e fortalecer a coesão social e o Estado de direito, entre outros meios, mediante as normas internacionais do trabalho; – a importância da relação de trabalho deveria ser reconhecida como meio de oferecer proteção jurídica aos trabalhadores; – as empresas produtivas, rentáveis e sustentáveis, junto com uma economia social sólida e um setor público viável, são fundamentais para um desenvolvimento econômico e oportunidades de emprego sustentáveis e; – a Declaração tripartite de princípios sobre as empresas multinacionais e a política social (1977) revisada, que aborda o crescente papel desses atores na consecução dos objetivos da Organização, continua sendo pertinente.

Destaca-se, ainda, a necessidade de os Estados membros acatarem "a política normativa da OIT como pedra angular" de suas atividades, realçando a pertinência dessa normatização para o mundo do trabalho.

A Conferência reconhece e declara que:

A. Num contexto marcado por mudanças aceleradas, os compromissos e esforços dos Membros e da Organização visando a colocar em prática o mandato constitucional da OIT, particularmente pelas normas internacionais do trabalho, para situar o pleno emprego produtivo e o trabalho decente como elemento central das políticas econômicas e sociais, deveriam basear-se nos quatro igualmente importantes objetivos estratégicos da OIT, sobre os quais se articula a Agenda do Trabalho Decente e que podem resumir-se da seguinte forma:

i) promover o emprego criando um entorno institucional e econômico sustentável de forma que: – os indivíduos possam adquirir e atualizar as capacidades e competências necessárias que permitam trabalhar de maneira produtiva para sua própria realização pessoal e bem-estar coletivo; – o conjunto de empresas, tanto públicas como privadas, sejam sustentáveis com o fim de favorecer o crescimento e a criação de maiores possibilidades e perspectivas de emprego e renda para todos, e – as sociedades possam alcançar seus objetivos de desenvolvimento econômico e de progresso social, bem como alcançar um bom nível de vida;

ii) adotar e ampliar medidas de proteção social — seguridade social e proteção dos trabalhadores — que sejam sustentáveis e estejam adaptadas às circunstâncias nacionais, e particularmente, — a extensão da seguridade social a todos os indivíduos, incluindo medidas para proporcionar ingressos básicos àqueles que precisem dessa proteção e a adaptação de seu alcance e cobertura para responder às novas necessidades e incertezas geradas pela rapidez dos avanços tecnológicos, sociais, demográficos e econômicos; – condições de trabalho que preservem a saúde e segurança dos trabalhadores, e – as possibilidades para todos de uma participação equitativa em matéria de salários e benefícios, de jornada e outras condições de trabalho, e um salário mínimo vital para todos aqueles que têm um emprego e precisam desse tipo de proteção;

iii) promover o diálogo social e tripartismo como os métodos mais apropriados para: – adaptar a aplicação dos objetivos estratégicos às necessidades e circunstâncias de cada país; – transformar o desenvolvimento econômico em progresso social e o progresso social em desenvolvimento econômico; – facilitar a formação de consenso sobre as políticas nacionais e internacionais pertinentes que incidem nas estratégias e programas de emprego e trabalho decente, e – fomentar a efetividade da legislação e as instituições de trabalho, em particular o reconhecimento da relação de trabalho, a promoção de boas relações profissionais e o estabelecimento de sistemas eficazes de inspeção do trabalho, e

iv) respeitar, promover e aplicar os princípios e direitos fundamentais no trabalho, que são de particular importância, tanto como direitos como condições necessárias para a plena realização dos objetivos estratégicos, tendo em vista que: – que a liberdade de associação e liberdade sindical e o reconhecimento efetivo do direito de negociação coletiva são particularmente importantes para alcançar esses quatro objetivos estratégicos, e – que a violação dos princípios e direitos fundamentais no trabalho não pode ser invocada nem utilizada como legitima vantagem comparativa e que as normas do trabalho não devem servir aos fins comerciais protecionistas.

B. Os quatro objetivos estratégicos são indissociáveis, interdependentes e se reforçam mutuamente. A falta de promoção de qualquer um deles prejudicaria a realização dos demais. Para obter maior impacto, os esforços destinados a promovê-los deveriam compor uma estratégia global e integrada da OIT em benefício do Trabalho Decente. A igualdade entre homens e mulheres e a não discriminação devem ser consideradas questões transversais no marco dos objetivos estratégicos mencionados anteriormente.

C. Corresponde determinar a cada Membro o alcance os objetivos estratégicos, sob observância das obrigações internacionais que tenha assumido e de acordo com os princípios e deveres fundamentais do trabalho, considerando entre outras coisas:

i) as condições e circunstâncias nacionais, assim como necessidades e prioridades expressadas pelas organizações representativas de empregadores e trabalhadores;

ii) a interdependência, solidariedade e cooperação entre todos os Membros da OIT que são mais pertinentes que nunca, no contexto de uma economia globalizada, e

iii) os princípios e disposições das normas internacionais do trabalho.

6. A Proteção Contra a Dispensa Coletiva Como Um Direito Humano Supranacional

Vale recordar que toda a base da nova ordem jurídica internacional está fincada na ideia da tentativa da superação da luta de classes, integrando a classe trabalhadora ao conjunto das preocupações do Estado, até mesmo de forma primordial.

Quando, portanto, o Pacto da Sociedade das Nações, firmado no Tratado de Versalhes, constitui "um sistema de segurança coletiva"(17) é também e, sobretudo, da proteção dos interesses dos trabalhadores e trabalhadoras que se está tratando.

Nos termos do art. 23 do Tratado consignou-se que os membros da Sociedade:

> esforçar-se-ão por assegurar e manter condições de trabalho equitativas e humanas para o homem, a mulher e a criança nos seus próprios territórios, assim como em todos os países aos quais se estendam suas relações de comércio e indústria e, com esse fim, por fundar e sustentar as organizações internacionais necessárias.

No Tratado de Versalhes há um reconhecimento expresso de que o desprezo pelas condições de trabalho e de vida dos trabalhadores, advindas no modelo capitalista de produção, que se desenvolveu em nível mundial, foi uma das causas principais da conflagração. Prova contundente e insofismável disso são os termos do próprio Tratado e a preocupação expressa de encontrar uma solução para o problema a partir da criação de instituições voltadas à formulação de direitos aos trabalhadores.

E não se trata de um compromisso de tempos passados.

Destaque-se, a propósito, a Recomendação n. 119, da OIT, de 1963, tratando do "Término da Relação de Emprego" e prevendo que "nenhuma dispensa deverá ocorrer sem que exista um motivo válido de cessação ligado à atitude ou à conduta do trabalhador ou fundada na necessidade do funcionamento da empresa, do estabelecimento ou do serviço".

Em 1977, a Declaração Tripartite de Princípios sobre as Empresas Multinacionais e a Política Social, também da OIT, faz referência expressa à "Segurança do Emprego", atribuindo às empresas multinacionais, assim como às nacionais, a obrigadão de estabelecerem uma planificação "para assegurar um emprego estável a seus

(17) CASELLA, Paulo Borba. *Tratado de Versalhes na história do direito internacional.* São Paulo: Quartier Latin, 2007. p. 39.

trabalhadores e para observar as obrigações livremente negociadas em matéria de estabilidade do emprego e da seguridade social" (itens 24 a 26), devendo evitar os procedimentos de dispensa arbitrária (item 27).

Ainda no âmbito da OIT, em 1982, como decorrência dos efeitos benéficos verificados pela Recomendação n. 119, que repercutiu na ordem interna de diversos países, foi aprovada a Convenção n. 158, com vigência, no plano internacional, a partir de 23 de novembro de 11985, também dispondo sobre o término da relação de emprego.

A respeito das dispensas individuais a Convenção n. 158 vai na mesma linha da Recomendação de 1963, mas acrescenta uma parte específica cuidando das dispensas coletivas, relacionadas a "motivos econômicos, tecnológicos, estruturais ou análogos", prevendo procedimento específico, com previsão da participação dos representantes dos trabalhadores e da autoridade local competente, para que se viabilizem "as medidas que deverão ser adotadas para evitar ou limitar os términos e as medidas para atenuar as consequências adversas de todos os términos para os trabalhadores afetados".

A Convenção n. 158 foi ratificada por 36 países, dentre os quais: Austrália, Brasil, Espanha, Finlândia, França, Portugal, Suécia, Turquia e Venezuela, sendo que o caso brasileiro merece ser analisado em item específico (mais adiante) e em muitos outros não se promoveu a ratificação porque a legislação nacional é ainda mais ampla no sentido da proteção dos empregos.

Cumpre esclarecer que a Convenção n. 158 da OIT é editada exatamente no contexto da preocupação de se estabelecer uma abrangência mundial para o tema da proteção do emprego com inibição das dispensas coletivas, conforme já vinha se integrando à ordem jurídica interna de diversos países, sendo alçada, inclusive, ao Direito Comunitário europeu.

Com o objetivo de aproximar as legislações dos Estados-membros, no que tange às dispensas coletivas, foi adotada, em 17 de fevereiro de 1975, a Diretiva n. 129. Esse diploma foi posteriormente modificado pela Diretiva n. 56, de 26 de junho de 1992 e totalmente modificado pela Diretiva n. 59, de 20 de julho de 1998.

Sobre o que se configura uma dispensa coletiva na regulação contida nesta Diretiva, informa Lorena Vasconcelos Porto que:

> A Diretiva n. 59, de 1998, prevê, em seu art. 1º, que a dispensa coletiva é aquela efetuada por um empregador que possua ao menos 20 empregados, por um ou mais motivos não inerentes à pessoa do trabalhador, quando o número de dispensas abranger, segundo a escolha efetuada pelo Estado-membro: no mínimo 10 empregados, no período de 30 dias, nos estabelecimentos que ocupam habitualmente mais de 20

> e menos de 100 trabalhadores; 10% dos obreiros, nos estabelecimentos que ocupam, habitualmente, ao menos 100 e menos do que 300 trabalhadores; no mínimo 30 empregados, nos estabelecimentos que ocupam habitualmente pelo menos 300 obreiros, ou, em um período de 90 dias, sejam dispensados, no mínimo, 20 trabalhadores, independentemente do número de obreiros habitualmente ocupados nos estabelecimentos envolvidos.
>
> Para o cálculo do número mínimo de dispensas acima referido devem ser a estas equiparadas as cessações do contrato de trabalho por iniciativa do empregador, por uma ou mais razões não inerentes à pessoa do trabalhador, desde que o número de dispensas seja, no mínimo, cinco (art. 1º, § 1º, n. 2). Portanto, para o cômputo do número de dispensas podem ser consideradas também outras hipóteses de cessação do contrato de trabalho, que tenham natureza objetiva e sejam de iniciativa do empregador, desde que seja respeitado o número mínimo de cinco dispensas. Além disso, é abrangida pela diretiva a hipótese de cessação da atividade do estabelecimento em seguida a uma decisão judicial.[18]

Quanto às condições e limitações impostas, a mesma autora esclarece que:

> É previsto um procedimento de consulta aos representantes dos trabalhadores anterior à dispensa, cujo objetivo é 'chegar a um acordo'. O seu objeto é examinar 'as possibilidades de evitar ou reduzir as dispensas coletivas, bem como de atenuar as suas consequências recorrendo a medidas sociais de acompanhamento destinadas, em particular, a facilitar a requalificação e a reconversão dos trabalhadores dispensados' (art. 2º, § 2º, n. 1). Assim, o objetivo desse procedimento é a celebração de um acordo ou a proposição de medidas alternativas. A Diretiva não indica quem são os representantes dos trabalhadores, cabendo aos Estados-membros fazê-lo (art. 1º, § 1º, "*b*").
>
> Para que os representantes obreiros possam formular propostas construtivas, o empregador deve, em tempo útil, no curso da consulta, fornecer-lhes todas as informações necessárias e comunicar-lhes por escrito: os motivos das dispensas; o número e as categorias dos trabalhadores a serem dispensados e daqueles habitualmente empregados; o período no qual se pretende efetuar as dispensas; os critérios a serem utilizados na escolha dos trabalhadores a serem

(18) PORTO, Lorena Vasconcelos. Tese de doutorado, *La disciplina dei licenziamenti in Italia e nel diritto comparato:* una proposta per il diritto del lavoro in Brasile, apresentada à "Facoltà di Giurisprudenza della Università degli Studi di Roma 'Tor Vergata', sob orientação do professor Giancarlo Perone, em 2008, p. 112-113. Disponível em: <https://art.torvergata.it/retrieve/handle/2108/1034/7107/Tese.pdf>. Acesso em: 20 maio 2021.

dispensados, quando as leis e/ou as práticas nacionais atribuam essa competência ao empregador; o método previsto para o cálculo de uma eventual indenização de dispensa diversa daquela que é obrigatória pelas leis e/ou práticas nacionais. Os Estados-membros podem prever que os representantes dos trabalhadores, no curso desse procedimento, possam recorrer a peritos (art. 2º, §2º, n. 2).

O empregador deve também notificar a dispensa por escrito à autoridade administrativa competente (art. 3º, § 1º). Todavia, os Estados-membros podem prever, no caso de dispensa coletiva resultante da cessação da atividade do estabelecimento, em seguida a uma decisão judicial, que a notificação deva ser efetuada apenas se solicitada pela autoridade administrativa. A Corte de Justiça, na decisão relativa à causa n. 250/97, proferida em 17 de dezembro de 1998, interpretou essa norma no sentido de que a derrogação à obrigação de notificação não se aplica às dispensas coletivas adotadas no mesmo dia da apresentação pelo empregador do pedido de declaração da falência e da cessação da atividade do estabelecimento.

A notificação deve conter todas as informações úteis relativas às dispensas e à consulta aos representantes obreiros, em particular: os motivos da dispensa, o número de trabalhadores a serem dispensados e daqueles habitualmente empregados e o período no qual se pretende efetuar as dispensas (art. 3º, § 1º, n. 2).

O empregador deve remeter uma cópia dessa notificação aos representantes dos trabalhadores, os quais podem transmitir as suas eventuais observações à autoridade administrativa. O empregador não pode efetivar as dispensas antes de decorrido o prazo de 30 dias contados da data da notificação acima mencionada, devendo ser respeitadas, ainda, as normas relativas ao avisoprévio. O objetivo da suspensão temporária das dispensas durante esse prazo é propiciar à autoridade administrativa a oportunidade de buscar possíveis soluções aos problemas gerados pelas dispensas. Os Estados-membros, no entanto, podem conferir a essa autoridade a faculdade de reduzir tal prazo. Além disso, eles não são obrigados a aplicar esse dispositivo no caso de dispensas coletivas ocasionadas pela cessação das atividades de um estabelecimento resultante de uma decisão judicial (art. 4º).(19)

(19) PORTO, Lorena Vasconcelos. Tese de doutorado, *La disciplina dei licenziamenti in Italia e nel diritto comparato:* una proposta per il diritto del lavoro in Brasile, apresentada à "Facoltà di Giurisprudenza della Università degli Studi di Roma 'Tor Vergata', sob orientação do professor Giancarlo Perone, em 2008, p. 113-114. Disponível em: <https://art.torvergata.it/retrieve/handle/2108/1034/7107/Tese.pdf>. Acesso em: 20 maio 2021.

A partir do procedimento estabelecido, Lorena conclui:

> Pode-se dizer que a Diretiva atribui à autoridade administrativa três papéis fundamentais: a garantia do cumprimento do procedimento estabelecido; a análise do projeto de dispensa para o fim de propor soluções alternativas ou medidas paliativas aos efeitos sociais negativos dela advindos; a mediação entre as partes para que estas possam cooperar e formalizar um acordo.[(20)]

Por fim, esclarece:

> A Diretiva, no entanto, não atribui à autoridade administrativa a competência de autorizar a realização das dispensas. A Diretiva não é aplicável às dispensas efetuadas no âmbito de contratos por tempo determinado, salvo se elas ocorreram antes do termo final do pacto. Não se aplica, ainda, aos trabalhadores da Administração Pública e aos tripulantes de embarcações marítimas (art. 1º , §2º).
>
> A Diretiva não estabelece qualquer sanção para a hipótese de descumprimento das suas normas, de modo que cabe aos Estados-membros fazê-lo. Todavia, ela estabelece que os países-membros são obrigados a prever procedimentos especiais administrativos e/ou judiciais, para garantir o respeito das obrigações por ela previstas, aos quais possam recorrer os trabalhadores e/ou seus representantes (art. 6º).
>
> Cumpre observar que a Diretiva estabelece um patamar normativo mínimo a ser adotado pelos Estados-membros, os quais, no entanto, podem prever normas mais favoráveis. De fato, ela dispõe expressamente que os seus preceitos não prejudicam a faculdade dos Estados-membros de aplicarem ou de introduzirem disposições legislativas, regulamentares ou administrativas mais favoráveis aos trabalhadores ou de permitir ou promover a aplicação de disposições convencionais mais benéficas aos obreiros (art. 5º).[(21)]

---

(20) PORTO, Lorena Vasconcelos. Tese de doutorado, *La disciplina dei licenziamenti in Italia e nel diritto comparato:* una proposta per il diritto del lavoro in Brasile, apresentada à "Facoltà di Giurisprudenza della Università degli Studi di Roma 'Tor Vergata', sob orientação do professor Giancarlo Perone, em 2008, p. 114. Disponível em: <https://art.torvergata.it/retrieve/handle/2108/1034/7107/Tese.pdf>. Acesso em: 20 maio 2021.

(21) PORTO, Lorena Vasconcelos. Tese de doutorado, *La disciplina dei licenziamenti in Italia e nel diritto comparato:* una proposta per il diritto del lavoro in Brasile, apresentada à "Facoltà di Giurisprudenza della Università degli Studi di Roma 'Tor Vergata', sob orientação do professor Giancarlo Perone, em 2008, p. 114-115. Disponível em: <https://art.torvergata.it/retrieve/handle/2108/1034/7107/Tese.pdf>. Acesso em: 18 maio 2021.

Mesmo antes do avento da Diretiva n. 59, em 1989, a Carta Comunitária dos Direitos Sociais Fundamentais dos Trabalhadores, apesar de ainda refletir a concepção neoliberal imperante na época, já reiterava a importância em torno da adoção, nos diversos países, de uma regulamentação sobre dispensas coletivas e garantias aos trabalhadores em face de falência.

E, no ano de 1996, a Carta Social Europeia, visando corrigir alguns desvios promovidos na Carta de 1898, dedicou-se a recobrar o compromisso frente à proteção do emprego, reproduzindo, no art. 24, o mesmo teor da norma inscrita na Recomendação n. 119 e na Convenção n. 158 da OIT:

> a) O direito de os trabalhadores não serem despedidos sem motivo válido ligado à sua aptidão ou comportamento, ou baseado nas necessidades de funcionamento da empresa, do estabelecimento ou do serviço;

No art. 29º a Carta trata de forma específica das dispensas coletivas, prevendo que:

> A fim de assegurar o exercício efetivo do direito dos trabalhadores a serem informados e consultados em caso de dispensa coletiva, as Partes comprometem-se a assegurar que os empregadores informem e consultem os representantes dos trabalhadores em tempo útil, antes dessas dispensas coletivas, sobre as possibilidades de as evitar ou de limitar o seu número e de atenuar as suas consequências, por exemplo, recorrendo a medidas sociais de acompanhamento que visem, designadamente, o apoio à reclassificação ou à reinserção dos trabalhadores em causa.

Na trilha da Diretiva n. 59, a Carta dos Direitos Fundamentais da União Europeia, de 2000, reafirma que "Todos os trabalhadores têm direito a proteção contra as dispensas sem justa causa, de acordo com o direito comunitário e as legislações e práticas nacionais" (art. 30º).

No plano das Américas, como relatam Lorena Vasconcelos Porto e Augusto Grieco Sant'Anna Meirinho[22], o "Protocolo de San Salvador" assegura expressamente o direito dos trabalhadores à estabilidade em seus empregos (art. 7º, *"d"*)[23], valendo destacar que este documento foi ratificado pelo Brasil, conforme Decreto Legislativo n. 56/1995, promulgado pelo Decreto n. 3.321/1999.

---

(22) PORTO, Lorena Vasconcelos; MEIRINHO, Augusto Grieco Sant'Anna. A dispensa em massa e a pandemia de COVID19. *Rev. Trib. Reg. Trab. 3ª Reg.*, Belo Horizonte, edição especial, t. II, p. 477-507, jul. 2020.

(23) Art. 7. Condições justas, equitativas e satisfatórias de trabalho. Os Estados Partes neste Protocolo reconhecem que o direito ao trabalho, a que se refere o artigo anterior, pressupõe que toda pessoa goze do mesmo em condições justas, equitativas e satisfatórias, para o que esses Estados garantirão em suas legislações, de maneira particular: (...) d. Estabilidade dos trabalhadores em seus empregos, de acordo com as características das indústrias e profissões e com as causas de justa separação. Nos casos de demissão injustificada, o trabalhador terá direito a uma indenização ou à readmissão no emprego ou a quaisquer outras prestações previstas pela legislação nacional".

Além disso, informam os mesmos autores que consta expressamente na Observação Geral n. 18, do Comitê de Direitos Econômicos, Sociais e Culturais, anexa ao Protocolo, que:

> O direito ao trabalho, protegido no Pacto Internacional dos Direitos Econômicos Sociais e Culturais, afirma a obrigação dos Estados Partes de garantir às pessoas seu direito ao trabalho livremente escolhido ou aceito, **em especial o direito a não ser privado do trabalho de forma injusta**.[24]

Nos fundamentos apresentados em tal documento faz-se, inclusive, menção expressa à Convenção n. 158 da OIT, que trata do mesmo assunto.

Importante mencionar, ainda, o dado trazido por Lorena e Augusto, que, conforme decidido pela Corte Interamericana de Direitos Humanos, em sentença proferida no dia 31 de agosto de 2017, a estabilidade laboral e o direito à proteção contra a dispensa injustificada estão tutelados pelo art. 26 da Convenção Americana sobre Direitos Humanos[25]. Na decisão foi destacado que "a dispensa consiste na máxima sanção na relação de trabalho", devendo tal sanção estar "devidamente justificada ('dispensa justificada')"[26].

Cumpre não olvidar que as Convenções da OIT têm a natureza jurídica de tratados e quanto a incidência do conteúdo normativo deste na ordem interna impera a Convenção de Viena, adotada em 1969, a qual prevê, em seu art. 27, que "uma parte não pode invocar as disposições de seu direito interno para justificar o inadimplemento de um tratado". E a Convenção de Viena foi ratificada pelo Brasil, em 2009, por intermédio do Decreto n. 7.030.

---

(24) PORTO, Lorena Vasconcelos; MEIRINHO, Augusto Grieco Sant'Anna. A dispensa em massa e a pandemia de COVID19. *Rev. Trib. Reg. Trab. 3ª Reg.*, Belo Horizonte, edição especial, t. II, p. 477-507, jul. 2020.

(25) Art. 26. Desenvolvimento progressivo. Os Estados Partes comprometem-se a adotar providências, tanto no âmbito interno como mediante cooperação internacional, especialmente econômica e técnica, a fim de conseguir progressivamente a plena efetividade dos direitos que decorrem das normas econômicas, sociais e sobre educação, ciência e cultura, constantes da Carta da Organização dos Estados Americanos, reformada pelo Protocolo de Buenos Aires, na medida dos recursos disponíveis, por via legislativa ou por outros meios apropriados.

(26) PORTO, Lorena Vasconcelos; MEIRINHO, Augusto Grieco Sant'Anna. A dispensa em massa e a pandemia de COVID19. *Rev. Trib. Reg. Trab. 3ª Reg.*, Belo Horizonte, edição especial, t. II, p. 477-507, jul. 2020.

7. A Dispensa Coletiva no Direito Comparado

As informações trazidas por Lorena Vasconcelos Porto, em sua tese de doutorado, "La disciplina dei licenziamenti in Italia e nel diritto comparato: una proposta per il diritto del lavoro in Brasile", apresentada à "Facoltà di Giurisprudenza della Università degli Studi di Roma 'Tor Vergata', sob orientação do professor Giancarlo Perone, em 2008, a respeito de obstáculos e limites à dispensa de trabalhadores em diversos países, constituem a base do relato feito a seguir.

Como dito acima, a Convenção n. 158 da OIT, que obsta a existência de um direito potestativo de resilição contratual nas relações de emprego e que se tornou vigente na ordem internacional a partir de novembro de 1985, foi ratificada por 36 países, dentre eles o Brasil, sendo que em muitos outros, em que não se promoveu a ratificação da referida Convenção, já havia normas de proteção ao emprego ainda mais consistentes.

a) Itália

Na Itália, por exemplo, uma regulação neste sentido tem início em 1966, com a edição da Lei n. 604, passando "a necessidade da existência de uma motivação (justa causa ou justificado motivo) para a validade da dispensa do trabalhador, cabendo ao patrão prová-la"(27). A lei excluía vários tipos de trabalhadores e não previa reintegração ao emprego.

A proteção avançou, em 1970, com a edição da Lei n. 300, (Estatuto dos Trabalhadores), "que, em seu art. 18, impôs ao patrão o dever de reintegrar o trabalhador dispensado imotivadamente, proteção esta denominada 'tutela real' ou 'forte'"(28). Mas, igualmente, mantinha as exceções que atingiam parcela considerável dos empregadores italianos.

---

(27) PORTO, Lorena Vasconcelos. *La disciplina dei licenziamenti in Italia e nel diritto comparato:* una proposta per il diritto del lavoro in Brasile, Tese de doutorado apresentada à "Facoltà di Giurisprudenza della Università degli Studi di Roma 'Tor Vergata', sob orientação do professor Giancarlo Perone, em 2008. p. 118. Disponível em: <https://art.torvergata.it/retrieve/handle/2108/1034/7107/Tese.pdf>. Acesso em: 18 maio 2021.

(28) PORTO, Lorena Vasconcelos. *La disciplina dei licenziamenti in Italia e nel diritto comparato:* una proposta per il diritto del lavoro in Brasile, Tese de doutorado apresentada à "Facoltà di Giurisprudenza della Università degli Studi di Roma 'Tor Vergata', sob orientação do professor Giancarlo Perone, em 2008, p. 118. Disponível em: <https://art.torvergata.it/retrieve/handle/2108/1034/7107/Tese.pdf>. Acesso em: 17 maio 2021.

Relata Lorena Porto que, em razão desse quadro delimitador, "surgiu a ideia de se fazer um referendo abrrogativo, para excluir tais exceções"(29)... conforme permito pela decisão n. 65, de 02 de fevereiro de 1990, da Corte Constitucional.

Os parlamentares se adiantaram e, de forma acelerada, aprovaram a Lei n. 180, em 11 de maio de 1990, que, sem revogar os dispositivos anteriores, redefiniu o tema e trouxe algumas inovações.

A situação hoje sobre o tema na Itália, apresentada de forma resumida, como esclarece Lorena, resta da seguinte forma:

> Pela análise dessa legislação veremos que a liberdade em dispensar o trabalhador imotivadamente constitui, nos dias atuais, uma exceção no Direito italiano. Com efeito, a necessidade da justificação da dispensa baseia-se em princípios fundamentais da Constituição de 1948, como o da especial proteção aos cidadãos em condições menos favoráveis (art. 3º, § 2º), da tutela do direito ao trabalho (art. 4º, § 1º) e da necessária conciliação da iniciativa econômica privada com a utilidade social e a salvaguarda da liberdade e da dignidade humanas (art. 41, § 2º). (30)
>
> Acrescente-se que para os empregadores abrangidos pelo regime de tutela "real" ou "forte", nos termos do art. 18, da Lei n. 300/70 (Estatuto dos Trabalhadores), seguindo a redação dada pela Lei n. 108/90, isto é, os empresários que, "na unidade produtiva em que ocorreu a dispensa ou no âmbito do município em que esta se situa, tenham mais de 15 empregados ou mais de 5 obreiros, caso se trate de um empresário agrícola", os que, "inclusive os agrícolas, possuam, no total, mais de 60 empregados" e os "os empregadores não empresários que ocupem mais de 15 empregados no âmbito da unidade produtiva em que ocorreu a dispensa ou no âmbito do município em que esta se localiza, ou que possuam, no total, mais de 60 empregados", quando a dispensa é considerada inválida, confere-se ao empregado a possiblidade de obter a sua reintegração ao emprego, com acréscimo da indenização pelos prejuízos experimentados.(31)

É importante destacar que o modelo italiano, depois do país ser duas vezes condenado pela Corte de Justiça da Comunidade Europeia, por não possuir, em

---

(29) PORTO, Lorena Vasconcelos. *La disciplina dei licenziamenti in Italia e nel diritto comparato:* una proposta per il diritto del lavoro in Brasile, Tese de doutorado apresentada à "Facoltà di Giurisprudenza della Università degli Studi di Roma 'Tor Vergata', sob orientação do professor Giancarlo Perone, em 2008, p. 119. Disponível em: <https://art.torvergata.it/retrieve/handle/2108/1034/7107/Tese.pdf>. Acesso em: 17 maio 2021.

(30) *Idem.*

(31) *Idem.*

afronta as Diretivas comunitárias, uma regulação específica tratando das dispensas coletivas, passou a prever, desde a edição da Lei n. 223, de 23 de julho de 1991, um procedimento específico com relação à matéria.

Conforme pontua Lorena Porto, o objetivo do procedimento estabelecido é "assegurar o controle sindical sobre a redução de pessoal, por meio de direitos de informação e de exame conjunto para a verificação da efetividade e da inevitabilidade, total ou parcial, do redimensionamento programado do pessoal da empresa".(32)

Segundo informa a mesma autora, o procedimento a ser seguido é o seguinte:

> O empregador deve, primeiramente, enviar um comunicado escrito aos representantes sindicais na empresa, quando existentes, e aos sindicatos territoriais, indicando os motivos que determinam o excedente de pessoal, o número e o perfil profissional dos empregados excedentes, as razões pelas quais não é viável adotar medidas alternativas às dispensas, o período em que pretende efetuá-las e as eventuais providências que pretende adotar para reduzir as consequências sociais geradas. A mesma comunicação é enviada à autoridade administrativa regional do trabalho (art. 4º, §§ 2º e 4º). Se a empresa se enquadra no campo de aplicação da integração salarial extraordinária (....), com consequente direito dos trabalhadores à indenização de mobilidade, ela é obrigada, para confirmar a seriedade das suas intenções, a recolher antecipadamente ao INPS uma parte da contribuição especial proporcional ao número de empregados excedentes (art. 4º, § 3º) e deve anexar uma cópia do recibo desse recolhimento à comunicação acima referida. Caso, posteriormente, a empresa decida não realizar, no todo ou em parte, as dispensas, ela tem direito a recuperar essa quantia ou compensá-la com aquela devida (art. 4º, § 10). O fato de a empresa não efetuar esse recolhimento antecipado ou não completar a quantia devida ao final a torna devedora do ente previdenciário, mas não invalida as dispensas. Os representantes sindicais na empresa e/ou os sindicatos territoriais, dentro de sete dias do recebimento da comunicação, podem solicitar uma reunião com o empregador, para examinarem, em conjunto, as causas do número excedente de pessoal, a possibilidade de se evitar, no todo ou em parte, as dispensas (v.g., a utilização dos obreiros em outros setores da empresa ou a redução da jornada de trabalho) e, caso isso não seja possível, a possibilidade de se recorrer a medidas sociais de

(32) PORTO, Lorena Vasconcelos. *La disciplina dei licenziamenti in Italia e nel diritto comparato:* una proposta per il diritto del lavoro in Brasile, Tese de doutorado apresentada à "Facoltà di Giurisprudenza della Università degli Studi di Roma 'Tor Vergata', sob orientação do professor Giancarlo Perone, em 2008, p. 173. Disponível em: <https://art.torvergata.it/retrieve/handle/2108/1034/7107/Tese.pdf>. Acesso em: 17 maio 2021.

acompanhamento dos trabalhadores dispensados, em particular para a sua requalificação e reconversão (art. 4º, § 5º, da Lei n. 223/91, com a nova redação conferida pelo art. 1º, § 2º, do Decreto-lei n. 151/97). O objetivo dessas medidas é buscar atenuar as consequências prejudiciais da dispensa. Cumpre notar que essa alteração legislativa foi feita para conformar o procedimento de informação e consulta previsto na lei italiana aos dispositivos introduzidos pela Diretiva n. 56, de 1992, atualmente contidos no art. 2º, da Diretiva n. 59, de 1998. Assim, deve fazer parte da consulta em sede sindical o exame das possíveis medidas de requalificação e de reconversão dos empregados dispensados, as quais, portanto, não podem mais ser 'eventuais', como ocorria anteriormente.

O procedimento em sede sindical deve ser concluído em até 45 dias (art. 4º, § 6º). Os sindicatos podem ser assistidos por peritos e especialistas, o que se revela muito importante caso consideremos a complexidade técnica das matérias suscetíveis de informação e de consulta. Outra alteração legislativa produzida pelo Decreto-lei n. 151/97, para conformar as normas italianas àquelas comunitárias, foi no sentido de estabelecer que as obrigações de informação e de consulta devem ser cumpridas independentemente do fato de que a decisão relativa às dispensas tenha sido tomada pelo empregador ou por uma empresa que o controla (art. 4º, § 15bis, da Lei n. 223/91). Assim, mesmo que faça parte de um grupo, a empresa não poderá se subtrair às obrigações de comunicação e de consulta sindical previstas legalmente pelo simples fato de que a decisão de proceder à dispensa coletiva provém da sociedade controladora. No caso de não ter havido um acordo entre as partes, deve-se comunicá-lo à referida autoridade administrativa, que as convoca para tentar obter o consenso frustrado, formulando eventuais propostas. Esse procedimento deve ser concluído no prazo de 30 dias, salvo que a empresa permita a sua prorrogação, com a continuação das reuniões. Mesmo não obtendo qualquer acordo, em sede sindical ou perante a autoridade pública, o empregador pode proceder às dispensas (art. 4º, § 9º, art. 5º, § 4º, art. 24, § 3º). O empregador pode ser obrigado, no total, a esperar 82 (7+45+30) dias antes de realizar a dispensa, mas esses prazos são reduzidos à metade se o número de trabalhadores excedentes é inferior a 10 (art. 4º, § 8º). Nesse período, as relações de emprego permanecem em vigor para todos os efeitos e os obreiros devem ser remunerados normalmente. O empregador, sob pena de violação do procedimento e consequente ineficácia das dispensas, deve agir, em ambas as fases, com correção e boa-fé. Consoante o disposto no art. 4º, § 11, da Lei n. 223/91, caso seja firmado um acordo com o sindicato, para o aproveitamento total ou parcial dos trabalhadores excedentes, pode-se estabelecer a colocação destes em funções diversas daquelas até então desenvolvidas na empresa. Além disso, a contribuição por esta devida a título de indenização de mobilidade é reduzida sensivelmente (art. 5º, § 4º, e art. 24, § 3º, com a nova redação conferida pelo art. 8o , §1o , da Lei n. 236, de 1993), o que configura um incentivo à conclusão do acordo. Em razão da adoção da pluralidade sindical pelo Direito italiano, na hipótese de o acordo em tela ser sido firmado por sindicato ao qual o trabalhador não se encontra filiado e este se sinta prejudicado, em virtude de ter sido dispensado ou em razão das mudanças sofridas em seu contrato de trabalho, poderá impugná-lo judicialmente.

Exaurido o procedimento em tela, caso se decida, em virtude de um acordo ou na ausência deste, pela dispensa de empregados, estes deverão ser comunicados por escrito pelo empregador, a título de aviso--prévio. As dispensas podem ser sucessivas (não simultâneas), desde que efetuadas no prazo máximo de 120 dias do fim do procedimento, salvo diversa indicação no eventual acordo sindical (art. 8º, § 4º da Lei n. 236/93). É o empresário, unilateralmente, que individualiza os obreiros a serem dispensados, mas a sua escolha não é livre. Ela deve respeitar, sob pena da invalidade da dispensa (com ônus da prova recaindo sobre o empregador), os critérios ditados pelos contratos coletivos celebrados pelos sindicatos de maior representatividade no âmbito nacional (art. 5º, da Lei n. 223/91). Cumpre notar que eles se aplicam a todos os empregados envolvidos, inclusive àqueles não representados pelos sindicatos que os firmaram e que deles discordam, conforme afirmado pela Corte Constitucional na decisão n. 268, de 1994. Tais critérios devem ser objetivos e gerais e não podem violar normas imperativas, como a proibição de discriminações contida no art. 15, do ET. Na ausência de norma coletiva, prevalecem os critérios enumerados supletivamente pela lei, os quais correspondem àqueles previstos pelo acordo interconfederativo para o setor industrial de 1965. São eles: os encargos familiares, a antiguidade e as exigências técnico--produtivas e organizativas (art. 5º, § 1º, da Lei n. 223/91). Quanto à antiguidade, a jurisprudência majoritária afirma ser ela relativa ao tempo de serviço do obreiro e não à sua idade. No que tange aos encargos familiares, há discussão se seriam referentes ao número de dependentes do obreiro ou se seria considerada, de forma prevalente, a sua situação sócio-econômica. Os três critérios devem ser aplicados 'em concurso entre si', mas com possível e razoável prevalência de um deles sobre os demais. Na escolha dos empregados, deve-se rejeitar, obviamente, qualquer forma de discriminação, como aquela entre homens e mulheres. Por outro lado, devem ser respeitadas as normas legais que reservam um número mínimo de postos de trabalho a obreiros em condições especiais, como os reabilitados (art. 5º, § 2º, da Lei n. 223/91). A empresa, concomitantemente à comunicação efetuada aos empregados, deve comunicar também por escrito à autoridade administrativa competente (arts. 3º a 5º, do DL n. 469, de 1997) e aos sindicatos com representação na empresa ou, na sua falta, àqueles filiados às confederações com maior representação, o elenco dos empregados dispensados com uma série de dados individuais e com "indicação detalhada das modalidades por meio das quais foram aplicados os critérios de escolha" (art. 4º, § 9º). Esse dispositivo é muito importante, pois obriga o empresário a divulgar imediata e analiticamente as modalidades seletivas aplicadas na escolha e permite o controle pelos sindicatos e pela Administração Pública e, assim, indiretamente, também por parte de cada empregado envolvido. Se essa comunicação for omissa, incompleta, genérica ou tardia, as dispensas são ineficazes, sendo permitida, no entanto, a renovação, com eficácia ex nunc, de tal comunicação, como afirmado pelo Pleno ('Sezione Unite') da Suprema Corte, nas decisões n. 302, de 11 de maio de 2000, e n. 461, de 27 de junho de 2000. Face à inobservância das exigências acima descritas, como a forma escrita das comunicações, os procedimentos de consulta e os critérios de seleção dos obreiros, pode-se recorrer ao Poder Judiciário, para se obter a declaração da invalidade da dispensa e consequente reintegração do trabalhador. Com efeito, o art. 5º, da Lei n. 223/91, faz referência expressa ao art. 18, do ET.

[...]

Quanto à forma e aos prazos relativos à impugnação das dispensas coletivas, são previstas regras análogas àquelas aplicáveis à dispensa individual, acima descritas. A impugnação deve ser feita por "qualquer ato escrito, mesmo que extrajudicial, idôneo a tornar conhecida a vontade do trabalhador, inclusive através da intervenção das organizações sindicais", no prazo decadencial de 60 dias contados do recebimento da comunicação da dispensa (art. 5º, § 3º). Além disso, no caso da dispensa coletiva, a lei prevê expressamente que a decadência da impugnação não produz efeitos no caso de despedida não comunicada por escrito (art. 5º, § 3º), em conformidade ao entendimento consolidado pela jurisprudência em tema de dispensa individual. Assim, a dispensa coletiva comunicada sem observância da forma escrita, bem como aquela intimada em violação aos procedimentos descritos, são ineficazes (art. 5º, § 3º). A inobservância do procedimento sindical pode também configurar uma conduta anti-sindical, prevista no art. 28, do ET. A consequência da ineficácia da dispensa é a aplicação do art. 18, do ET, com a reintegração do trabalhador. Este, no entanto, pode optar pela indenização substitutiva prevista no art. 18, § 5º, do ET, renunciando à reintegração.[33]

b) Alemanha

Na Alemanha, segundo informa Lorena Porto, "caso o número de dispensas programadas supere um dado percentual da força de trabalho, considerado o período de 1 mês, o empregador tem o dever de notificar a administração do trabalho (art. 17, da KSchG)".[34]

Quanto ao procedimento, a autora explicita:

> Essa notificação deve ser por escrito e prévia à efetuação das dispensas, sob pena da nulidade destas. Isso significa que cada um dos empregados envolvidos pode arguir judicialmente a invalidade da sua dispensa, cuja consequência é a reintegração no posto de trabalho. A seriedade da sanção explica o fato de essa notificação ser normalmente efetuada pelo empregador. Além disso, antes de notificar a autoridade administrativa, o patrão deve informar ao Comitê de Empresa, quando exista, as razões das dispensas, o número de empregados envolvidos, o número de trabalhadores da empresa em circunstâncias normais e o período em que pretende efetuar as dispensas.
>
> O empregador deve, ainda, fornecer outras informações solicitadas pelo Comitê e deve discutir com este todas as possibilidades para evitar ou reduzir as dispensas ou minorar os seus efeitos negativos.
>
> O Comitê de Empresa tem o direito de negociar a conclusão de um plano de compensação dos interesses ("compromisso de interesses" — "Interessenausgleich") e de um plano social ("Sozialplan").[35]

---

(33) PORTO, Lorena Vasconcelos. *La disciplina dei licenziamenti in Italia e nel diritto comparato:* una proposta per il diritto del lavoro in Brasile, Tese de doutorado apresentada à "Facoltà di Giurisprudenza della Università degli Studi di Roma 'Tor Vergata', sob orientação do professor Giancarlo Perone, em 2008, p. 173-177. Disponível em: <https://art.torvergata.it/retrieve/handle/2108/1034/7107/Tese.pdf>. Acesso em: 19 maio 2021.

(34) PORTO, Lorena Vasconcelos. *La disciplina dei licenziamenti in Italia e nel diritto comparato:* una proposta per il diritto del lavoro in Brasile, Tese de doutorado apresentada à "Facoltà di Giurisprudenza della Università degli Studi di Roma 'Tor Vergata', sob orientação do professor Giancarlo Perone, em 2008, p. 203. Disponível em: <https://art.torvergata.it/retrieve/handle/2108/1034/7107/Tese.pdf>. Acesso em: 19 maio 2021.

(35) *Idem..*

c) França

Na França, país que ratificou a Convenção n. 158 da OIT, não se pode promover a dispensa imotivada de trabalhadores desde a Lei de 13 de julho de 1973, exigindo-se uma "causa real e séria". Sem uma definição legal a respeito, a jurisprudência fixou os parâmetros e estes têm sido progressivamente mais rígidos, sobretudo, nos momentos de alta taxa de desemprego.

No que se refere às dispensas coletivas, estas são classificadas em "pequenas" dispensas coletivas, que envolvem entre 2 e 9 empregados e são realizadas no período de 30 dias e "grandes" dispensas coletivas, que envolvem 10 ou mais empregados e são realizadas no mesmo período.

Há a necessidade de o empregador manter informado o Comitê de Empresa, anualmente, sobre a evolução do emprego do ano anterior e as previsões para os anos seguintes (art. L. 432-1-1, do CT), estabelecendo-se um debate anual a respeito, cujo conteúdo das tratativas deve ser encaminhado à autoridade administrativa.

Quanto ao procedimento, informa Lorena Porto que, no caso das pequenas dispensas coletivas:

> [...] o Comitê de Empresa (ou, na sua falta, os delegados de pessoal) também é informado e consultado. O empregador deve encaminhar-lhe, juntamente com a convocação para uma reunião, informações sobre as razões econômicas e financeiras ou técnicas que conduziram ao projeto de dispensa, o número de trabalhadores da empresa, o número daqueles que se pretende dispensar e as respectivas categorias profissionais, os critérios aplicáveis para a escolha, o calendário previsto para as dispensas (art. 321-4, do CT). Essa consulta deve preceder, naturalmente, a convocação dos trabalhadores envolvidos para a reunião acima mencionada.(36)

E, no caso das grandes dispensas coletivas:

> [...] o empregador, nas empresas com menos de 50 trabalhadores, deve se reunir com os delegados de pessoal e, ao convocá-los, deve fornecer-lhes, além das informações supra, aquelas relativas às convenções de conversão, sobre as quais falaremos abaixo. Já nas empresas com mais de 50 empregados, o patrão deve consultar o Comitê de Empresa,

(36) PORTO, Lorena Vasconcelos. *La disciplina dei licenziamenti in Italia e nel diritto comparato:* una proposta per il diritto del lavoro in Brasile. Tese de doutorado apresentada à "Facoltà di Giurisprudenza della Università degli Studi di Roma 'Tor Vergata', sob orientação do professor Giancarlo Perone, em 2008, p. 214. Disponível em: <https://art.torvergata.it/retrieve/handle/2108/1034/7107/Tese.pdf>. Acesso em: 19 maio 2021.

convocando ao menos duas reuniões e informando-lhe, juntamente com a convocação, sobre o plano social, que será abaixo explicitado.[37]

E esclarece:

"Em ambos os casos, o empregador irá consultar os representantes obreiros sobre as medidas que pretende adotar para evitar as dispensas ou limitá-las e para facilitar a recolocação dos obreiros cuja dispensa não pode ser evitada. O Comitê de Empresa pode se fazer assistir por um perito contábil, para esclarecer eventuais dúvidas (art. 434-6, do CT)."[38]

Com relação aos efeitos, a mesma autora explica:

O empregador que descumpre as obrigações de informação e de consulta está sujeito a sanções civis e penais: deve indenizar o empregado pelos prejuízos causados (art. 122-14-4, do CT) e sofre a sanção prevista para o delito de entrave ao exercício regular das funções de delegado de pessoal ou ao funcionamento regular do Comitê de empresa. De 1975 a 1986, vigorou a obrigatoriedade da autorização administrativa prévia (do diretor do Departamento do Trabalho) para que o empregador pudesse realizar a dispensa, individual ou coletiva, por motivo econômico. Essa exigência foi revogada pelas Leis de 03 de julho e de 30 de dezembro de 1986; a tarefa que outrora cabia à autoridade administrativa cumprir "a priori" foi transferida para o juiz, que a realiza "a posteriori". O empregador que pretende proceder à dispensa por motivo econômico deve, no entanto, informá-lo ao diretor do Departamento do Trabalho e do Emprego. No caso da dispensa individual ou da pequena dispensa coletiva, essa informação é 'a posteriori', devendo ser realizada no prazo de 8 dias após o envio das notificações de dispensa aos empregados envolvidos. Essa informação permite à autoridade administrativa controlar se ocorreu a dispensa de 10 ou mais trabalhadores no período de 30 dias, e, assim, se é aplicável o procedimento das grandes dispensas coletivas. O empregador que descumpre essa obrigação de informação deve pagar uma multa. No caso de grande dispensa coletiva, o empregador deve remeter à autoridade administrativa o conjunto de informações enviadas aos representantes dos trabalhadores no mesmo

(37) PORTO, Lorena Vasconcelos. *La disciplina dei licenziamenti in Italia e nel diritto comparato:* una proposta per il diritto del lavoro in Brasile. Tese de doutorado apresentada à "Facoltà di Giurisprudenza della Università degli Studi di Roma 'Tor Vergata', sob orientação do professor Giancarlo Perone, em 2008, p. 215. Disponível em: <https://art.torvergata.it/retrieve/handle/2108/1034/7107/Tese.pdf>. Acesso em: 19 maio 2021.

(38) *Idem*.

momento que as expede a esses últimos (art. L. 321-4, do CT). Deve enviar-lhe também, posteriormente, as atas das reuniões com o Comitê de Empresa ou com os delegados de pessoal e, por fim, o projeto de dispensa. A inobservância desses deveres é penalmente sancionada.(39)

Além disso, no caso de grande dispensa coletiva em empresa que ocupa ao menos 50 empregados, o empregador deve elaborar e implementar um plano social, o qual também deve ser informado à autoridade administrativa e conter as propostas formuladas pelo empregador para justificar e minimizar os efeitos sociais da medida.

No caso da grande dispensa coletiva, a comunicação aos empregados deve ser feita dentro de um prazo que varia de 30 e 60 dias, conforme o número de dispensas, sendo que este prazo se conta da data da informação do plano ao diretor do Departamento do Trabalho.

Na notificação de dispensa deve estar explícito o motivo econômico que a justifica e a indicação de que "o empregado dispõe de um prazo para aceitar ou recusar a convenção de conversão e mencionar o seu direito à prioridade na recontratação"(40)

A respeito do controle *"a posteriori"*, realizado no âmbito judicial, Lorena informa que:

> Na eventual ação promovida pelo trabalhador para contestar a validade da sua dispensa, o juiz deverá verificar a realidade do motivo econômico, isto é, a existência da supressão ou transformação do emprego ou da modificação substancial do contrato de trabalho, das dificuldades econômicas, das mutações tecnológicas ou de uma outra causa não inerente à pessoa do trabalhador. A ausência da realidade da causa evidencia-se, por exemplo, no caso de o empregado ter sido substituído, de a causa verdadeira ser a sua idade ou de as dificuldades econômicas invocadas não existirem.
>
> Consoante a jurisprudência consolidada da Corte de Cassação, a dispensa por motivo econômico é injustificada quando era possível recolocar o empregado cujo posto de trabalho foi suprimido em outro

(39) PORTO, Lorena Vasconcelos. *La disciplina dei licenziamenti in Italia e nel diritto comparato:* una proposta per il diritto del lavoro in Brasile. Tese de doutorado apresentada à "Facoltà di Giurisprudenza della Università degli Studi di Roma 'Tor Vergata', sob orientação do professor Giancarlo Perone, em 2008, p. 215. Disponível em: <https://art.torvergata.it/retrieve/handle/2108/1034/7107/Tese.pdf>. Acesso em: 19 maio 2021.

(40) PORTO, Lorena Vasconcelos. *La disciplina dei licenziamenti in Italia e nel diritto comparato:* una proposta per il diritto del lavoro in Brasile. Tese de doutorado apresentada à "Facoltà di Giurisprudenza della Università degli Studi di Roma 'Tor Vergata', sob orientação do professor Giancarlo Perone, em 2008, p. 216. Disponível em: <https://art.torvergata.it/retrieve/handle/2108/1034/7107/Tese.pdf>. Acesso em: 19 maio 2021.

> posto na empresa ou no grupo a que esta pertence. Desse modo, existe uma verdadeira obrigação de recolocação a cargo do empregador. Além disso, segundo a mesma jurisprudência, os juízes devem averiguar se a conduta do empregador foi a de um patrão normalmente diligente, de modo que, ilustrativamente, deve ser considerada como desprovida de causa real e séria a dispensa do obreiro quando o empregador contribuiu conscientemente para a existência das dificuldades econômicas.[41]

d) Espanha

Na Espanha, que também ratificou a Convenção n. 158 da OIT, a cessação do contrato de trabalho está disciplinada pela Lei n. 8, de 1980, com as alterações introduzidas pelo Estatuto dos Trabalhadores — Real Decreto Legislativo n. 1 de 1995.

De um modo geral:

> a legislação trabalhista espanhola é caracterizada pela progressiva restrição da faculdade empresarial de dar término à relação de trabalho, para garantir maior estabilidade no emprego. Assim, para o exercício da faculdade de dispensar o obreiro passou a se exigir uma causa justa (a dispensa é um ato jurídico causal), sendo poucas as exceções em que se admite a dispensa "ad nutum" (v.g., durante o período de prova). [42]

A dispensa coletiva, nos termos do art. 51, § 1º, do ET, é aquela que se efetiva por razões econômicas, técnicas, organizativas ou de produção, considerando-se como tal a que atinja, no período de 90 dias, um mínio de "10 empregados, no caso das empresas que ocupam menos de 100 obreiros; 10% do número de empregados nas empresas que ocupam entre 100 e 299 obreiros; 30 empregados nas empresas que ocupam 300 ou mais obreiros".

A iniciativa do empregador deve seguir algumas formalidades dentro de um procedimento legalmente estabelecido, para que obtenha, inclusive, permissão da autoridade administrativa, requerendo, também, a abertura simultânea de uma consulta escrita aos representantes dos trabalhadores.

---

(41) PORTO, Lorena Vasconcelos. *La disciplina dei licenziamenti in Italia e nel diritto comparato:* una proposta per il diritto del lavoro in Brasile. Tese de doutorado apresentada à "Facoltà di Giurisprudenza della Università degli Studi di Roma 'Tor Vergata', sob orientação do professor Giancarlo Perone, em 2008, p. 216. Disponível em: <https://art.torvergata.it/retrieve/handle/2108/1034/7107/Tese.pdf>. Acesso em: 19 maio 2021.

(42) PORTO, Lorena Vasconcelos. *La disciplina dei licenziamenti in Italia e nel diritto comparato:* una proposta per il diritto del lavoro in Brasile. Tese de doutorado apresentada à "Facoltà di Giurisprudenza della Università degli Studi di Roma 'Tor Vergata', sob orientação do professor Giancarlo Perone, em 2008, p. 228. Disponível em: <https://art.torvergata.it/retrieve/handle/2108/1034/7107/Tese.pdf>. Acesso em: 19 maio 2021.

e) Portugal

Em Portugal, o art. 392 do novo Código do Trabalho (Lei n. 99, de 27 de agosto de 2003, que entrou em vigor no dia 1° dezembro de 2003) proíbe a dispensa sem justa causa ou por motivos políticos ou ideológicos.

A dispensa coletiva está regulada nos arts. 397 a 401 do mesmo diploma e se tem por configurada "quando o empregador, simultânea ou sucessivamente, no período de três meses, proceda à dispensa de ao menos dois empregados, no caso de microempresa ou de pequena empresa, ou de cinco obreiros, no caso de média ou grande empresa"(43).

A dispensa coletiva deve estar fundamentada no encerramento de uma ou mais seções ou estrutura equivalente ou redução de pessoal determinada por motivos de mercado, estruturais ou tecnológicos.

Conforme esclarece Lorena Porto:

> Os motivos de mercado consistem na redução da atividade da empresa ocasionada pela diminuição previsível da procura de bens ou serviços ou impossibilidade superveniente, prática ou legal, de colocá-los no mercado. Os motivos estruturais correspondem ao desequilíbrio econômico-financeiro, à mudança de atividade, à reestruturação da organização produtiva ou à substituição de produtos dominantes. Os motivos tecnológicos consistem em alterações nas técnicas ou processos de fabricação, automatização dos instrumentos de produção, de controle ou de movimentação de cargas, bem como na informatização de serviços ou automatização de meios de comunicação.(44)
>
> A iniciativa do empregador deve ser precedida de comunicação por escrito a órgão de representação dos trabalhadores. Na comunicação devem constar:
>
> [...] a descrição dos motivos invocados para a dispensa; o quadro de pessoal discriminado por setores organizacionais; os critérios para a escolha dos trabalhadores a serem dispensados; o número de obreiros a serem dispensados e as categorias profissionais abrangidas; o período de tempo no qual se pretende efetivar as dispensas; o método de cálculo de

---

(43) PORTO, Lorena Vasconcelos. *La disciplina dei licenziamenti in Italia e nel diritto comparato:* una proposta per il diritto del lavoro in Brasile. Tese de doutorado apresentada à "Facoltà di Giurisprudenza della Università degli Studi di Roma 'Tor Vergata', sob orientação do professor Giancarlo Perone, em 2008, p. 246. Disponível em: <https://art.torvergata.it/retrieve/handle/2108/1034/7107/Tese.pdf>. Acesso em: 19 maio 2021.

(44) *Idem.*

> uma eventual indenização que será concedida aos obreiros, além daquela prevista pela lei, acima vista, ou estabelecida no contrato coletivo.(45)

Inicia-se, assim, com participação do Ministério do Trabalho, um procedimento buscando a formalização de um acordo que abrangerá:

> [...] a dimensão e os efeitos das medidas a serem tomadas, bem como sobre a possibilidade de adotar outras medidas que reduzam o número de obreiros a serem dispensados, tais como: a suspensão da prestação laborativa; a sua redução; a reconversão e reclassificação profissional; reformas antecipadas e pré-reformas (cuja aplicação requer a concordância do obreiro)(46)

A dispensa coletiva é ilícita quando:

> [...] o empregador: não tiver realizado as comunicações e promovido as negociações; não tiver observado o prazo para decidir sobre a dispensa; não tiver colocado à disposição do obreiro, até o final do aviso-prévio, a indenização devida e os créditos exigíveis em virtude da cessação do contrato (essa última exigência não se faz presente no caso de recuperação de empresas e reestruturação de setores econômicos, previstos em lei).(47)

No que se refere à reintegração, está é:

> [...] uma consequência direta da declaração da ilicitude da dispensa, a qual, sendo inválida, não teve o condão de romper o contrato de emprego, que permaneceu em vigor. Mas é facultado ao obreiro, até a prolação da sentença de 1ª instância, optar pelo recebimento de uma indenização no lugar da reintegração.(48)

f) Inglaterra

Na Inglaterra também são encontradas normas legais de proteção ao emprego. Tanto a Lei dos Direitos no Emprego (*"Employment Rights Act"*), de 1996, quanto a

---

(45) PORTO, Lorena Vasconcelos. *La disciplina dei licenziamenti in Italia e nel diritto comparato:* una proposta per il diritto del lavoro in Brasile. Tese de doutorado apresentada à "Facoltà di Giurisprudenza della Università degli Studi di Roma 'Tor Vergata', sob orientação do professor Giancarlo Perone, em 2008, p. 247. Disponível em: <https://art.torvergata.it/retrieve/handle/2108/1034/7107/Tese.pdf>. Acesso em: 19 maio 2021.

(46) *Idem*.

(47) PORTO, Lorena Vasconcelos. *La disciplina dei licenziamenti in Italia e nel diritto comparato:* una proposta per il diritto del lavoro in Brasile. Tese de doutorado apresentada à "Facoltà di Giurisprudenza della Università degli Studi di Roma 'Tor Vergata', sob orientação do professor Giancarlo Perone, em 2008, p. 248. Disponível em: <https://art.torvergata.it/retrieve/handle/2108/1034/7107/Tese.pdf>. Acesso em: 19 maio 2021.

(48) PORTO, Lorena Vasconcelos. *La disciplina dei licenziamenti in Italia e nel diritto comparato:* una proposta per il diritto del lavoro in Brasile. Tese de doutorado apresentada à "Facoltà di Giurisprudenza della Università degli Studi di Roma 'Tor Vergata', sob orientação do professor Giancarlo Perone, em 2008, p. 250. Disponível em: <https://art.torvergata.it/retrieve/handle/2108/1034/7107/Tese.pdf>. Acesso em: 19 maio 2021.

Lei do Emprego (*"Employment Act"*), de 2002, especificam quais são as razões que podem motivar a dispensa e o procedimento que o empregador deve seguir.

O desrespeito a tais dispositivos ocasiona a dispensa injusta e, neste caso, "a decisão judicial que a reconhece pode ordenar a reintegração ou a indenização"[(49)].

g) Estados Unidos

Mesmo nos Estados Unidos, onde a base regulatória mais ampla é o contrato de âmbito coletivo:

> [...] a reintegração também é aplicada como sanção no caso de a dispensa consistir em violação do contrato coletivo. Em geral, ela é ordenada em sede de arbitragem, podendo o seu cumprimento ser assegurado judicialmente. Em regra, a reintegração também é aplicada como sanção no caso de violação de uma liberdade constitucional ou da ordem pública. Se a dispensa consistir apenas no descumprimento do contrato individual, a sanção aplicada pelas Cortes, em geral, é o pagamento de indenização.[(50)]

Acrescenta referida autora que:

> De fato, tanto o "National Labor Relations Act", quanto o "Civil Rights Act" (Título VII), prevêem, no caso de dispensa injusta por violação a seus preceitos, a reintegração do empregado, com o pagamento da remuneração devida até que ela seja efetuada (acrescida de juros) e das despesas processuais suportadas pelo obreiro. Nos termos do "National Labor Relations Act", caso a reintegração se mostre inoportuna, deve ser substituída por uma indenização equivalente, no máximo, a dois anos de remuneração.[(51)]

A jurisprudência, na avaliação da motivação da cessação do vínculo de emprego, se vale também da teoria da "violação do pacto de boa-fé, lealdade e correção, que se entende presente em todo contrato de trabalho"[(52)].

---

(49) PORTO, Lorena Vasconcelos. *La disciplina dei licenziamenti in Italia e nel diritto comparato:* una proposta per il diritto del lavoro in Brasile. Tese de doutorado apresentada à "Facoltà di Giurisprudenza della Università degli Studi di Roma 'Tor Vergata', sob orientação do professor Giancarlo Perone, em 2008, p. 277. Disponível em: <https://art.torvergata.it/retrieve/handle/2108/1034/7107/Tese.pdf>. Acesso em: 19 maio 2021.

(50) PORTO, Lorena Vasconcelos. *La disciplina dei licenziamenti in Italia e nel diritto comparato:* una proposta per il diritto del lavoro in Brasile. Tese de doutorado apresentada à "Facoltà di Giurisprudenza della Università degli Studi di Roma 'Tor Vergata', sob orientação do professor Giancarlo Perone, em 2008, p. 292. Disponível em: <https://art.torvergata.it/retrieve/handle/2108/1034/7107/Tese.pdf>. Acesso em: 19 maio 2021.

(51) *Idem.*

(52) *Idem.*

A respeito da aplicação deste preceito, vale reproduzir, mais uma vez, as informações trazidas por Lorena Porto:

Segundo entendimento amplamente aceito no Direito norte-americano, as partes de um contrato têm o dever de evitar obstaculizar as oportunidades do outro contratante de receber os frutos do acordo. Em regra, esse conceito se concretiza por meio da exigência de que as partes executem o pacto consoante o princípio da boa-fé e se relacionem de forma justa. Tal teoria, reconhecida pela primeira vez em matéria de seguro, passou a ser aplicada às controvérsias trabalhistas. Pode-se citar a decisão do Tribunal da Califórnia, no caso *'Cleary v. American Airlines'*, que reconheceu a violação em comento na dispensa de um empregado sem respeitar as regras procedimentais fixadas pelo próprio empregador, considerando também que o obreiro contava com grande tempo de serviço. Pode-se citar, ainda, o caso *'Foley v. Interactive Data Corp'*, julgado pela Suprema Corte da Califórnia, em 1988, no qual também foi aplicado o princípio em comento.(53)

Além disso, a avaliação da validade do ato do empregador passa, na verificação jurisprudencial, pela verificação do respeito aos compromissos públicos assumidos pela empresa que se integram ao conceito de "contrato tácito".

Conforme explica Lorena Porto, o conteúdo do contrato tácito pode ser identificado nos "usos empresariais, nas garantias verbais, em afirmações contidas no livro de pessoal do patrão ou em deveres advindos do regulamento interno da empresa"(54). Essas manifestações se tornam vinculantes para o empregador no momento em que são publicizadas ou levadas ao conhecimento dos trabalhadores.

É interessante verificar que em muitas manifestações o direito de propriedade aparece como o pressuposto jurídico de validade da cessação das relações de trabalho por iniciativa unilateral dos empregadores e as decisões proferidas nas cortes norte-americanas que fixam limitações a esta atuação do empregador apresentam fundamentos extraídos do Direito Civil, notadamente, do próprio direito de propriedade. Com efeito, como observa Lucinda M. Finley, citada por Lorena (2008), no fundo do direito ao emprego está a declaração de uma "propriedade do posto de trabalho" (*"job property"* ou *"entitlement to a job"*).(55)

---

(53) PORTO, Lorena Vasconcelos. *La disciplina dei licenziamenti in Italia e nel diritto comparato:* una proposta per il diritto del lavoro in Brasile. Tese de doutorado apresentada à "Facoltà di Giurisprudenza della Università degli Studi di Roma 'Tor Vergata', sob orientação do professor Giancarlo Perone, em 2008, p. 292. Disponível em: <https://art.torvergata.it/retrieve/handle/2108/1034/7107/Tese.pdf>. Acesso em: 19 maio 2021.

(54) PORTO, Lorena Vasconcelos. *La disciplina dei licenziamenti in Italia e nel diritto comparato:* una proposta per il diritto del lavoro in Brasile. Tese de doutorado apresentada à "Facoltà di Giurisprudenza della Università degli Studi di Roma 'Tor Vergata', sob orientação do professor Giancarlo Perone, em 2008, p. 293. Disponível em: <https://art.torvergata.it/retrieve/handle/2108/1034/7107/Tese.pdf>. Acesso em: 19 maio 2021.

(55) PORTO, Lorena Vasconcelos. *La disciplina dei licenziamenti in Italia e nel diritto comparato: una proposta per il diritto del lavoro in Brasile.* Tese de doutorado apresentada à "Facoltà di Giurisprudenza della Università

Cumpre ressaltar que desde a década de 80, muitos Estados da Federação editaram "leis que exigem um aviso-prévio no caso de cessação do estabelecimento, devendo também ser acordado com os trabalhadores a possível transferência para outro posto e, em alguns casos, as indenizações a serem pagas"[(56)].

Além disso, verifica-se movimento de a:

> ... contratação coletiva buscar assegurar uma maior participação do sindicato nos processos de decisão das empresas. Por exemplo, o acordo concluído entre a *'Saturn Corporation'* e a *'United Auto Workers'*, em 1985, determinou que deveria ser garantida a 'plena participação do sindicato', além de 'um fluxo livre das informações e uma clara definição dos processos de decisão'. O sindicato, considerado um 'parceiro com plenos direitos', faria parte do 'Comitê de Conselhos Estratégicos' (*'Strategic Advisory Committee'*), encarregado da programação das estratégicas econômicas necessárias para assegurar a operacionalidade da empresa a longo prazo. Demais disso, garantia-se a segurança permanente no posto de trabalho para 80% dos empregados (aqueles com maior tempo de serviço) (PORTO, 2008).[(57)]

No que se refere à dispensa coletiva, além das regras de proteção geral, adiciona-se a lei federal — *"Worker Adjustment and Retraining Notification Act"* (WARN) — *"Plant Closing Act"*.

Como esclarecido no texto formulado por Lorena:

> Essa lei se aplica a empresas com, no mínimo, 100 empregados trabalhando em tempo integral, no caso de dispensa que afete no mínimo 50 obreiros que laboram em tempo integral em determinada planta empresarial, no período de 30 dias, ou de *"lay-off"* cuja duração seja de no mínimo 30 dias e que afete 500 ou mais empregados ou 50 ou mais obreiros caso eles constituam ao menos 33% dos empregados da planta empresarial.[(58)]

---

degli Studi di Roma 'Tor Vergata', sob orientação do professor Giancarlo Perone, em 2008, p. 294. Disponível em: <https://art.torvergata.it/retrieve/handle/2108/1034/7107/Tese.pdf>. Acesso em: 19 maio 2021.

(56) *Idem.*

(57) PORTO, Lorena Vasconcelos. *La disciplina dei licenziamenti in Italia e nel diritto comparato:* una proposta per il diritto del lavoro in Brasile. Tese de doutorado apresentada à "Facoltà di Giurisprudenza della Università degli Studi di Roma 'Tor Vergata', sob orientação do professor Giancarlo Perone, em 2008, p. 295. Disponível em: <https://art.torvergata.it/retrieve/handle/2108/1034/7107/Tese.pdf>. Acesso em: 19 maio 2021.

(58) PORTO, Lorena Vasconcelos. *La disciplina dei licenziamenti in Italia e nel diritto comparato:* una proposta per il diritto del lavoro in Brasile. Tese de doutorado apresentada à "Facoltà di Giurisprudenza della Università degli Studi di Roma 'Tor Vergata', sob orientação do professor Giancarlo Perone, em 2008, p. 296. Disponível em: <https://art.torvergata.it/retrieve/handle/2108/1034/7107/Tese.pdf>. Acesso em: 19 maio 2021.

Nos termos desta lei, o empregador:

> [...] deve conceder um aviso-prévio por escrito de, no mínimo, 60 dias aos representantes dos obreiros afetados ou, na falta destes, aos próprios obreiros, devendo pagar a remuneração equivalente a cada dia desse aviso caso descumprido.
>
> Um *"lay-off"* que, no momento em que foi anunciado, teria uma duração igual ou inferior a seis meses, mas superado esse período, deve ser tratado como uma dispensa coletiva, exceto se essa superação ocorreu por circunstâncias empresariais (como mudanças imprevisíveis nos preços ou custos) que não poderiam razoavelmente ser previstas quando foi anunciado e o empregador procede à devida comunicação no momento em que se torna razoavelmente previsível que irá ocorrer essa superação.[59]

Deve, ainda, o empregador:

> [...] dar o mesmo aviso de 60 dias ao governo local, sendo que se não o fizer pagará uma multa não superior a 500 dólares por cada dia de aviso não concedido, a não ser que ele pague a indenização acima referida aos empregados dentro do prazo de 3 semanas após a data em que ordena as dispensas ou o *"lay-off"*. No caso das empresas menores, as exigências desses avisos na hipótese de encerramento das atividades empresariais são impostas por algumas leis estaduais.[60]

Por fim, destaque o fato de que em muitos Estados foram editadas leis que complementaram as normas do WARN e constam, também, normas a respeito tanto em acordos coletivos quanto em contratos individuais. Informa Lorena, que o NLRA, impondo aos empregadores a obrigação de negociarem com as entidades sindicais determinadas condições de trabalho, pode ser "invocado para forçar os empregadores a negociarem acerca da dispensa coletiva"[61].

h) Japão

No Japão, a Constituição, promulgada em 1946, consagra, em seu art. 27, o direito ao trabalho e tal dispositivo é tido como a base constitucional do direito à segurança

---

(59) PORTO, Lorena Vasconcelos. *La disciplina dei licenziamenti in Italia e nel diritto comparato:* una proposta per il diritto del lavoro in Brasile. Tese de doutorado apresentada à "Facoltà di Giurisprudenza della Università degli Studi di Roma 'Tor Vergata', sob orientação do professor Giancarlo Perone, em 2008, p. 296. Disponível em: <https://art.torvergata.it/retrieve/handle/2108/1034/7107/Tese.pdf>. Acesso em: 19 maio 2021.

(60) PORTO, Lorena Vasconcelos. *La disciplina dei licenziamenti in Italia e nel diritto comparato:* una proposta per il diritto del lavoro in Brasile. Tese de doutorado apresentada à "Facoltà di Giurisprudenza della Università degli Studi di Roma 'Tor Vergata', sob orientação do professor Giancarlo Perone, em 2008, p. 297. Disponível em: <https://art.torvergata.it/retrieve/handle/2108/1034/7107/Tese.pdf>. Acesso em: 19 maio 2021.

(61) *Idem*.

do emprego. Além disso, vários outros dispositivos infraconstitucionais trazidos no Código Civil (CC), de 1889, e na Lei das Condições do Trabalho (LCT), de 1947 (alterada em 2003), aplicam-se à matéria.

No plano do Código Civil a regulação é baseada no princípio da liberdade de cessação contratual. Desse modo, o empregador poderia exercer o seu direito de cessar o contrato a qualquer tempo, com a única obrigação de conceder um aviso prévio.

No entanto, como observa Lorena Porto:

> [...] os contratos coletivos frequentemente elencam as razões que constituem um motivo válido para a dispensa. Além disso, a jurisprudência japonesa desenvolveu e consagrou a doutrina da dispensa abusiva.
>
> Desse modo, a disciplina da proteção contra a dispensa, na ausência de normas legais, foi construída pela jurisprudência japonesa, a partir da ideia da proibição do abuso do direito de dispensar pelo empregador. Essa construção foi feita, notadamente, por meio de precedentes emanados pela Suprema Corte, a partir da metade da década de 1970.(62)

Nos termos fixados pela Suprema Corte, o direito de dispensar será considerado abusivo quando não se basear em uma "razão objetivamente racional e, assim, não puder ser aprovado como correspondente a uma ideia socialmente aceita".(63)

Não bastasse, a Corte estabeleceu o entendimento no sentido de que:

> mesmo quando exista uma razão para a dispensa em abstrato, nem sempre é permitido ao empregador dispensar o empregado. Se o motivo para a dispensa na situação concreta é notadamente irrazoável, ou quando ele não pode ser aprovado como correspondente a uma ideia socialmente aceita, a expressão da intenção de dispensar deve ser declarada inválida como um abuso do direito de dispensar(64).

Repercutindo o direito constituído jurisprudencialmente, a LCT foi alterada em 2003. Desde então o art. 18, § 2º, prevê que é inválida, por abuso, a dispensa que não apresente "motivos objetivamente racionais" e não seja "apropriada consoante os padrões sociais gerais".

---

(62) PORTO, Lorena Vasconcelos. *La disciplina dei licenziamenti in Italia e nel diritto comparato:* una proposta per il diritto del lavoro in Brasile. Tese de doutorado apresentada à "Facoltà di Giurisprudenza della Università degli Studi di Roma 'Tor Vergata', sob orientação do professor Giancarlo Perone, em 2008, p. 298. Disponível em: <https://art.torvergata.it/retrieve/handle/2108/1034/7107/Tese.pdf>. Acesso em: 19 maio 2021.

(63) *Idem.*

(64) *Idem.*

É importante destacar, como explica Lorena, que no Japão:

> [...] as dispensas — tanto individuais quanto coletivas —, na verdade, são difíceis de serem realizadas porque as empresas japonesas veem a relação de emprego longa, contínua e duradoura como de grande importância e a consagração legal do princípio do abuso do direito de dispensar corrobora essa posição.(65)

Com relação às dispensas coletivas:

> [...] a jurisprudência estabeleceu quatro requisitos principais para a sua validade: a existência de uma necessidade financeira genuína de reduzir a força de trabalho; a realização de esforços razoáveis pelo empregador para evitar as dispensas (*v.g.*, redução do recurso às horas-extras, recolocação do empregado em outra função, transferências temporárias, não realização de novas contratações, *"lay-off"*, aposentadoria voluntária, cortes em contratos a tempo parcial e em outros contratos não permanentes); a consulta às entidades sindicais; a adoção de critérios razoáveis para escolher os empregados a serem dispensados (*e.g.*, número de atrasos e ausências no emprego, histórico de violação das regras no trabalho, encargos familiares).(66)

Toshiro Fujiwara, citado por Lorena, considera que as condições fixadas pela jurisprudência estabelecem a obrigação do empregador só buscar a cessação do emprego como *"ultima ratio"*.(67)

Dentre as sanções possíveis para os casos de dispensas consideradas como prática trabalhista injusta está a possibilidade de reintegração, com acréscimo do pagamento das remunerações não recebidas no período do afastamento, acompanhada, ainda, de "uma ordem ao empregador de fixar uma comunicação no local de trabalho na qual ele declara que foi considerado culpado pela CRT — Comissão de Relações do Trabalho — e não irá repetir outro ato semelhante de prática trabalhista injusta"(68).

---

(65) PORTO, Lorena Vasconcelos. *La disciplina dei licenziamenti in Italia e nel diritto comparato:* una proposta per il diritto del lavoro in Brasile. Tese de doutorado apresentada à "Facoltà di Giurisprudenza della Università degli Studi di Roma 'Tor Vergata', sob orientação do professor Giancarlo Perone, em 2008, p. 301. Disponível em: <https://art.torvergata.it/retrieve/handle/2108/1034/7107/Tese.pdf>. Acesso em: 19 maio 2021.

(66) *Idem*.

(67) *Idem*.

(68) PORTO, Lorena Vasconcelos. *La disciplina dei licenziamenti in Italia e nel diritto comparato:* una proposta per il diritto del lavoro in Brasile. Tese de doutorado apresentada à "Facoltà di Giurisprudenza della Università degli Studi di Roma 'Tor Vergata', sob orientação do professor Giancarlo Perone, em 2008, p. 302. Disponível em: <https://art.torvergata.it/retrieve/handle/2108/1034/7107/Tese.pdf>. Acesso em: 19 maio 2021.

8. A Definição de Dispensa Coletiva no Direito Comparado

Uma discussão relevante, até para definição de competência jurisdicional, gira em torno do que se deve considerar como uma dispensa coletiva. A partir de qual número de trabalhadores afetados passa-se ao tema da dispensa coletiva?

A rigor se a dispensa atinge mais que um trabalhador e a sua motivação, portanto, não está ligada a um aspecto específico da conduta ou da aptidão para o trabalho de um trabalhador ou trabalhadora determinada, relacionando-se mais diretamente com uma questão ligada à dificuldade econômica do empregador ou à reestruturação produtiva ou tecnológica, já se pode falar em dispensa coletiva, sendo que a distância temporal entre uma dispensa e outra não desconfigura a conceituação.

Lorena Vasconcelos Porto e Augusto Grieco Sant'Anna Meirinho traçam um excelente resumo de como a situação foi regulada em outros países, que vale a pena reproduzir:

> [...] a Diretiva n. 59, de 1998, da União Europeia, em seu art. 1º, considera como dispensa coletiva quando forem desligados 'num período de 90 dias, no mínimo 20 trabalhadores, qualquer que seja o número de trabalhadores habitualmente empregados nos estabelecimentos em questão' (art. 1º).
>
> Na Itália, a Lei n. 223, de 1991, prevê que a dispensa coletiva se configura quando o empregador que possua mais de quinze empregados, em consequência de uma redução ou transformação da atividade ou do trabalho, efetue, no mínimo, cinco dispensas, no lapso de 120 dias, em cada unidade produtiva, ou em mais unidades produtivas, desde que situadas no âmbito territorial de uma mesma província (art. 24).
>
> Na França, há dispensa coletiva quando são desligados ao menos 10 empregados no período de 30 dias (art. L1233-46 do Código do Trabalho).
>
> Na Espanha, há dispensa coletiva quando são desligados ao menos 30 empregados nas empresas que ocupam 300 ou mais trabalhadores (art. 51).

Em Portugal, há dispensa coletiva quando o empregador, simultânea ou sucessivamente, no período de três meses, proceda ao desligamento de, pelo menos, dois ou cinco trabalhadores, conforme se trate, respectivamente, de microempresa ou de pequena empresa, por um lado, ou de média ou grande empresa, por outro (art. 359 do Código do Trabalho).

Na Dinamarca, há dispensa coletiva quando são desligados ao menos 30 trabalhadores em empresas que normalmente empregam no mínimo 300 empregados (Lei sobre as Dispensas Coletivas, que repete os critérios previstos na Diretiva n. 59, de 1998, da União Europeia).

Na Finlândia, há dispensa coletiva quando são desligados ao menos 10 trabalhadores em empresas que empregam no mínimo 20 empregados (Lei sobre as Dispensas Coletivas, que repete os critérios previstos na Diretiva n. 59, de 1998, da União Europeia).

Na Inglaterra, há dispensa coletiva quando são desligados ao menos 20 empregados, nos termos do *'Collective Redundancies and Transfer of Undertakings (Protection of Employment) (Amendment) Regulations'*.

Nos Estados Unidos, há dispensa coletiva quando são desligados ao menos 50 empregados, em empresas que ocupam no mínimo 100 trabalhadores, no período de 30 dias, conforme o *'Worker Adjustment and Retraining Notification Act'*.

No Japão, há dispensa coletiva quando são desligados mais 30 empregados no período de 1 mês, conforme o *'Worker Adjustment and Retraining Notification Act'*.[69]

(69) PORTO, Lorena Vasconcelos; MEIRINHO, Augusto Grieco Sant'Anna. A dispensa em massa e a pandemia de COVID19. *Rev. Trib. Reg. Trab. 3ª Reg.*, Belo Horizonte, edição especial, t. II, p. 477-507, jul. 2020, p. 491-492.

9. A Inserção do Direito Comparado na Ordem Jurídica Nacional

A menção aos dispositivos de diversos países sobre o mesmo tema é bastante relevante não apenas em razão da ampliação do conhecimento, mas também como forma de visualização da formação de um "direito" pela via da comparação, ou seja, o denominado "direito comparado", que, no caso do Direito do Trabalho brasileiro, constitui fonte formal apta ao preenchimento de uma lacuna da ordem jurídica trabalhista.

Com efeito, preconiza expressamente o art. 8º da CLT (não superado nem mesmo pela "reforma" de 2017, e, por isto mesmo, revigorado por ela), que:

> As autoridades administrativas e a Justiça do Trabalho, na falta de disposições legais ou contratuais, decidirão, conforme o caso, pela jurisprudência, por analogia, por equidade e outros princípios e normas gerais de direito, principalmente do direito do trabalho, e, ainda, de acordo com os usos e costumes**, o direito comparado**, mas sempre de maneira que nenhum interesse de classe ou particular prevaleça sobre o interesse público.

Destaque-se que o direito comparado, mais especificamente, o Código do Trabalho de Portugal, foi utilizado como fonte de direito nas decisões do TRT-3 e do TRT-2, mais abaixo referidas, na caracterização da dispensa coletiva.

E não só quanto à caracterização da dispensa como coletiva o direito comparado pode ser utilizado, como também e até principalmente na fixação dos efeitos obrigacionais para o empregador, notadamente no que diz respeito à formalização de negociações prévias como requisito de validade, o atendimento das questões de ordem pública e social que se interligam ao fato, gerando a consequente fiscalização do Poder Judiciário e até mesmo do Poder Executivo, como visto.

Lembre-se, como destacado por Lorena e Augusto, que:

> foram justamente o Direito comparado (art. 8º, *caput*, da CLT), as normas constitucionais e os tratados internacionais ratificados pelo Brasil que fundamentaram o precedente constituído nos autos do dissídio coletivo n. 0309/2009 no âmbito do TST, como vimos. Por isso, ele deve continuar a ser aplicado, no sentido de a negociação coletiva prévia ser requisito de validade da dispensa coletiva, sob pena de reintegração dos empregados desligados.[70]

---

(70) PORTO, Lorena Vasconcelos; MEIRINHO, Augusto Grieco Sant'Anna. A dispensa em massa e a pandemia de COVID19. *Rev. Trib. Reg. Trab. 3ª Reg.*, Belo Horizonte, edição especial, t. II, p. 477-507, jul. 2020, p. 492.

10. A Cessação do Vínculo de Emprego no Cenário Jurídico Nacional

O maior problema social na sociedade capitalista, conforme reconhecido nas diversas Declarações e Tratados acima enunciados, é, inegavelmente, o desemprego. O desemprego, em uma sociedade capitalista, destrói a auto-estima, aniquilando o ser humano, e, ao mesmo tempo, é causa de uma série enorme de problemas que atingem toda a sociedade.

Este problema, evidentemente, está ligado, de forma mais precisa, às políticas de macroeconomia, considerados os arranjos comerciais e produtivos em escala mundial.

Todavia, tem ligação também com a forma de regulação das relações de trabalho. A facilidade jurídica conferida aos empregadores para "dispensarem" seus empregados provoca uma grande rotatividade de mão de obra, que tanto impulsiona o desemprego quanto favorece a insegurança nas relações trabalhistas, e, ainda, fragiliza a situação do trabalhador, provocando a precarização das condições de trabalho.

Assim, se o Direito do Trabalho não pode gerar bens à satisfação do incremento da economia, pode, por outro lado, fixar um parâmetro de segurança e de dignidade nas relações de trabalho, que tanto preserve o homem no contexto produtivo quanto, de certa forma, beneficie as políticas econômicas, que não se identificam com os interesses particulares das empresas.

O principal papel a ser cumprido pelo Direito do Trabalho, portanto, é o de evitar o desemprego desmedido e despropositado, que apenas serve para incrementar a utilização de relações de trabalho que desconsideram os seus fins sociais e geram insegurança na sociedade.

Sob esta perspectiva é que se estabeleceram todas as normas jurídicas no âmbito internacional e na ordem interna de diversos países restrições à cessação do emprego por iniciativa unilateral do empregador. Neste tema simplesmente não têm incidência temas como "livre iniciativa", "direito de propriedade", "liberdade econômica", "livre concorrência" ou "liberdade contratual", ainda mais no viés da concepção liberal (e mais ainda neoliberal) de total ausência de interferência do Estado ou dos interesses sociais na esfera da autonomia privada individual.

No Brasil, a doutrina e a jurisprudência trabalhista postam-se como se toda a consagração jurídica internacional sobre o tema não existisse, fazendo-se loas a um suposto "direito postestativo de resilição contratual" — ou "denúncia vazia para a cessão do contrato de trabalho" — conferido ao empregador.

Curiosamente, a defesa desse "direito" se disseminou na realidade nacional a partir do advento da Constituição de 1988, que foi, exatamente, a Constituição que alçou os direitos trabalhistas ao Título das Garantias e Direitos Fundamentais, isto porque, até antes disso, mantinha-se em vigor, ainda que de forma periférica, a estabilidade no emprego a partir de 10 (dez) anos de serviço, convivendo, paralelamente, com o regime do FGTS.

A doutrina trabalhistas, lendo a Constituição com o olhar da concepção neoliberal imperante na década seguinte à que se segue a promulgação da Constituição, extinguiu, por conta própria a estabilidade decenal, dizendo que como a Constituição garantiu para todos os trabalhadores o direito ao FGTS, sem necessidade de opção, os dispositivos da CLT que tratam da estabilidade decenal não teria sido recepcionados pela Constituição, mesmo que a própria doutrina e a maciça jurisprudência, antes do advento da Constituição, tivessem afirmado a compatibilidade dos dois regimes e que a própria Constituição tivesse dito que os direitos enunciados no art. 7º seriam direitos mínimos, aos quais se integrariam, portanto, todos os demais direitos infraconstitucionais que servissem ao princípio da "melhoria da condição social dos trabalhadores".

Fato é que apesar dessa visão distorcida não se pode dizer que no Brasil não exista um conjunto normativo que proteja o emprego contra atos voluntários e injustificados do empregador. A ordem jurídica interna, no Brasil, é repleta de normas e preceitos voltados à proteção do emprego. O que resta é apenas aplicá-las.

a) As normas constitucionais

Para bem compreender a posição dos direitos trabalhistas na Constituição Federal de 1988 é essencial recobrar o papel que os trabalhadores tiveram no processo de redemocratização do país que levou à Constituinte.

Na época, embora o mundo já estivesse assombrado pelas ideias neoliberais, no Brasil era produzido um dos documentos, como hoje ainda se considera, mais relevantes na proteção dos direitos sociais, e isso só foi possível em razão do protagonismo político que os trabalhadores tiveram na superação da ditadura militar.

Em 1979, ocorreram, segundo o Ministério do Trabalho, 429 greves. Uma greve desencadeada no início de 1979, organizada pelo Sindicato dos Metalúrgicos de São Bernardo e Diadema, que tinha como presidente, Luís Inácio da Silva (o Lula), gerou, em março daquele ano, uma assembleia da qual participaram cerca de 60 mil trabalhadores, que, em razão do número, foram conduzidos ao Estádio Vila Euclides, em São Bernardo.

O movimento dos trabalhadores na região do ABC chama a atenção da sociedade, como revela reportagem publicada no jornal Folha de São Paulo, em 24 de março de 1979, com o título, "ABC Reage à Intervenção", pois, afinal, era um movimento social que, pela primeira vez, estava enfrentando, de forma organizada, as estruturas do Estado totalitário e havia no seio da sociedade o desejo do fim da ditadura.

De tais movimentos, que cresceram diante da repressão, adveio notável ressurgimento do espírito democrático que não se limitou à realidade do ABC ou mesmo dos metalúrgicos.

O movimento sindical perde força no início dos anos 80, mas a partir de 1983 o número de greves volta a crescer consideravelmente, atingindo níveis inéditos na história do país. As greves não apenas aumentam como diversificam seu modo de atuação, destacando-se os movimentos de caráter nacional, que conferem uma elevação da conotação política das demandas dos trabalhadores.

Como a reivindicação dos trabalhadores, feita de forma organizada por meio de greves, expunha, abertamente, as falácias do modelo econômico e as repressões do Estado, produziu-se como efeito que o movimento dos trabalhadores foi posto "no centro do debate político nacional" [(71)].

Desse modo, a reivindicação dos trabalhadores se encaixa, perfeitamente, nos desejos de toda a nação, gerando uma grande união entre os trabalhadores e as demais classes sociais do país. Há, por assim dizer, a formação de uma solidariedade que transborda o limite da classe trabalhadora.

A causa dos trabalhadores, que se identifica aos anseios da sociedade com relação à liberdade de expressão, reprimida desde 64, passa a ser retratada na música, no teatro e no cinema, ampliando a vinculação de artistas e intelectuais com a questão.

As organizações dos trabalhadores, já integradas do Partido dos Trabalhadores, fundado em 1980, e a Central Única dos Trabalhadores (CUT), criada em 1983, participam, então, ativamente, das campanhas pela Anistia Ampla, Geral e Irrestrita, iniciada em 1978, com a formação dos Comitês Brasileiros de Anistia (CBAs), que tem como precursor o primeiro Congresso realizado, em 1978, no TUCA (Teatro da PUC-SP), e das Diretas-Já, a partir de 1983.

A relevância do movimento trabalhista no contexto sociopolítico da época é atestada pelo fato de que fora, exatamente, o recém-formado Partido dos Trabalhadores que organizou, em 27 de novembro de 1983, o primeiro grande comício em defesa da eleição direta para Presidente da República. O ato ocorreu na Praça Charles Miller, em frente ao estádio do Pacaembu, em São Paulo, e reuniu cerca de 15 mil pessoas.

---

(71) MATTOS, Marcelo Badaró. *Trabalhadores e sindicatos no Brasil*. Rio de Janeiro: Vício de Leitura, 2002. p. 82.

No campo as tensões sociais também eram intensas e até mesmo violentas, sobretudo na região limítrofe entre Maranhão, Pará e Tocantins, conhecida como Bico do Papagaio. Foram assassinados, em maio de 1986, o padre Josimo Morais Tavares, coordenador da Pastoral da Terra e, em dezembro de 1988, o líder sindical e ecologista, Chico Mendes.

Dentro desse contexto, resumidamente apresentado, instalou-se, a partir de 1º de fevereiro de 1987, a Assembleia Nacional Constituinte.

Ao longo dos trabalhos, a Assembleia Constituinte esteve aberta a propostas de emendas populares. Para tanto, bastaria que as sugestões fossem encaminhadas por intermédio de associações civis e subscritas por, no mínimo, 30 mil assinaturas que atestassem o apoio popular à proposta. Até o encerramento dos trabalhos, a Assembleia Constituinte recebeu mais de 120 propostas de emendas constitucionais nas mais diversas áreas, reunindo cerca de 12 milhões de assinaturas.

A Assembleia Nacional Constituinte, sob a Presidência de Ulysses Guimarães, eleito para tal função pelos constituintes em 02 de fevereiro de 1987, foi posta diante de grandes desafios, sendo certo que os trabalhadores se apresentavam como classe social em evidência, cujos interesses não podiam ser desconsiderados.

Não havia, portanto, quem se opusesse a ampliar as garantias dos trabalhadores. A única resistência se dava em termos de até quanto essas garantias deviam ser ampliadas. Neste sentido, aliás, foi que se ativou o grupo político denominado "centrão", apoiado por empresários e proprietários rurais (estes representados pela UDR — União Democrática Ruralista, organização ultraconservadora liderada por Ronaldo Caiado).

O resultado, de todo modo, foi a construção de uma Constituição que avançou bastante em valores sociais, mesmo que em alguns aspectos pudesse ter avançado muito mais. A valorização social do trabalho é inegável.

Com efeito, no título dos **Princípios Fundamentais**, assegurou-se a **cidadania**, a **dignidade da pessoa humana** e o **valor social do trabalho** ao lado da **livre iniciativa** (art. 1º)

No art. 3º restaram consignados como objetivos fundamentais da República: I – **construir uma sociedade livre, justa e solidária**; II – garantir o desenvolvimento nacional; III – **erradicar a pobreza e a marginalização** e **reduzir as desigualdades sociais** e regionais; IV – promover o bem de todos, sem preconceitos de origem, raça, sexo, cor, idade e **quaisquer outras formas de discriminação**.

O art. 4º estabeleceu que a **prevalência dos Direitos Humanos** deve reger a República Federativa do Brasil em suas relações internacionais.

O art. 6º deixa claro que o "trabalho" é um direito social e, como tal, fundamental.

O art. 7º especifica quais são os direitos mínimos dos trabalhadores urbanos e rurais, dentro do propósito da melhoria da condição social destes.

O art. 8º fixa a importância da ação sindical e da negociação coletiva, a qual, portanto, não pode ser afastada das questões relevantes que envolvem a coletividade da classe trabalhadora seja pela via do ato de interpretação da Constituição, seja pela atuação do legislador infraconstitucional.

A mobilização dos trabalhadores em direção da defesa de seus interesses coletivos está, aliás, expressamente assegurada pelo art. 9º, que consagra a greve como um direito fundamental.

O art. 193, que abre o Título da Ordem Social, especifica que esta ordem "tem como base o **primado do trabalho**, e como objetivo o bem-estar e a justiça sociais", esclarecendo, em seu parágrafo único, que compete ao Estado exercer "função de planejamento das políticas sociais, assegurada, na forma da lei, a participação da sociedade nos processos de formulação, de monitoramento, de controle e de avaliação dessas políticas".

Mesmo no Capítulo dos clássicos "direitos civis", a preocupação com a agenda social está evidenciada. O inciso XXII, do art. 5º, garante o direito de propriedade, mas, logo na sequência, o inciso XXIII do mesmo artigo estabelece que a propriedade deve atender a sua **função social**.

É certo que a Constituição também preservou as bases do modelo capitalista (direito de propriedade, livre iniciativa e direitos individuais). No entanto, o fez a partir do aparato jurídico do Direito Social, que vincula a validade da defesa dos interesses econômicos aos objetivos fundantes e fundamentais da República, conforme acima enunciados.

A propósito, é importante perceber que a Ordem Econômica, conforme preconiza o art. 170 da Constituição, estabelece esta ordem, que está **fundada na valorização do trabalho humano** e na livre iniciativa, tem por fim **assegurar a todos existência digna**, conforme os **ditames da justiça social**, observados, dentre outros, os princípios da **função social da propriedade**; da **redução das desigualdades regionais e sociais**; e da **busca do pleno emprego**.

Destaquem-se, ainda, o art. 184, que autorizou à União a "**desapropriar** por **interesse social**, para fins de **reforma agrária**, o imóvel rural que não esteja cumprindo sua **função social**", e o art. 186, que, em complemento, esclareceu que a "**função social** é cumprida quando a propriedade rural atende, **simultaneamente**, segundo critérios e graus de exigência estabelecidos em lei, aos seguintes requisitos: I – aproveitamento racional e adequado; II – utilização adequada dos recursos naturais disponíveis e preservação do meio ambiente; III – **observância das disposições que regulam as relações de trabalho**; IV – exploração que favoreça o **bem-estar dos proprietários e dos trabalhadores**".

Por fim, cumpre lembrar que mesmo uma reforma constitucional não poderia caminhar no sentido da derrocada das conquistas históricas dos trabalhadores, vez que as cláusulas pétreas da Constituição não podem ser alteradas, sendo certo que nelas se incluem os direitos fundamentais, dentre os quais se encontram os direitos sociais (arts. 6º. a 9º.), pois, conforme bem pontua Paulo Bonavides:

> só uma hermenêutica constitucional dos direitos fundamentais em harmonia com os postulados do Estado Social e democrático de direito pode iluminar e guiar a reflexão do jurista para a resposta alternativa acima esboçada, que tem por si a base de legitimidade haurida na tábua dos princípios gravados na própria Constituição (arts. 1º, 3º e 170) e que, conforme vimos, fazem irrecusavelmente inconstitucional toda inteligência restritiva da locução jurídica 'direitos e garantias individuais' (art. 60, 4º, IV), a qual não pode, assim, servir de argumento nem de esteio à exclusão dos direitos sociais.[72]

O capitalismo nacional, assim, juridicamente, está atrelado ao desenvolvimento social, não se podendo, pois, querer encontrar no próprio direito uma autorização para que o descumprimento das regras constitucionalmente fixadas no âmbito dos Direitos Sociais seja utilizado com estratégia econômica.

Decididamente, a ordem jurídica não confere às empresas um direito para que, com o exercício do poder econômico, imponham aos trabalhadores uma redução das garantias sociais constitucionalmente fixadas e, evidentemente, não cabe ao intérprete da Constituição desconsiderar todas essa normatividade e, por atuação arbitrária, introduzir na ordem jurídica, invertendo os objetivos traçados, um sentido da priorização do interesse econômico, sobretudo de grandes conglomerados econômicos multinacionais, com redução e até destruição dos direitos e garantias dos trabalhadores e trabalhadoras, notadamente, o emprego (digno).

É evidente, pois, que não se pode extrair da Constituição a compreensão de que os empregadores têm o direito de conduzir trabalhadores e trabalhadoras ao desemprego como efeito de sua vontade individual, sem qualquer forma de diálogo e responsabilização social.

---

(72) BONAVIDES, Paulo. *Curso de Direito Constitucional*. São Paulo: Malheiros, 1997. p. 597.

A respeito, aliás, evidencia-se o inciso I do art. 7º da CF, que garantiu a proteção do emprego contra a dispensa arbitrária e do qual se cuidará, de forma mais detida, adiante.

b) O art. 7º da CF tem eficácia plena

O inciso I do art. 7º, como dito, conferiu aos empregados a garantia da "proteção contra dispensa arbitrária ou sem justa causa, nos termos de lei complementar que preverá indenização compensatória, dentre outros direitos".

Desta previsão constitucional não se pode entender que a proteção contra dispensa arbitrária ou sem justa causa dependa de lei complementar para ter eficácia jurídica, pois que o preceito não suscita qualquer dúvida — sobretudo visto em conjunto com todas as demais normas mencionadas — de que tal proteção é uma garantia constitucional conferida aos empregados. Está-se diante inegavelmente, portanto, de uma norma de eficácia plena e eventual complementação infraconstitucional a esta norma só pode se dar no sentido de ampliar as formas de coerção quanto ao descumprimento da garantia constitucional.

Mesmo que assim não fosse, é evidente que a inércia do legislador infraconstitucional (já contumaz no descumprimento do comando constitucional) não pode negar efeitos concretos a um preceito posto na Constituição para corroborar o princípio fundamental da República da proteção da dignidade humana (inciso III, do art. 1º), especialmente quando a cessação imotivada do vínculo de emprego se apresente como uso abusivo de um pretenso direito, o que, facilmente, se vislumbra quando o empregado conduzido ao desemprego está acometido de problemas de saúde provenientes de doenças profissionais, ou, simplesmente, quando o empregador utiliza da liberdade de iniciativa para permitir a admissão de outro empregado para exercer a mesma função do anterior com pagamento de salário inferior, ou vinculado a contratos precários ou a falsas cooperativas. Ou seja, quando o pretenso direito potestativo de resilição contratual se exerce para simplesmente diminuir a condição social do trabalhador, ao contrário do que promete todo o aparato constitucional, não se pode dizer que o empregador está dentro da esfera dos atos lícitos.

O inciso I, do art. 7º, em questão, faz menção, é verdade, à indenização como forma de concretizar a garantia constitucional e o art. 10, inciso I, do ADCT, estipulou a indenização de 40% sobre o saldo do FGTS, para valer enquanto não votada a Lei Complementar, mencionada no inciso I, do art. 7º. No entanto, há de se reconhecer que a Constituição ao proibir a cessação arbitrária acabou por criar uma espécie qualificada de cessação.

Desse modo, a cessação por iniciativa do empregador que não for fundada em falta do empregado, nos termos do art. 482, da CLT, terá que, necessariamente, ser embasada em algum motivo, sob pena de ser considerada arbitrária. A indenização prevista no inciso I, do art. 10, do ADCT, diz respeito, portanto, à cessação motivada (não em falta cometida pelo empregado), que não se considere arbitrária, visto que esta última está proibida, dando margem não à indenização em questão, mas à restituição das coisas ao estado anterior, quer dizer, à reintegração do trabalhador ao emprego, ou, não sendo isto possível ou recomendável, a uma indenização compensatória.

Lembre-se, a propósito, que o art. 7º, I, mesmo tratando da indenização não exclui a pertinência da aplicação de "outros direitos", como forma de tornar eficaz a garantia.

Assim, aplicados os preceitos constitucionais e legais, sob o âmbito individual, quatro seriam os tipos jurídicos de cessação da relação de emprego por iniciativa do empregador: a) a imotivada (que se equipara à arbitrária); b) a motivada (sem apelo a ato culposo do empregado); c) a motivada em ato culposo do empregado (art. 482, da CLT); e d) a discriminatória (prevista na Lei n. 9.029/95).

A cessação arbitrária, portanto, não se confunde com a denominada "dispensa sem justa causa"(73), é proibida constitucionalmente e vindo a se concretizar, gera a nulidade do ato com a consequente reintegração do empregado ao serviço ou a cessação da relação por ato culposo do empregador, além do pagamento de indenização específica.

A cessação motivada (denominada na lei por "sem justa causa") dá ensejo ao recebimento pelo empregado de uma indenização, hoje fixada em 40% sobre o FGTS.

A cessação por falta do empregado (denominada na lei por "justa causa"), devidamente comprovada, nos termos do art. 482, da CLT, que provoca a cessação do vínculo sem direito à indenização.

A cessação por ato discriminatório, expressa quanto à definição e aos seus efeitos na Lei n. 9029/95, dando ensejo à reintegração ou indenização compensatória.

Na verdade, a cessação imotivada (arbitrária) e a cessação por ato discriminatório sequer merecem o "status" de tipos de cessação por iniciativa do empregador, pois não geram, concretamente, a cessação do vínculo jurídico, mas que merecem ser estudas para fixação dos seus conceitos e efeitos.

A cessação que não se basear em motivo relevante considera-se arbitrária e, portanto, não está autorizada ao empregador. Quanto aos efeitos não se pode entender que a cessação arbitrária gere como efeito apenas a obrigação ao pagamento da

(73) "[...] nem toda despedida sem justa causa é arbitrária e também nem toda despedida não arbitrária é por justa causa." (WANDELLI, Leonardo. *Despedida Abusiva:* o direito (do trabalho) em busca de uma nova racionalidade. São Paulo: LTr, 2004. p. 321).

indenização de 40% sobre o FGTS, pois que isto equivaleria a dizer que a cessação motivada ("sem justa causa") equivale à dispensa arbitrária (sem motivo algum). A cessação arbitrária, como visto, não tem base jurídica alguma. A cessação do vínculo deve possuir uma motivação, sob pena de ser considerada ilícita.

Quais seriam os parâmetros jurídicos para se considerar válida uma cessação por iniciativa do empregador? Em outras palavras, quais os motivos juridicamente válidos a serem utilizados pelo empregador para cessar, por iniciativa unilateral, uma relação de emprego?

O modelo jurídico nacional já traz, há muito, definição a respeito, entendendo-se como arbitrária a cessação do vínculo por iniciativa do empregador que não se funde em motivo disciplinar, técnico, econômico ou financeiro, conforme previsto no art. 165, da CLT.

Além disso, tratando da garantia de emprego para a recém-criada Representação de Empregados, o § 3º do art. 510-D, trazido pela Lei n. 13.467/17, deixou claro que despedida arbitrária é aquela "que não se fundar em motivo disciplinar, técnico, econômico ou financeiro".

A norma constitucional que proíbe a cessação arbitrária, portanto, tem eficácia plena e sua aplicação não pode e não deve ser evitada.

Quanto aos efeitos, a consideração de que a cessação se deu por ato arbitrário, que contraria a Constituição, dá ensejo à reintegração ao emprego ou à condenação ao pagamento de uma indenização.

Costuma-se dizer que o instituto da reintegração teria sido banido de nosso sistema jurídico(74). Outros, mais amenos, concluem que a reintegração somente seria possível nas hipóteses específicas de estabilidade definitiva (a decenal, em razão de direito adquirido), de estabilidades provisórias (com previsão legal) e de estabilidades decorrentes de norma convencional(75). Na visão desses autores, portanto, a reintegração não seria remédio jurídico para os casos de cessação arbitrária.

Todavia, *"data venia"*, analisando-se o inciso I, do art. 7º, da CF/88, não é bem isso o que se verifica. Com efeito, dispõe essa regra constitucional uma proteção da relação de emprego, em face de cessação arbitrária, estabelecendo o pagamento de indenização, "dentre outros direitos".

---

(74) "A estabilidade provisória é mera garantia de salários e não autoriza a reintegração." (TST RR 6869/88.3 – Ac. 4ª T. 2220/92, de 14/10/92 – Rel. Min. Marcelo Pimentel, In: *Revista LTr* 57-04/495).

(75) *Vide*, SÜSSEKIND, Arnaldo, *Revista LTr* 60-03/333 e MARTINS, Nei Frederico Cano. *Estabilidade provisória no emprego*. São Paulo: LTr, 1995, p. 29-35.

Na verdade, na cessação por ato arbitrário do empregador, adotando-se como parâmetro legal a regra do art. 496, da CLT, por aplicação analógica, o juiz do trabalho poderá, considerando desaconselhável a reintegração, "dado o grau de incompatibilidade resultante do dissídio", optar pela condenação do empregador ao pagamento de uma indenização.

Os arts. 495 e 496 da CLT são normas processuais que refletem a tradição jurídica brasileira quando se trata de dar efetividade às regras de estabilidade no emprego. Tais regras foram, sem a menor dúvida, recepcionadas pela nova ordem constitucional, até porque têm sido hodiernamente aplicadas nos casos de estabilidade provisória. Desde que se esteja diante de uma regra jurídica de estabilidade no emprego, a reintegração aparecerá, inevitavelmente, como solução possível e até preferencial para o conflito em que se discuta a aplicação dessa norma.

Tanto isso é verdade que a própria Lei n. 9.029/95, que instituiu a proibição de cessação por ato discriminatório do empregador, previu a "readmissão" — leia-se, reintegração — como hipótese possível para o deslinde do conflito.

Além disso, constitui preceito da teoria geral do direito que a declaração da nulidade do ato deve reconstituir as coisas no estado em que se encontravam antes da realização do ato anulado. Ora, se a cessação do vínculo estava proibida, a declaração da nulidade do ato gera, consequentemente, a determinação da reintegração, como forma de se retomar o "status quo".

Lembre-se, a propósito, que a relação de emprego é um dado jurídico objetivo que não se inicia por dependência exclusiva da vontade das partes e por consequência não será a vontade do empregador, unilateralmente, manifestada o elemento absoluto da sua cessação. A objetividade jurídica para a cessação do vínculo é a motivação do ato. Sem esta, o vínculo permanece existente de forma válida, produzindo, portanto, todos os seus efeitos. A reintegração sequer é a constituição (reconstituição) do vínculo. Trata-se, apenas, da concretização, do ponto de vista fático, de um dos efeitos necessários da dinâmica da relação de emprego: a prestação de serviços.

A indenização, como forma de reparar o prejuízo causado pelo ato nulo, aparece apenas alternativamente na impossibilidade de concretização da reversão dos fatos.

A reintegração ao emprego, ademais, constitui a fórmula mais eficaz de cumprir o direito a sua função social.

Diz-se, ainda, que a Constituição, ao fixar o direito ao FGTS para todos os empregados, indistintamente, tornou inviável a aplicação das normas gerais garantidoras de emprego. Entretanto, o FGTS não pode ser visto como um direito que negue outra garantia maior aos trabalhadores, pois assim estipula o próprio *"caput"* do art. 7º, da CF: "são diretos dos trabalhadores urbanos e rurais, **além de outros que visem à melhoria de sua condição social**". (grifou-se)

Fora, isto sim, fixado o princípio da progressividade das garantias ao trabalhador. Lembre-se, a propósito, que como já se firmou na jurisprudência o FGTS não é óbice à aquisição de estabilidade pelo servidor concursado, cujo regime é o da CLT.

Assim, o fato de se ter conferido ao empregado o direito ao FGTS, não representou a perda do direito à garantia genérica de emprego, pois esta garantia, ademais, está prevista no próprio inciso I, do art. 7º, da CF/88.

Quanto à indenização, qual seria nos casos de cessação considerada arbitrária em que a reintegração se mostre desaconselhável ou impossível?

Para responder a essa indagação é necessário recordar que nenhuma regra legal precisa existir para que a jurisprudência estabeleça os parâmetros de uma indenização, como se faz há muito, aliás, na Justiça comum no julgamento das causas que têm por fundamento o art. 186 do Código Civil — dispositivo que prevê a obrigação de indenizar daquele que causar dano a outrem e que é base jurídica, diga-se de passagem, para as ações de indenização por acidente do trabalho. Tal dispositivo não estabelece o valor da indenização e ninguém nunca negou sua eficácia porque um Decreto executivo não o tivesse regulamentado. A fixação do valor é feita por arbitramento, segundo critérios de verificação do dano sofrido, da necessidade de quem pede a reparação e da possibilidade econômica do condenado. E nem se diga que o art. 186 do Código Civil não pode ser invocado neste tema porque se trata de um preceito não inserido na ordem legislativa trabalhista, e que a Justiça do Trabalho não teria competência para aplicá-lo. Ora, o preceito mencionado está posto no Código Civil porque é neste Diploma que se encontram as regras de teoria geral do direito, teoria esta que se aplica, sem sombra de dúvida, em todos os ramos do direito não penal, como é o caso do direito do trabalho.

Evidente que, adotando os parâmetros da legislação trabalhista, para casos análogos (indenização do portador de estabilidade definitiva, do portador de estabilidade provisória e dos casos de dispensa discriminatória), há parâmetros para o arbitramento desse valor, mas que, de todo modo, não impedem a avaliação das peculiaridades de cada caso em concreto.

Vale verificar, ademais, que já se consagrou na realidade das Varas do Trabalho os pedidos de indenização por dano pessoal, mal denominado "dano moral", para as hipóteses de "dispensa sem justa causa" (sem motivação, ou seja, arbitrárias), tendo à vista os prejuízos experimentados pelo trabalhador em face do desemprego imotivado a que foi conduzido, ainda mais quando a cessação sequer se faz acompanhar do pagamento das ditas "verbas rescisórias". Essas demandas revelam o caráter arbitrário e, por conseguinte, ilícito, da cessação do vínculo de emprego por ato imotivado, gerando, por consequência, efeitos na ordem jurídica que tanto podem ser este da indenização, quanto o da própria reconstituição do emprego.

c) A Aplicação da Convenção n. 158 da OIT

Não bastassem os argumentos supra, há de se considerar, ainda, que tem plena vigência no nosso ordenamento, a Convenção n. 158, da OIT, que regula, exatamente, as hipóteses de cessação arbitrária.

Sobre a eficácia de tal Convenção no ordenamento interno, vale lembrar que o Direito do Trabalho, pós-guerra, seguiu a tendência do direito previdenciário de expansão e internacionalização, com o objetivo de diminuir ou minimizar as diferenças sociais e dificultar uma concorrência econômica entre os países, tendo por base o custo social.

Após o final da 1ª grande guerra (1919 – Tratado de Versalhes), foi criada a OIT (Organização Internacional do Trabalho) e ao final da 2ª Guerra Mundial (1944 – Conferência de Filadélfia), o campo de atuação da OIT foi ampliado, consagrando-se os princípios de que o trabalho não é mercadoria e de que o progresso econômico, apesar de importante, não é suficiente para assegurar a justiça social, cabendo aos Estados a imposição de limites ao poder econômico para fins de preservação da dignidade humana.

A OIT delibera por ato de sua Assembleia Geral, da qual participam todos os Estados-membros da OIT, os quais se fazem presentes por seus delegados, que, por sua vez, são representantes de três segmentos sociais (o governo, os empregados e os empregadores).

A normatização emanada da OIT se concretiza em recomendações ou convenções. As recomendações são orientações aos Estados-membros, constituindo metas a serem atingidas. As convenções visam a criar normas obrigacionais para os Estados-membros, que porventura vierem a ratificá-las.

Os Estados, portanto, são compelidos a se vincularem à OIT, em razão de uma política internacional e dela participarem, representados pelos seguimentos diretamente interessados na formação dos instrumentos normativos de natureza trabalhista que essa instituição produz.

As convenções, para serem obrigatórias no território nacional, dependem de ratificação. No Brasil, a ratificação se dá por ato conjunto do chefe do Poder Executivo e do Congresso Nacional. Com efeito, a competência do Presidente da República para celebrar tratados fica sujeita a referendo do Congresso Nacional (art. 84, VIII, CF), sendo de competência exclusiva do Congresso Nacional "resolver definitivamente sobre tratados, acordos ou atos internacionais que acarretem encargos ou compromissos gravosos ao patrimônio nacional" (art. 49, I, CF).

As convenções da OIT, após ratificadas, precisam ser depositadas na RIT (Repartição Internacional do Trabalho, da OIT) e doze meses após o depósito da ratificação, a convenção entra em vigor no Estado-membro.

Discute-se se a matéria, objeto do tratado internacional, precisa ser regulada por norma interna para que tenha vigência no ordenamento interno (teoria dualista), ou se os termos do tratado ratificado integram-se, automaticamente, ao direito interno (teoria monista).

Conforme explica Arnaldo Süssekind:

> [...] o Brasil adota a concepção monista. Esse entendimento resulta da circunstância de não poder o Poder Executivo ratificar o diploma internacional sem que ele haja sido aprovado, por Decreto Legislativo, pelo Congresso Nacional. Outrossim, o art. 5º. da Constituição de 1988, que relaciona os direitos e garantias fundamentais, individuais e coletivas, prescreve no seu § 2º. que eles não excluem os decorrentes dos tratados internacionais ratificados pelo Brasil. Por isso mesmo a própria Carta Magna possibilita o recurso especial para o Superior Tribunal de Justiça, quando a decisão recorrida contrariar tratado ou negar-lhe vigência (ar. 105, n. III).(76)

No caso do Brasil, de todo modo, os termos da Convenção n. 158, ainda que com imperfeições de tradução, foram tornados públicos pelo Decreto n. 1.855, de 11 de abril de 1996.

Todos os trâmites de validade, portanto, foram cumpridos com relação à Convenção n. 158, da OIT: a Convenção foi aprovada pelo Congresso Nacional, mediante Decreto Legislativo n. 68, de 16 de setembro de 1992; o depósito da carta de ratificação foi efetuado na RIT (da OIT), em 05 de janeiro de 1995 e o Decreto de promulgação n. 1.855, foi publicado em 11 de abril de 1996.

Doze meses após o depósito da ratificação, a Convenção entrou em vigência no ordenamento interno. Consequentemente, desde 06 de janeiro de 1996 está vigente a Convenção n. 158 da OIT no Brasil. E, mesmo que considerada a necessidade de sua publicação no âmbito interno, esta exigência se cumpriu com a publicação do Decreto n. 1.855, em 11 de abril de 1996.

Nos doze meses decorrentes entre o depósito e a sua entrada em vigor, a Convenção pode ser alvo de denúncia, isto é, ser obstada a sua vigência no ordenamento interno. Não sendo assim, a Convenção somente pode ser alvo de denúncia após dez anos do início de sua vigência, e mesmo assim durante os 12 meses subsequentes a cada decênio.

No entanto, o Poder Executivo, mediante o Decreto n. 2.100, de 20 de dezembro de 1996, publicado em 23 de dezembro de 1996, acatando a interpretação que

---

(76) SÜSSEKIND, Arnaldo Lopes. *Curso de Direito do Trabalho*. Rio de Janeiro: Renovar, 2002. p. 72-73.

se tornou predominante à época, que preconizava a inaplicabilidade da Convenção no ordenamento nacional, tornou pública a denúncia da Convenção, realizada pelo Governo, em carta enviada à OIT, em 20 de novembro de 1996, explicitando que a Convenção n. 158 deixaria de ter vigência em nosso ordenamento, a partir de 20 de novembro de 1997.

O problema é que a denúncia produziu efeitos internos apenas com a publicação do Decreto n. 2.100, o que se deu em 23 de novembro de 1996 e conforme ensina Cássio de Mesquita Barros Jr.(77), mesmo que considerada a possibilidade de se efetuar a denúncia, tomando-se como parâmetro a vigência da Convenção n. 158 no âmbito internacional, a Convenção só poderia ter sido denunciada até 22 de novembro de 1996, vez que a Convenção, adotada pela 68ª da OIT, em 22 de junho de 1982, entrou em vigor no âmbito internacional em 23 de novembro de 1985, após efetivadas duas ratificações junto à OIT, conforme previsto no art. 15.2 da Convenção.

Assim, mesmo considerando-se o prazo dos doze meses subsequentes ao decênio de vigência no plano internacional, a denúncia somente poderia ser efetivada pelo Brasil até 22 de novembro de 1996. Mas, como se viu, o Decreto de denúncia foi publicado em 23 de novembro, e ainda para produzir efeitos a partir de 20 de novembro do ano seguinte.

Além disso, não é sequer correta esta interpretação de que o prazo de dez anos de vigência, para se efetuar a denúncia, conta-se a partir da vigência da Convenção no âmbito internacional. Conforme ensina Arnaldo Süssekind, o prazo de 10 anos conta-se a partir "de cada ratificação" e não do prazo de vigência internacional da Convenção original.(78)

Por fim, dê-se relevo à posição de Márcio Túlio Viana, que destaca a inconstitucionalidade da denúncia, na medida em que o ato praticado pelo chefe do Poder Executivo de denunciar, mediante Decreto, a Convenção, extrapolou os limites de sua competência, constitucionalmente fixados. Argumenta Viana: se é o Congresso quem aprova os tratados internacionais, "como pode o Presidente, por ato isolado, denunciá-los"(79).

A respeito, adverte José Eduardo de Resende Chaves Júnior, que na maioria dos países do mundo o poder de efetuar denúncia de tratados internacionais é regulado constitucionalmente, extraindo-se do conjunto das Cartas o princípio da co-participação Executivo-Legislativo para a realização de tal ato. Há normas neste sentido

(77) BARROS JÚNIOR, Cássio de Mesquita. A convenção n. 158: proteção contra a despedida injustificada. *Revista Trabalho & Doutrina*, dez. 1996, p. 12.

(78) SÜSSEKIND, Arnaldo. *Convenções da OIT*. São Paulo: LTr, 1994. p. 39.

(79) VIANA, Márcio Túlio; RENAULT, Luiz Otávio Linhares. *O que há de novo em direito do trabalho*. São Paulo, LTr, 1997. p. 128-129.

tanto nos sistemas parlamentares como Itália, França, Áustria e Alemanha quanto nos sistemas presidencialistas, como os EUA.[80]

Apenas nas Constituições da Noruega e de Cuba é que se atribui tal poder ao chefe do Executivo, lembrando, no entanto, o autor em questão, que a Constituição da Noruega é de 1814, tempo em que as relações internacionais eram ainda "coisa" dos reis, sobretudo para tratar de casamentos reais, e que em Cuba impera ainda a concepção centralizadora de poderes no chefe do governo.

Relevante verificar que a Constituição Federal brasileira, em seu art. 84, que dispõe sobre a competência privativa, apenas autoriza ao Presidente da República, a tratar, mediante decreto, da "organização e funcionamento da administração federal, quando não implicar aumento de despesa nem criação ou extinção de órgãos públicos; e da extinção de funções ou cargos públicos, quando vagos" (inciso VI, alíneas *"a"* e *"b"*); ou expedir decretos para sancionar, promulgar, fazer publicar leis e seus regulamentos (inciso IV, do mesmo artigo).

Interessante reparar que todos os Decretos do Presidente da República iniciam-se com os termos "O Presidente da República no uso da atribuição que lhe confere o inciso IV, do art. 84 da Constituição Federal" ou "no uso da atribuição que lhe confere o inciso VI, (alínea *'a'* ou *'b'*) do art. 84 da Constituição Federal", decreta... Mas, no caso do Decreto 2.100/96, apenas se disse de forma um tanto quanto marota que **O PRESIDENTE DA REPÚBLICA,** tornava público que:

> [...] deixará de vigorar para o Brasil, a partir de 20 de novembro de 1997, a Convenção da OIT n. 158, relativa ao Término da Relação de Trabalho por Iniciativa do Empregador, adotada em Genebra, em 22 de junho de 1982, visto haver sido denunciada por Nota do Governo brasileiro à Organização Internacional do Trabalho, tendo sido a denúncia registrada, por esta última, a 20 de novembro de 1996.
>
> O Decreto não apresentou o fundamento constitucional da medida, exatamente porque fundamento não havia, e não há.

A denúncia, portanto, representou um ato formalmente inconstitucional que, portanto, não produz o efeito de extrair do ordenamento jurídico a Convenção em exame.

Mesmo assim, pode-se questionar: os termos da Convenção n. 158 são conformes à Constituição?

Os termos da Convenção são, inegavelmente, constitucionais. A Constituição brasileira, no art. 7º, I, como visto acima, veda a "dispensa arbitrária" e o que faz a

(80) CHAVES JÚNIOR. José Eduardo de Resende. La denuncia de tratados intenacionales de derechos humanos. In: SOUTO MAIOR, Jorge Luiz. *Convenção n. 158 da OIT*. Dispositivo que veda a dispensa arbitrária é autoaplicável. Disponível em: <http://www.fiscosoft.com.br/main_artigos_index.php?PID=127875&printpage=>. Acesso em: 15 maio 2021.

Convenção n. 158 é exatamente isto, demonstrando a nítida compatibilidade entre os dois sistemas.

Verdade que a Constituição direciona à Lei Complementar — que possui *quorum* qualificado para aprovação — a fixação da proteção da relação de emprego contra despedida arbitrária ou sem justa causa e o texto da Convenção não fora aprovado em Lei complementar. Entretanto, como dito acima, a inexistência da lei complementar não obsta a validade do preceito constitucional, que, no caso, destina-se a estabelecer o princípio de que se deve coibir a despedida arbitrária e que a aplicação, afinal, de tal princípio independe sequer de uma norma positiva que o regule. De todo modo, o máximo que uma lei complementar poderia fazer seria regular o preceito constitucional não impedir sua eficácia. O anseio do constituinte de impedir a "dispensa arbitrária" foi, sem sombra de dúvida, manifestado e não seria uma lei complementar ou a falta dela que poderia, simplesmente, anulá-lo.

Além disso, os Tratados, forma jurídica assumida pelas Convenções da OIT, notadamente quando ratificadas, possuem caráter se supranacionalidade, conforme acima demonstrado e o seu conteúdo não pode ser evitado com base em disposição da ordem interna, nos termos do art. 27 da Convenção de Viena, acima referida.

Adicione-se que o § 2º do art. 5º da CF/88 estabelece que os tratados internacionais — gênero do qual constituem espécies as Convenções da OIT — são normas complementares às garantias individuais e coletivas estabelecidas na Constituição.

Acrescente-se, ainda, com especial relevo que a Constituição Federal de 1988 previu, em seu art. 4º., que nas relações internacionais, a República Federativa do Brasil rege-se, dentre outros princípios, pela noção de prevalência dos direitos humanos (inciso II).

E, não se pode negar ao direito do trabalho o status de regulação jurídica pertencente aos direitos humanos. O próprio dado histórico do direito do trabalho obriga-nos a este reconhecimento. Lembre-se, a propósito, que não foi à toa que na parte XIII, do Tratado de Versalhes, foram fixados os principais aspectos que deveriam ser alvo de regulação pelos países signatários do Trabalho, dentre os quais se situava o Brasil: a) direito de associação; b) salário digno; c) limitação do trabalho, em oito horas diárias e 44 semanais; d) descanso semanal remunerado; e) eliminação do trabalho da criança; f) não discriminação, apoiando-se no princípio fundamental de que "o trabalho não deve ser considerado como simples mercadoria ou artigo de comércio".

Normas de proteção do trabalho, ademais, podem ser encontradas em praticamente todos os tratados e declarações internacionais de direitos humanos, a começar pela Declaração Universal dos Direitos Humanos.

O Direito do Trabalho, portanto, sob um prisma internacional, é, inegavelmente, uma face importante, e até mais visível, dos direitos humanos e mesmo no direito interno isto não passou despercebido: o art. 1º., da CF, consagrou como princípios fundamentais da República, a dignidade da pessoa humana e o valor social do trabalho; o art. 3º preconizou como um dos objetivos fundamentais da República, promover o bem de todos, sem preconceitos de origem, raça, sexo, cor, idade e quaisquer outras formas de discriminação (inciso IV); o art. 170 estabeleceu que a ordem econômica deve ser fundada na valorização do trabalho humano e conforme os ditames da justiça social. Dê-se especial relevo, ainda, ao fato de que os arts. 7º e 8º, que trazem inúmeras normas de natureza trabalhista, estão inseridos no Título pertinente aos direitos e garantias fundamentais.

Assim, não pode haver dúvida de que quando um instrumento internacional, ratificado pelo Brasil, traz questão pertinente ao direito do trabalho, inserido, como visto, na órbita dos direitos humanos, que se deva aplicar tal instrumento, internamente, tomando-se seus dispositivos como normas constitucionais (§ 2º, do art. 5º, da CF), ou mesmo, supranacionais (art. 4º, II, da CF).

Mesmo o entendimento expressado pelo Supremo Tribunal Federal, anterior à Emenda Constitucional n. 45, no sentido de que os tratados ratificados integram-se ao ordenamento no nível e lei ordinária, não é óbice à aplicação da Convenção n. 158, da OIT, pois este entendimento não enfrenta a questão a respeito de uma norma de tratado ratificado cuidar de matéria que seria pertinente, nos termos da Constituição, à lei complementar, como se dá na discussão que gravita em torno do caso da Convenção n. 158.

Mesmo adotando-se o posicionamento de que o tratado integra o ordenamento como norma infraconstitucional, não há obstáculo para que se regule, por meio do tratado, matéria pertinente à lei complementar, especialmente, quando esta, após transcorridos longos anos, ainda não foi concluída, e, sobretudo, quando a lacuna deixada provoca, em concreto, a ineficácia de preceitos constitucionais consagrados como garantias fundamentais.

Além disso, importa verificar, com bastante relevo, que o próprio Supremo Tribunal Federal adota a posição doutrinária, encabeçada por Celso Ribeiro Bastos(81), de não haver ordem hierárquica entre lei complementar e lei ordinária. Neste sentido: RE n. 146.733; RE n. 84.994-SP (RTJ n. 87/204); e ADIn 1-DF (RTJ n. 156/721)(82).

---

(81) BASTOS, Celso Ribeiro. *Dicionário de direito constitucional*. São Paulo: Saraiva, 1994. p. 99-100.

(82) A propósito, *vide*, FRANCISCO, José Antônio. *A questão da hierarquia entre lei complementar e ordinária no direito tributário*. Disponível em: <http://bully.sites.uol.com.br/monografias/hierarquia.htm>; e LUZ, Ivani Silva da. *Lei complementar e lei ordinária*. Disponível em: <http://www.neofito.com.br/artigos/art01/const39.htm>. Acesso em: 20 set. 2020.

Ademais, o problema do desrespeito ao direito internacional do trabalho é agravado quando se lembra que, em 17 de novembro de 1998, foi assinado o Protocolo de San Salvador (Protocolo Adicional à Convenção Interamericana), cuidando dos Direitos Humanos sob a ótica dos Direitos Econômicos, Sociais e Culturais. Em tal Protocolo, aliás, foram fixadas, expressamente, no art. 7º, as bases de um Direito do Trabalho em condições justas e equitativas, quais sejam:

> *a)* Remuneração que assegure, no mínimo, a todos os trabalhadores condições de subsistência digna e decorosa para eles e para suas famílias e salário equitativo e igual por trabalho igual, sem nenhuma distinção;
>
> *b)* O direito de todo trabalhador de seguir sua vocação e de dedicar-se à atividade que melhor atenda a suas expectativas e a trocar de emprego de acordo com a respectiva regulamentação nacional;
>
> *c)* O direito do trabalhador à promoção ou avanço no trabalho, para o qual serão levadas em conta suas qualificações, competência, probidade e tempo de serviço;
>
> *d)* **Estabilidade dos trabalhadores em seus empregos**, de acordo com as características das indústrias e profissões e com as causas de justa separação. Nos casos de demissão injustificada, o trabalhador terá direito a uma indenização ou à readmissão no emprego ou a quaisquer outras prestações previstas pela legislação nacional (grifou-se);
>
> *e)* Segurança e higiene no trabalho;
>
> *f)* Proibição de trabalho noturno ou em atividades insalubres ou perigosas para os menores de 18 anos e, em geral, de todo trabalho que possa pôr em perigo sua saúde, segurança ou moral. Quando se tratar de menores de 16 anos, a jornada de trabalho deverá subordinar-se às disposições sobre ensino obrigatório e, em nenhum caso, poderá constituir impedimento à assistência escolar ou limitação para beneficiar-se da instrução recebida;
>
> *g)* Limitação razoável das horas de trabalho, tanto diárias quanto semanais. As jornadas serão de menor duração quando se tratar de trabalhos perigosos, insalubres ou noturnos;
>
> *h)* Repouso: gozo do tempo livre, férias remuneradas, bem como remuneração nos feriados nacionais.

Aliás, a eficácia interna das normas internacionais de Direitos Humanos pode ser vislumbrada até mesmo no que diz respeito aos princípios que se extraiam do conjunto desses instrumentos, mesmo não ratificados, como aqueles constantes da Constituição e Convenções da OIT. Como expresso na Declaração da OIT relativa aos princípios e direitos fundamentais (1998), os países membros, mesmo quando não tenham ratificado as convenções tidas como fundamentais, estão obrigados a respeitar e a realizar, de boa fé e em conformidade com a Constituição, os princípios concernentes aos direitos fundamentais.

Embora a Convenção n. 158 da OIT não seja uma das convenções tidas como fundamentais, o fato é que constam da Constituição da OIT (mais precisamente, na

Declaração da Filadélfia, de 1944) os princípios de que o "o trabalho não é uma mercadoria" (item I, "a") e de que "uma paz durável só pode ser estabelecida sobre a base da justiça social" (item II), sendo "obrigação solene" da OIT estimular nos diversos países do mundo programas próprios a realizar "a plenitude do emprego e a elevação dos níveis de vida" (item III, "a").

Além do mais, a Convenção n. 158[83] está em plena consonância com o preceito constitucional estatuído no art. 7º, inciso I, não havendo qualquer validade no argumento de que a ausência de lei complementar, em razão de seu *quorum* qualificado, nega a aplicabilidade da Convenção, até porque a formação de uma Convenção, que se dá no âmbito internacional, exige muito mais formalismos que uma lei complementar, sendo fruto de um profundo amadurecimento internacional quanto às matérias por ela tratadas.

Ademais, a proteção contra o desemprego, por meio de um sistema jurídico que ao menos coíba a arbitrariedade na cessação da relação de emprego, é o modo mínimo de se atenderem aos princípios em questão.

Assim, não só não há óbice constitucional para a aplicação da Convenção n. 158, da OIT, no Brasil, como o respeito às suas normas e aos princípios que encerra é de se exigir.

Muito foi dito, ainda, sobre a ausência de uma regulamentação específica para que as normas da Convenção n. 158 da OIT se tornassem aplicáveis.

Cabe verificar, sob este aspecto, que apenas a "Parte I" da Convenção n. 158 (arts. 1º a 3º) é conceitual, dispondo sobre os "métodos de aplicação, área de aplicação e definições". A partir da "Parte II", a Convenção é **normativa.**

Embora se diga que, geralmente, as normas das Convenções da OIT sejam bastante elásticas, verdadeiras regras de princípios, para, assim, se amoldarem aos ordenamentos peculiares dos diversos Estados-membros e para, também, poderem obter *quorum* para aprovação, o fato é que do teor das normas da Convenção n. 158 da OIT, adotada a técnica mais rudimentar da interpretação, ou seja, a gramatical, não se extrai qualquer dúvida de que ao empregador não é dado dispensar o empregado senão quando houver uma "causa justificada relacionada com sua capacidade ou seu comportamento", nos casos de dispensa individual, ou "baseada nas necessidades de

(83) CONVENÇÃO N. 158 DA OIT – VIGÊNCIA. A Convenção n. 158 da OIT, de 1982, aprovada pelo Congresso Nacional em 1992 e ratificada pelo Brasil em 05.01.1995, tem plena vigência no território nacional a partir de 05.01.1996, de acordo com os princípios do Direito Internacional e com a Constituição de 1988 que incorpora à nossa ordem jurídica os tratados internacionais (Constituição de 1988, art. 5º, § 2º, e Decreto do Sr. Presidente da República de n. 1.855, de 10.04.1996)." (TRT 2ª R – DCG 0279/96-A – Ac. SDC 000257/96-A – Rel. Juiz Floriano C. Vaz da Silva – DOESP 19.06.1996). No caso do Brasil, a Justiça do Trabalho.

funcionamento da empresa, estabelecimento ou serviço" ("motivos econômicos, tecnológicos, estruturais ou análogos"), nos casos de dispensa coletiva, cabendo ao Tribunal competente, para julgamento de recurso dos empregados dispensados, examinar "as causas alegadas para justificar o término da relação".

No caso da cessação da relação de emprego no âmbito individual, a motivação não é propriamente a de quebra da boa-fé do vínculo, como nos casos de cometimento de falta pelo empregado (art. 482, da CLT), pois basta que o empregado não demonstre aptidão para o serviço para o qual fora contratado ou apresente comportamento incompatível com o de uma pessoa integrante de um grupo produtivo, situações que, por si sós, não seriam aptas a justificar uma cessação dita "por justa causa".

Nos termos da Convenção n. 158, a dispensa arbitrária é proibida, gerando duas situações possíveis, a critério do órgão competente para julgamento dos motivos da cessação(84): a reintegração ou a condenação ao pagamento de uma indenização.

As normas expressas da Convenção n. 158 oferecem parâmetro para delimitar, com precisão, em que se constitui uma cessação arbitrária e quais os seus efeitos jurídicos, em perfeita consonância com o que já prevê o ordenamento jurídico interno, como demonstrado acima.

Assim, mesmo que os preceitos da Convenção n. 158 precisassem de regulamentação, já se encontrariam na legislação nacional os parâmetros desta "regulamentação".

A Convenção n. 158(85) da OIT não traz às relações de trabalho uma armadura para retirar do empregador o controle de sua atividade empresarial, apenas vem, de forma plenamente compatível com nosso ordenamento jurídico, impedir aquilo que a moral — que muitas vezes coincide com o direito, lembre-se de Karl Larenz ao cuidar da invalidade do ato jurídico pela noção de imoralidade — já reclamava: impedir que um empregador faça cessar uma relação de emprego por motivos de represálias ou simplesmente para admitir outro empregado com salário inferior, ou mesmo para

(84) No caso do Brasil, a Justiça do Trabalho.

(85) CONVENÇÃO N. 158 DA OIT – MEDIDA PROVISÓRIA N. 434 – DISPENSA ARBITRÁRIA E SEM JUSTA CAUSA (Art. 10, II, DAS DISPOSIÇÕES TRANSITÓRIAS). Muito embora exija o tecido constitucional (arts. 7º, I, e 10, caput, das Disposições Transitórias) o prestígio de Lei Complementar para regulamentar o tema — dispensa arbitrária e sem justa causa — a Convenção n. 158 da OIT prestigia a MP n. 434 e foi prestigiada pelos Decretos Legislativo n. 68/92 e Executivo n. 1.855/96. Ainda que se pudesse considerar espúrio o decreto executivo, o juiz do trabalho deve usar com proficiência o único instrumento que lhe veio às mãos e implementá-lo da melhor maneira possível, buscando subsídios coadjuvantes no tecido legal, até que a Excelsa Corte venha pronunciar-se sobre o tema. Existe uma diferença fundamental entre o juiz do trabalho e o juiz da Justiça Comum (estadual e federal). Este envolve-se com temas patrimoniais e aquele com a própria sobrevivência do trabalhador e sua família. O juiz do trabalho há que ser mais sensível, pressionado que é diuturnamente pelo enredo social. (TRT 2ª R – RO 029.502.08236 – 5ª T – Rel. Juiz Francisco Antonio de Oliveira – J. 13.08.199608.13.1996).

que use a ameaça constante do desemprego como arma para potencializar o estado de sujeição do empregado. No caso de real necessidade para a dispensa, esta, com as devidas compensações e sempre como "ultima ratio", estará assegurada.

No que tange às cessações das relações de emprego em nível coletivo (de cessação de mais de um vínculo ao mesmo tempo ou em curto espaço de tempo), exige-se, igualmente, a urgência da aplicação dos parâmetros fixados na Convenção n. 158.

Nos termos da Convenção n. 158, para a cessação coletiva de relações de emprego essencial a fundamentação em "necessidade de funcionamento da empresa, estabelecimento ou serviço", "por motivos econômicos, tecnológicos, estruturais ou análogos". Quanto ao modo de apuração ou análise dos motivos alegados não há, igualmente, problemas de eficácia, valendo como parâmetro legal a regra e as interpretações doutrinárias e jurisprudenciais já dadas ao art. 165 da CLT.

A Convenção n. 158 também é clara, no que se refere à cessação coletiva, sobre a obrigatoriedade de uma discussão prévia dos motivos com "os representantes dos trabalhadores interessados", sendo certo que apenas o respeito ao procedimento e mesmo a eventual concordância da entidade sindical não bastam para legitimar a dispensa coletiva, mantendo-se a necessidade de guardar correspondência com fundamentos econômicos, tecnológicos, estruturais ou análogos, devidamente avaliados pelo Poder público, em razão dos efeitos sociais do fato (do que se cuidará mais adiante). Fato é que a dispensa coletiva não é um fenômeno que diz respeito, unicamente, aos interesses do empregador e dos empregados diretamente envolvidos.

Na realidade brasileira atual, por exemplo, o que se verifica é uma necessidade urgente de reverter o quadro de ampliação das formas precárias de contratação incentivadas pela "reforma" trabalhista e que, de certo modo, acresceram os problemas sociais e econômicos que retroalimentam as dificuldades comerciais que inspiram, em muitos casos, as dispensas coletivas.

As dispensas coletivas, além disso, utilizadas como estratégia empresarial para enfraquecimento da atuação sindical dos trabalhadores, contribui para a ineficácia das normas trabalhistas, favorecem a pressão dos empregadores no sentido da redução de direitos convencionais historicamente conquistas, ainda mais no contexto de uma "reforma" trabalhista que pretendeu também aniquilar a ultratividade das convenções e acordos coletivos e buscou autorizar a negociação "in pejus", e abrem espaço para a substituição de empregos efetivos (já atingidos pela ineficácia das normas e perda de conquistas) por contratações precárias, as quais, por sua vez, pioram ainda mais a condição dos contratos efetivos porventura ainda existentes.

Essa situação representa uma desconsideração plena do pacto social firmado nas Declarações e Tratados internacionais, assim como do projeto constitucional, além de piorar, de forma progressiva, a própria saúde econômica do país. Foi por conta disso, aliás, que, diante da eminência de um caos social e econômico, como efeito da crise de 2008, a jurisprudência trabalhista passou a impor, de forma concreta, restrições às dispensas coletivas, vez que parcela do setor econômico se mostrava bastante disposta a resolver seus problemas econômicos particulares e imediatos por meio da dispensa coletiva de trabalhadores.

E durante a pandemia, reconhecida a partir de março de 2020, a situação social, econômica e humanitária só fez piorar, sobretudo porque, contrariando todo o esforço judicial empreendido até então e fazendo tábula rasa de enorme aparato jurídico em sentido contrário, parte da jurisprudência trabalhista, com apoio em um único dispositivo legal, o art. 477-A da CLT, com redação trazida pela "reforma" trabalhista, passou a admitir a existência de um direito ilimitado do empregador de fazer cessar vínculos de emprego coletivamente.

A urgência, pois, é de reverter esse quadro.

Por fim, importa recortar que a denúncia da Convenção n. 158 já integra um ADI, a de n. 1625, movida, em 1997, pela Confederação Nacional dos Trabalhadores da Agricultura (Contag) e pela Central Única dos Trabalhadores (CUT). A inconstitucionalidade formal da denúncia é tão insuperável que dos cinco votos já prolatados, quatro são no sentido da procedência da ação. Ocorre que, talvez até por conta da inevitabilidade do resultado positivo, o processo não retorna a julgamento, mantendo-se nesta situação, desde 14.09.2016, em razão do pedido de vista do Min. Dias Toffoli.

De fato, seria essencial que se concluísse o julgamento da ADI n. 1.625 antes de se apreciar a questão da dispensa coletiva trazida no ARE n. 999.435. A inversão da ordem cronológica não se justifica inclusive do ponto de vista lógico e acaba representando a constituição de uma oportunidade para que o STF atual dar uma espécie de rasteira no STF histórico.

d) A teoria geral do direito contra a dispensa arbitrária

As lições de Karl Larenz[(86)] há muito manifestadas, analisando as relações jurídicas sob o aspecto da teoria geral do direito, explicitam que: a) a vinculação em uma dada relação jurídica não retira da parte o seu direito subjetivo fundamental, que é o direito da personalidade, que se insere no contexto da proteção da dignidade humana, e que pode ser exercido em face de qualquer pessoa; b) o exercício do direito potestativo, nas relações jurídicas que o preveem, encontra, naturalmente, seus limites na noção do abuso de direito e no princípio da boa-fé.

---

(86) LARENZ, Karl. *Derecho Civil — parte general*. Tradução e notas de Miguel Izquierdo y Macías-Picaveva. Editorial Revista de Derecho Privado, Editoriales de Derecho Reunidas, 1978.

Ora, logicamente, os direitos de personalidade são garantidos ao empregado na relação jurídica trabalhista e estes direitos se exercem em face do empregador, sendo agressões nítidas a esses direitos o trabalho em condições desumanas e, sobretudo, a cessação abrupta e imotivada da relação jurídica, na medida em que perde o meio de sua subsistência, sem sequer saber o motivo para tanto.

Evidentemente, como explica o mesmo autor, não há a necessidade de uma regra específica para que o direito subjetivo da personalidade seja exercido.

A noção de abuso do direito encerra o princípio de que o exercício de um direito subjetivo é ilícito quando não tiver outro objetivo que o de causar prejuízo a outrem(87) e mesmo quando exercido de forma imoral(88).

No tocante à boa-fé, esclarece Larenz que "sempre que exista entre pessoas determinadas um nexo jurídico, estas estão obrigadas a não fraudar a confiança natural do outro"(89).

Lembre-se, ademais, que nos termos do atual Código Civil, art. 187, comete ato ilícito aquele que, independentemente de culpa, titular de um direito, "ao exercê-lo, excede manifestamente os limites impostos pelo seu **fim econômico** ou **social**, pela boa-fé ou pelos bons costumes".

O novo Código Civil, aliás, estabeleceu uma nítida mitigação do princípio do "pacta sunt servanda", dando maior relevo à função social dos contratos do que à liberdade de contratar (art. 421), e o art. 422, do mesmo Diploma, reafirmou, desta feita, expressamente, que a boa-fé deve estar à base do contrato na sua formação, na sua execução e na sua extinção, sendo que quanto a este último aspecto a normatização foi trazida no art. 472.

A proteção contra a dispensa arbitrária, portanto, encontra no ordenamento jurídico fundamentos que transcendem até mesmo à própria discussão em torno da eficácia do art. 7º, I, da CF.

Mas mesmo mirando-se a questão sob o ângulo da teoria geral do direito, a proteção contra a cessação imotivada (arbitrária) tem plena vigência.

Ainda que se queira continuar considerando juridicamente válida a cessação imotivada da relação de emprego, não se poderá deixar de reconhecer que a prática

(87) LARENZ, Karl. LARENZ, Karl. *Derecho Civil — parte general.* Tradução e notas de Miguel Izquierdo y Macías-Picaveva. Editorial Revista de Derecho Privado, Editoriales de Derecho Reunidas, 1978, p. 297.

(88) *Ibidem*, p. 298.

(89) *Ibidem*, p. 300.

sem freios da "dispensa imotivada" gerou aquilo que Leonardo Vieira Wandelli denominou de "banalização da despedida injusta"[(90)], que reflete no mundo jurídico, onde se reproduziu nova banalização, representada pelo "processo de silenciamento das possibilidades jurídicas de coibição da despedida abusiva"[(91)].

O ato da "dispensa", portanto, mesmo considerado um direito, não se rege no sistema sem se interligar com outros valores, igualmente, consagrados no ordenamento jurídico. Assim, o suposto direito do empregador de cessar unilateralmente a relação de emprego sem motivação só se poderia defender em hipóteses concretas, nas quais fossem afastadas todas as circunstâncias que pudessem integrar seu ato à esfera da figura do abuso do direito.

Como diz Leonardo Wandelli:

> A afirmação de uma regra de uso para a permissão jurídica à despedida induz a afirmação de um direito do empregador apenas em sentido abstrato. Um direito concreto à despedida só se revela diante da situação singular e complexa, a partir da qual se podem virtualmente exaurir as potencialidades semânticas da permissão e, sobretudo, para além da pertinência semântica, discutir-se a adequabilidade dessa norma à situação integralmente considerada[(92)].

Essa necessidade de adequação do direito a uma situação concreta não se altera mesmo se considerada a "dispensa" um "direito potestativo" do empregador, pois:

> [...] uma vez concebido o direito de despedir mediante o pagamento da indenização como um direito potestativo *prima facie* do empregador e estabelecida a sua amplitude em abstrato, isso não significa que seu exercício concreto seja impermeável a constrições advindas do restante das normas válidas no ordenamento, ante as quais são potencialmente relevantes dados como os motivos, critérios e efeitos de seu exercício[(93)].

Neste aspecto ganha relevo a inserção do princípio da boa-fé, que sendo essencial para a formação do vínculo, exerce influência, igualmente, na sua cessação. A estabilidade, ou a segurança, das relações jurídicas está fincada na boa fé, que gera para as partes uma razoável previsibilidade de condutas. A surpresa, o ato que contraria o ambiente de boa-fé instaurado, não tem sustentação jurídica, ainda que embasado em

(90) WANDELLI, Leonardo Vieira. *Despedida Abusiva:* o direito (do trabalho) em busca de uma nova racionalidade. São Paulo: LTr, 2004.

(91) *Ibidem*, p. 113.

(92) *Ibidem*, p. 326.

(93) *Ibidem*, p. 335.

pretenso direito potestativo. Como explica Karl Larenz, citado por Wandelli, "Un derecho de rescisión u otro derecho de transformación no pueden ser ejercitados cuando, p. ej., su titular se manifiesta en contradicción con su anterior conducta, defraudando de esta forma la expectativa justificada de la otra parte"(94).

Ou seja, o pretenso "direito potestativo de resilição contratual" não é "um salvo-conduto contra a proibição de discriminar a boa-fé objetiva, os direitos fundamentais, o respeito à dignidade humana, etc."(95)

Desse modo, como diz Sérgio Torres Teixeira, o exercício abusivo do direito de cessar unilateralmente a relação de emprego se dá quando o empregador, "excedendo os limites de liberdade fixados pela lei", agir "com fundamento em motivo manifestamente anti-social"(96), pois "todo e qualquer direito, inclusive um direito potestativo como o de despedir, é conferido ao seu titular tendo em vista um interesse social, almejado o seu uso em plena consonância com a sua finalidade"(97).

Acrescente que, conforme prevê a própria sistemática civilista, não se pode falar em boa-fé em negócios efetivados mediante coação (art. 151 do CC) ou em estado de perigo (art. 156, do CC), que se materializam na realidade das relações de trabalho pela ameaça do desemprego.

O art. 113 do Código Civil estabelece que "os negócios jurídicos devem ser interpretados conforme a boa-fé e os usos do lugar de sua celebração". Prevê, ainda que é nulo o negócio quando "não revestir a forma prescrita em lei" (IV, do art. 166) ou quando "tiver por objetivo fraudar lei imperativa" (art. 166, VI), o que ocorre, por exemplo, nas hipóteses denominadas de "Pejotização", nos acordos para pagamento de salário como se fosse indenização, ou mesmo em qualquer pacto que permita renúncia, vedada tanto pelo art. 9º da CLT quanto pelo art. 1.707 do Código Civil ("Pode o credor não exercer, porém lhe é vedado renunciar o direito a alimentos, sendo o respectivo crédito insuscetível de cessão, compensação ou penhora").

O art. 171, por sua vez, diz que é anulável o negócio jurídico por vício resultante de erro, dolo, coação, estado de perigo, lesão ou fraude contra credores.

Cumpre lembrar que nem mesmo a "liberdade de contratar" é ilimitada. Conforme preconiza o art. 421 do Código Civil: "A **liberdade de contratar** será exercida em **razão** e nos **limites** da **função social do contrato**".

---

(94) WANDELLI, Leonardo. *Despedida Abusiva*: o direito (do trabalho) em busca de uma nova racionalidade. São Paulo: LTr, 2004. p. 336.

(95) *Ibidem*, p. 337.

(96) TEIXEIRA, Sérgio Torres. *Proteção à Relação de Emprego*. São Paulo: LTr, 1998. p. 302.

(97) *Ibidem*, p. 303.

E, regulando o distrato, estipula o mesmo Diploma civilista que "dada a natureza do contrato, uma das partes houver feito **investimentos consideráveis para a sua execução, a denúncia unilateral só produzirá efeito depois de transcorrido prazo compatível com a natureza e o vulto dos investimentos.**" (parágrafo único, art. 473)

A respeito do tema, destaquem-se, ainda, as seguintes restrições à vontade, no âmbito do negócio jurídico, trazidas na normatização jurídica civil:

a) não se aceita a expulsão sumária de associado em associações (atual redação art. 57 do Código Civil);

b) não se permite a denúncia vazia, de forma plena, no contrato de locação (arts. 45-47 da Lei n. 8.245/91);

c) não se aceita a denúncia vazia na vigência do contrato, conforme se verifica na lei dos planos de saúde (art. 13 da Lei n. 9.656/98);

d) exige-se respeito à boa-fé nas relações de trato sucessivo (contrato de agência e de distribuição), fixando-se a possibilidade de interferência estatal pelo Poder Judiciário para garantir o equilíbrio contratual (art. 720 do Código Civil);

e) a jurisprudência do STF tem vários precedentes enfatizando a necessidade do direito de defesa nas relações entre particulares:

DEFESA – DEVIDO PROCESSO LEGAL – INCISO LV DO ROL DAS GARANTIAS CONSTITUCIONAIS – EXAME – LEGISLAÇÃO COMUM. A intangibilidade do preceito constitucional assegurador do devido processo legal direciona ao exame da legislação comum. Daí a insubsistência da óptica segundo a qual a violência à Carta Política da República, suficiente a ensejar o conhecimento de extraordinário, há de ser direta e frontal. Caso a caso, compete ao Supremo Tribunal Federal exercer crivo sobre a matéria, distinguindo os recursos protelatórios daqueles em que versada, com procedência, a transgressão a texto constitucional, muito embora torne-se necessário, até mesmo, partir-se do que previsto na legislação comum. Entendimento diverso implica relegar à inocuidade dois princípios básicos em um Estado Democrático de Direito — o da legalidade e do devido processo legal, com a garantia da ampla defesa, sempre a pressuporem a consideração de normas estritamente legais. COOPERATIVA – EXCLUSÃO DE ASSOCIADO – CARÁTER PUNITIVO – DEVIDO PROCESSO LEGAL. Na hipótese de exclusão de associado decorrente de conduta contrária aos estatutos, impõe-se a observância ao devido processo legal, viabilizado o exercício amplo da defesa. Simples desafio do associado à assembleia geral, no que toca à exclusão, não é de molde a atrair adoção de processo sumário. Observância obrigatória do próprio estatuto da cooperativa. (RE n. 158.215, relator(a): Min. MARCO AURÉLIO, SEGUNDA TURMA, julgado em 30.04.1996, DJ 07.06.1996 PP-19830 EMENT VOL-01831-02 PP-00307 RTJ VOL-00164-02 PP-00757)

EMENTA: SOCIEDADE CIVIL SEM FINS LUCRATIVOS. UNIÃO BRASILEIRA DE COMPOSITORES. EXCLUSÃO DE SÓCIO SEM GARANTIA DA AMPLA DEFESA E DO CONTRADITÓRIO. EFICÁCIA DOS DIREITOS FUNDAMENTAIS NAS RELAÇÕES PRIVADAS. RECURSO DESPROVIDO. I. EFICÁCIA DOS DIREITOS FUNDAMENTAIS NAS RELAÇÕES PRIVADAS. As violações a direitos fundamentais não ocorrem somente no âmbito das relações entre o cidadão e o Estado, mas igualmente nas relações travadas entre pessoas físicas e jurídicas de direito privado. Assim, os direitos fundamentais assegurados pela Constituição vinculam diretamente não apenas os poderes públicos, estando direcionados também à proteção dos particulares em face dos poderes privados. II. OS PRINCÍPIOS CONSTITUCIONAIS COMO LIMITES À AUTONOMIA PRIVADA DAS ASSOCIAÇÕES. A ordem jurídico-constitucional brasileira não conferiu a qualquer associação civil a possibilidade de agir à revelia dos princípios inscritos nas leis e, em especial, dos postulados que têm por fundamento direto o próprio texto da Constituição da República, notadamente em tema de proteção às liberdades e garantias fundamentais. O espaço de autonomia privada garantido pela Constituição às associações não está imune à incidência dos princípios constitucionais que asseguram o respeito aos direitos fundamentais de seus associados. A autonomia privada, que encontra claras limitações de ordem jurídica, não pode ser exercida em detrimento ou com desrespeito aos direitos e garantias de terceiros, especialmente aqueles positivados em sede constitucional, pois a autonomia da vontade não confere aos particulares, no domínio de sua incidência e atuação, o poder de transgredir ou de ignorar as restrições postas e definidas pela própria Constituição, cuja eficácia e força normativa também se impõem, aos particulares, no âmbito de suas relações privadas, em tema de liberdades fundamentais. III. SOCIEDADE CIVIL SEM FINS LUCRATIVOS. ENTIDADE QUE INTEGRA ESPAÇO PÚBLICO, AINDA QUE NÃO ESTATAL. ATIVIDADE DE CARÁTER PÚBLICO. EXCLUSÃO DE SÓCIO SEM GARANTIA DO DEVIDO PROCESSO LEGAL.APLICAÇÃO DIRETA DOS DIREITOS FUNDAMENTAIS À AMPLA DEFESA E AO CONTRADITÓRIO. As associações privadas que exercem função predominante em determinado âmbito econômico e/ou social, mantendo seus associados em relações de dependência econômica e/ou social, integram o que se pode denominar de espaço público, ainda que não estatal. A União Brasileira de Compositores — UBC, sociedade civil sem fins lucrativos, integra a estrutura do ECAD e, portanto, assume posição privilegiada para determinar a extensão do gozo e fruição dos direitos autorais de seus associados. A exclusão de sócio do quadro social da UBC, sem qualquer garantia de ampla defesa, do contraditório, ou do devido processo constitucional, onera consideravelmente o recorrido, o qual fica impossibilitado de perceber os direitos autorais relativos à execução de suas obras. A vedação das garantias constitucionais do devido processo legal acaba por restringir a própria liberdade de exercício profissional do sócio. O caráter público da atividade exercida pela sociedade e a dependência do vínculo associativo para o exercício profissional de seus sócios legitimam, no caso concreto, a aplicação direta dos direitos fundamentais concernentes ao devido processo legal, ao contraditório e à ampla defesa (art. 5º, LIV e LV, CF/88). IV. RECURSO EXTRAORDINÁRIO DESPROVIDO. (RE n. 201.819, relator(a): Minª. ELLEN GRACIE, relator(a) p/ Acórdão: Min. GILMAR MENDES, Segunda Turma, julgado em 11.10.2005, DJ 27.10.2006 PP-00064 EMENT VOL-02253-04 PP-00577 RTJ VOL-00209-02 PP-00821)

f) o STJ já considerou abusiva denúncia vazia de Banco em relação ao contrato de conta bancária em relações de longo prazo:

DIREITO DO CONSUMIDOR. CONTRATO DE CONTA-CORRENTE EM INSTITUIÇÃO FINANCEIRA. ENCERRAMENTO UNILATERAL E IMOTIVADO DA CONTA. IMPOSSIBILIDADE. 1. Não pode o banco, por simples notificação unilateral imotivada, sem apresentar motivo justo, encerrar conta-corrente antiga de longo tempo, ativa e em que mantida movimentação financeira razoável. 2. Configurando contrato relacional ou cativo, o contrato de conta-corrente bancária de longo tempo não pode ser encerrado unilateralmente pelo banco, ainda que após notificação, sem motivação razoável, por contrariar o preceituado no art. 39, IX, do Cód. de Defesa do Consumidor. 3. Condenação do banco à manutenção das conta-correntes dos autores. 4. Dano moral configurado, visto que atingida a honra dos correntistas, deixando-os em situação vexatória, causadora de padecimento moral indenizável. 5. Recurso Especial provido. (REsp n. 1277762/SP, rel. Ministro SIDNEI BENETI, TERCEIRA TURMA, julgado em 04.06.2013, DJe 13.08.2013)

g) segundo o Enunciado n. 22 da I Jornada de Direito Civil do CJF/STJ, a "função social do contrato, prevista no art. 421 do novo Código Civil, constitui cláusula geral que reforça o princípio de conservação do contrato, assegurando trocas úteis e justas";

h) conforme o Enunciado n. 23 da I Jornada de Direito Civil do CJF/STJ, a "função social do contrato, prevista no art. 421 do novo Código Civil, não elimina o princípio da autonomia contratual, mas atenua ou reduz o alcance desse princípio quando presentes interesses metaindividuais ou interesse individual relativo à dignidade da pessoa humana";

i) para o Enunciado n. 167 da III Jornada de Direito Civil do CJF/STF, com "o advento do Código Civil de 2002, houve forte aproximação principiológica entre esse Código e o Código de Defesa do Consumidor no que respeita à regulação contratual, uma vez que ambos são incorporadores de uma nova teoria geral dos contratos".

O Direito como um todo, como se vê, procura evitar que uma pessoa não fique sujeita ao arbítrio da parte mais poderosa em determinadas relações sociais e se é assim para o Direito Civil e o Direito do Consumidor com muito mais razão deve ser no Direito do Trabalho, até porque é da relação de emprego que a pessoa trabalhadora extrai o seu sustento e viabiliza todas as outras suas relações sociais.

A teoria geral do direito traz, portanto, vários elementos jurídicos para coibir a cessação da relação de emprego por ato arbitrário do empregador, sendo este resultado, aliás, um imperativo do direito social, constitucionalmente consagrado.

e) Fundamentos sociais contra a cessação imotivada da relação de emprego

As cessações imotivadas das relações de emprego não possuem amparo no ordenamento jurídico também por outros motivos, talvez ainda mais relevantes.

O Estado brasileiro é um Estado democrático de direito e seu objetivo primordial é o de promover a justiça social e o bem-estar de todos. A cessação coletiva de trabalhadores, sem qualquer motivação ou comprovação de boa fé dos motivos alegados, muitas vezes baseada em balanços fraudulentos, não correspondendo, pois, a uma necessidade econômica e não se efetivando com uma necessária ampla discussão prévia entre os seus interlocutores diretos, da qual participem as instituições públicas locais e nacionais, demonstra-se, flagrantemente, como simples e torpe pressão de natureza econômica, uma represália do econômico sobre o social.

Uma empresa que aja de tal modo extrapola aquilo que se convencionou chamar de "direito potestativo" do empregador de cessar as relações de emprego e ingressa no campo do abuso do direito, arranhando a ordem jurídica, atingindo a dignidade da pessoa humana dos trabalhadores (que se trata de um princípio fundamental da República Federativa do Brasil, inscrito no art. 1º de nossa Constituição) e, porque não dizer, ferindo o próprio objetivo primordial do Estado da construção do bem comum. Trata-se, portanto, de um atentado à cidadania e ao Estado democrático de direito.

A noção de que as relações jurídicas devem ser baseadas na boa-fé objetiva atinge, obviamente, ao Direito do Trabalho. Com apoio nesta noção jurídica, expressamente acatada pelo Código Civil, pode-se até desconsiderar a validade de cláusulas de contratos coletivos de trabalho que signifiquem mera redução de direitos e que foram fruto de uma "negociação" feita sob a **ameaça do desemprego** (sem qualquer apresentação de documentos que comprovem, satisfatoriamente, a necessidade econômica da empresa, para pleitear a redução). Ora, uma negociação de boa-fé exige troca de informações, que se demonstrem, inequivocamente, em dados reais, para que o ato jurídico que dela resultar não se concretize sob o manto das ameaças, ainda mais quando de um lado está o poder econômico e do outro pessoas (mesmo representadas) que dependem do trabalho para sobreviver.

A constante ameaça do desemprego, sem um contraponto efetivo do direito, representa, ademais, a possibilidade concreta de considerar possível agredir a ordem jurídica e à própria nação brasileira, impunemente. Não é possível, no entanto, entender que o Direito traga ele próprio o germe de sua destruição.

O ordenamento jurídico internacional, aliás, está repleto de exemplos para se adotar como parâmetro regulatório para estas hipóteses (e o direito comparado é fonte do direito do trabalho, conforme dispõe o art. 8º da CLT).

A construção de parâmetros para regular a dispensa coletiva por ato da jurisprudência, tomando por base todos estes dispositivos e os princípios jurídicos, especialmente, o do abuso do direito, é plenamente possível, diria até mesmo, necessária.

Conclusivamente: a cessação imotivada de relações de emprego, em um mundo marcado por altas taxas de desemprego, que favorece, portanto, o império da "lei da oferta e da procura" e que impõe, certamente, aos trabalhadores condições de trabalho subumanas e diminuição de suas garantias e salários, agride a consciência ética que se deve ter para com a dignidade do trabalhador e, por isso, deve ser, eficazmente, inibida pelo ordenamento jurídico. Não é possível acomodar-se com uma situação reconhecidamente injusta, argumentando que "infelizmente" o direito não a reprime, ainda mais quando, como demonstrado, o próprio direito positivo (internacional e interno) possui normas eficazes para se contrapor a esta situação, bastando que se queira aplicá-las. Devemos aprender a utilizar as virtudes do direito para a correção das injustiças, até porque uma sociedade somente pode se constituir com base em uma normatividade jurídica se esta fornecer instrumentos eficazes para que as injustiças não se legitimem. Do contrário, não haveria do que se orgulhar ao dizer que vivemos em um "Estado democrático de direito".

Esse dado social deve, necessariamente, repercutir na esfera do direito, pois como diz Leonardo Wandelli:

> Se o trabalho, mesmo alienado, é ainda o principal suporte de uma cidadania efetiva, exercida, e não mera titularidade abstrata, o ato de rompimento unilateral da relação de emprego está mais repleto de conteúdos juridicamente relevantes para um ordenamento jurídico que positiva princípios constitucionais e de direitos fundamentais do que pode conceber uma doutrina que aprecia a despedida apenas do ponto de vista da existência ou não da prerrogativa patronal de despedir[(98)].

Por fim, vale destacar a observação de José Martins Catharino, que:

> Se a relação de emprêgo poderá ser imposta a empregador, principalmente se fôr pessoa jurídica, é admissível que norma jurídica lhe imponha, contra a sua vontade arbitrária, o deve de manter uma relação contratual, ou, ao menos, a subsistência de efeitos favoráveis aos empregados[(99)].

f) A proteção contra cessação arbitrária pela integração do empregado à empresa

Outros aspectos também podem ser considerados para o fim de evidenciar que a cessação arbitrária, efetivamente, não se amolda ao nosso ordenamento jurídico.

A respeito, lembre-se que o empregador por excelência é a empresa e como esclarece Fábio Ulhoa Coelho, o papel da empresa nos tempos modernos pode ser compreendido também sob o prisma político-ideológio. Como explica este autor:

> para o fascismo, a luta de classes termina em harmonização patrocinada pelo estado nacional. Burguesia e proletariado superam seus antagonismos

(98) WANDELLI, Leonardo. *Despedida Abusiva:* o direito (do trabalho) em busca de uma nova racionalidade. São Paulo: LTr, 2004. p. 124.

(99) CATHARINO, José Martins. *Em defesa da estabilidade:* despedida *versus* estabilidade. São Paulo: LTr, 1965. p. 69.

> na medida em que se unem em torno dos superiores objetivos da nação, seguindo o líder (*duce*), que é intérprete e guardião destes objetivos. A empresa, no ideário fascista, representa justamente a organização que se harmonizam as classes em conflito[100].

A empresa, na concepção fascista, era de grande importância para a consecução dos objetivos maiores da nação, integrando capital e trabalho. Neste sentido é que se via na empresa uma instituição, atribuindo-lhe um caráter corporativo: empregados e empresário perdem a sua individualidade e vontades próprias para se tornarem meros elementos integrantes da empresa.

Mas, a empresa sobreviveu aos ideários fascistas. Com explica Ulhoa, "A teoria da empresa acabou se desvencilhando das raízes ideológicas fascistas. Por seus méritos jurídico-tecnológicos, sobreviveu à redemocratização da Itália e permanece delimitando o Direito Comercial daquele país até hoje"[101].

No sistema capitalista, de formação liberal, o Estado atribuiu aos particulares o papel primordial da exploração das atividades econômicas, ou, em outras palavras, da produção de bens e serviços que são essenciais à vida em sociedade[102]. Este é o papel, por excelência, da atividade empresarial, que se exerce, no entanto, no contexto capitalista, com base na ideia de livre iniciativa e com a formação de um sistema jurídico protetivo das iniciativas particulares neste setor.

Como explica Ulhoa:

> Ao atribuir à iniciativa privada papel de tal monta, a Constituição torna possível, sob o ponto de vista jurídico, a previsão de um regime específico pertinente às obrigações do empreendedor privado. [....] Se, ao capitalista, a ordem reserva a primazia na produção, deve cuidar para que ele possa desincumbir-se, plenamente, dessa tarefa.[103]

E acrescenta:

> Sem um regime econômico de livre iniciativa, de livre competição, não há direito comercial. Ao nível da legislação ordinária, o direito complementa tais pressupostos constitucionais, procurando garantir a livre iniciativa e a livre competição através da repressão ao abuso do poder econômico e à concorrência desleal.[104]

---

(100) COELHO, Fábio Ulhoa. *Manual de Direito Comercial*. São Paulo: Saraiva, 2003. p. 9.

(101) *Idem*.

(102) *Ibidem*, p. 26.

(103) *Idem*.

(104) *Ibidem*, p. 27.

A "operacionalidade" da empresa deve estar "adequada aos objetivos da disciplina da exploração de atividades econômicas por particulares em nosso tempo"[(105)].

Tratando da função social da propriedade, Comparato esclarece que "[...] se se está diante de um interesse coletivo, essa função social da propriedade corresponde a um *poder-dever* do proprietário, sancionável pela ordem jurídica."[(106)].

Este autor lembra ainda que:

> A afirmação do princípio da função social da propriedade, sem maiores especificações e desdobramentos, tem-se revelado, pela experiência constitucional germânica, tecnicamente falha.
>
> A destinação social dos bens de produção não deve estar submetida ao princípio da autonomia individual nem ao poder discriminatório da Administração Pública. O abuso da não utilização de bens produtivos, ou de sua má utilização, deveria ser sancionado mais adequadamente. Em se tratando de propriedade privada, pela expropriação não condicionada ao pagamento de indenização integral, ou até sem indenização. Cuidando-se de propriedade pública, por meio de remédio judicial de efeito mandamental, que imponha ao Poder Público o cumprimento dos deveres sociais inerentes ao domínio.[(107)]

Da função social da empresa decorre, ademais, a sua responsabilidade, no mesmo nível daquela que se exige do próprio Estado, quanto ao respeito aos direitos individuais. Como pontua Comparato:

Hoje, já não se discute nos Estados Unidos, após vários precedentes jurisprudenciais originados da Guerra do Vietnã e da instalação de indústrias americanas na África do Sul, que as sociedades mercantis, enquanto pessoas jurídicas, são tão responsáveis quanto o Estado pelo respeito aos direitos individuais; e que, por conseguinte, não é justificável a fabricação de *napalm* ou a aceitação de leis estrangeiras de discriminação racial no emprego, sob a invocação do superior escopo lucrativo da companhia, ou a desculpa de que uma empresa não faz política.[(108)]

Pois bem, se a empresa tem toda essa importância social a relevância da relação de emprego também é uma decorrência natural, pois esta relação jurídica é um elemento essencial da empresa. Como preceitua o novo Código Civil (arts. 1.169 a

---

(105) COELHO, Fábio Ulhoa. *Manual de Direito Comercial*. São Paulo: Saraiva, 2003. p. 9.

(106) COMPARATO, Fábio Konder. A reforma da empresa. In: *Direito Empresarial:* estudos e pareceres. São Paulo: Saraiva, 1990. p. 32.

(107) *Ibidem*, p. 37.

(108) *Ibidem*, p. 10.

1.178), todos que executam serviços no contexto da atividade empresarial, independente da natureza de seu vínculo, empregado ou não, foram tratados como prepostos, para o fim de fixar a presunção "iure et de iure" de que atuam em nome do empresário.

Segundo Fábio Ulhoa:

> Se alguém adentra a loja e se dirige a pessoa uniformizada que lá se encontra, e com ela inicia tratativas negociais (quer dizer, pede informações sobre produto exposto, indaga sobre preço e garantias, propõe forma alternativa de parcelamento etc.), o empresário dono daquele comércio (pessoa física ou jurídica) está sendo contratualmente responsabilizado. As informações prestadas pelo empregado ou funcionário terceirizado, bem como os compromissos por ele assumidos, atendidos aqueles pressupostos de lugar e objeto, criam obrigações para o empresário (art. 1.178).(109)

Evaristo de Moraes Filho(110) chega mesmo a destacar que o "contrato de trabalho" é componente que integra o estabelecimento, aduzindo que é a partir desse pressuposto que se consegue entender porque qualquer alteração na pessoa jurídica ou responsável pela empresa, ou mesmo a sucessão, não interfere nos contratos de trabalho (arts. 10 e 448, da CLT).

Recuperando vários aspectos jurídicos desenvolvidos nesse estudo, insta não esquecer que: o empregador é a empresa; a relação de emprego é essência da própria configuração de uma atividade empresarial; a empresa é uma instituição; nas instituições o empregado e o proprietário da empresa têm seus interesses pessoais limitados; a preservação da empresa é essencial ao desenvolvimento do modelo capitalista; a defesa da integridade física e moral da pessoa do empregado é essencial à própria preservação da empresa; a ideia de continuidade e perenidade são cruciais neste contexto; jurídica, social, filosófica e economicamente, as relações de emprego, como regra, são formadas para durar, somente se justificando a sua ruptura por motivos relevantes: profissionais ou econômicos.

Não se trata, ademais, de uma frívola defesa dos interesses dos trabalhadores, impulsionada por posição de caráter político-ideológica. Trata-se, isto sim, de uma constatação de natureza científica, inevitável diante da observação dos fatos sociais e mesmo da preservação do próprio modelo de produção capitalista.

---

(109) COELHO, Fábio Ulhoa. *Manual de Direito Comercial.* 14. ed. São Paulo, Saraiva, 2003. p. 22.

(110) "Assim, por admitir-se já agora pacìficamente os serviços prestados através de contratos de trabalho como elemento constitutivo do estabelecimento — com o qual ou mediante o qual se exercita a empresa —, pode-se explicar tôdas as consequências jurídicas que correm nas transferências de estabelecimento." (MORAES FILHO, Evaristo. *Do contrato de trabalho como elemento da empresa.* São Paulo: LTr, 1993. p. 277).

A própria observação da realidade autoriza essa conclusão. Com efeito, em geral, os empregados são a personificação da empresa. Constituem a forma concreta da empresa interagir no mercado. A própria identidade dos empregas é anulada, para que o "perfil" da empresa transpareça. E costumeiramente os empregados dizem, mesmo quando estão fora do âmbito da unidade produtiva, "minha empresa", "nossa empresa"... São os empregados que fazem a atividade empresarial se desenvolver, que recebem as reclamações dos clientes insatisfeitos etc.

Esse dado inconteste, que possui repercussões psíquicas e sociais importantes, não pode ser simplesmente desprezado como se a perspectiva do empregado nada significasse para o jurista. Ainda mais sob o ângulo de visão do Direito do Trabalho, essa postura de negar importância aos interesses dos empregados não se justifica, pois este direito ganhou significação e relevância mundial exatamente quando, desvinculando-se de sua origem pragmática de favorecimento ao contexto produtivo, representou uma ruptura da lógica econômica, impondo uma proteção da pessoa humana do trabalhador.

A perda do emprego, a eliminação desse vínculo que não é a apenas uma relação jurídica individual e sim um vínculo de natureza social e socializante, trata-se, portanto, de um fato com enorme repercussão na esfera social e não apenas no estrito contexto do interesse individual do trabalhador desempregado, não se podendo, por óbvio, desprezar o fato de que o desemprego muitas vezes gera consequências trágicas para o trabalhador, inclusive de natureza familiar. A situação é ainda mais grave quando o empregador, simplesmente, "dispensa" seu empregado, que trabalhou anos a fio "colaborando" com o sucesso do empreendimento, sem apresentar-lhe qualquer justificativa.

Essa postura, se considerada válida juridicamente, tende à generalização, provocando uma enorme desestruturação de todo o sistema social (com efeitos nas relações jurídicas de todos os níveis) que se baseia na organização produtiva do modelo capitalista.

A cessação imotivada (a "dispensa sem justa causa", ou o "direito potestativo de resilição contratual"), portanto, transforma o empregado em uma coisa, um utensílio da produção, que não sendo mais necessário ou passando a ser oneroso pode ser simplesmente descartado, jogado fora, "dispensado". Nega, assim, plenamente, a sua condição humana e a tão apregoada função social da empresa.

Como acrescenta Evaristo de Moraes Filho:

> nos contratos civis, raramente do tipo subordinante extensivo, presume-se a igualdade econômico-social das partes contratantes, com abstração das reais condições de cada um. Mesmo aí não se chegou a aceitar a doutrina da rescisão unilateral de modo absoluto, como aconteceu na

locação de prédios rústicos e urbanos, com especiais proteções jurídicas em favor do locatário, limitando o poder de rescindir o locador a causas restritas fixadas em lei, a despeito de ser a locação um contrato bilateral de trato sucessivo ou de duração. No contrato de trabalho, tremendamente desigual, cujo exercício continuativo é a própria razão de existir do empregado, que vive exclusivamente do salário auferido dêsse contrato, deixar que as coisas continuassem entregues à livre manifestação das partes, seria o mesmo que assistir tranquilamente ao extermínio de tôda uma classe social, no caso, a dos trabalhadores dependentes.(111)

g) A ordem econômica (Leis ns. 12.529/11, 11.101/05 e 14. 112/20)

Como já dito, é cristalino que o art. 170 da Constituição vincula a ordem econômica à "valorização do trabalho humano", como forma, inclusive, de "assegurar a todos existência digna, conforme os ditames da justiça social".

Para assegurar a efetivação desse objetivo, enuncia os princípios a serem respeitados, dentre os quais a "função social da propriedade" e a "busca do pleno emprego".

Isto, por si, excluiria qualquer possibilidade de vislumbrar um argumento de ordem econômica que pudesse gerar ineficácia das normas de proteção ao emprego e que, ao mesmo tempo, rechaçam o suposto direito potestativo de resilição contratual, ainda mais em caráter coletivo.

Vale acrescentar, de todo modo, que as leis infraconstitucionais mais diretamente ligadas aos interesses econômicos nada trazem em contraposição aos postulados constitucionais. Aliás, bem ao contrário, reforçam a proteção constitucional ao emprego.

A Lei n. 12.529, de 30 de novembro de 2011, que estrutura o Sistema Brasileiro de Defesa da Concorrência, deixa claro que a finalidade da regulação em questão é prevenir e reprimir as "infrações contra a ordem econômica", reafirmando que esta se orienta pelos "ditames constitucionais de liberdade de iniciativa, livre concorrência, função social da propriedade, defesa dos consumidores e repressão ao abuso do poder econômico".

Pode-se extrair, ademais, do conjunto das normas enunciadas em tal diploma que o desrespeito aos direitos trabalhistas representa uma infração à ordem econômica. Nos termos do art. 36 da lei em questão, constituem infração da ordem econômica, independentemente de culpa, os atos sob qualquer forma manifestados, que tenham por objeto ou possam produzir os seguintes efeitos, ainda que não sejam alcançados: I – limitar, falsear ou de qualquer forma prejudicar a livre concorrência ou a livre

(111) MORAES FILHO, Evaristo. *A Justa Causa na Rescisão do Contrato de Trabalho*. 2. ed. Rio de Janeiro: Forense, 1968. p. 62.

iniciativa; (....) III – aumentar arbitrariamente os lucros e a supressão maliciosa de direitos trabalhistas e a utilização estratégica das dispensas coletivas (cujos efeitos já foram aqui reportados) constituem, inegavelmente, modos de se atingir uma posição economicamente privilegiada e que, ao mesmo tempo, fere o interesse da consagração da justiça social, o qual, vale lembrar, dita toda a ordem econômica.

As mesmas objeções à cessação unilateral das relações de emprego podem ser encontradas na Lei n. 11.101/05 (e alterações introduzidas pela Lei n. 14.112/20).

Mesmo buscando conferir mecanismos jurídicos de defesa de empresas em reconhecida e declarada judicialmente dificuldade econômica, o pressuposto fixado na lei é o de que se a preservação das empresas é essencial para manutenção do sistema capitalista, também há o reconhecimento de que o capitalismo só se desenvolve à base de empresas que não se descapitalizam fraudulenta ou irresponsavelmente.

O direito, portanto, não se presta a conferir benefícios e proteção a empresas que desrespeitam as regras básicas de preservação do modelo, incentivando uma prática autodestrutiva de todo o sistema econômico.

Se fossem conferidos benefícios, como o prolongamento de prazos e a diminuição de juros, para empresas devedoras que chegaram a tal condição em razão de má administração ou por terem desconsiderado, de forma deliberada, a obrigação de cumprir regras tributárias e, principalmente, trabalhistas, acabar-se-ia, inversamente, penalizando todas as demais empresas, concorrentes daquelas, que respeitaram os padrões jurídicos estabelecidos.

É evidente que uma empresa que de forma deliberada, por má administração ou gestão fraudulenta, não respeita direitos trabalhistas e não cumpre suas obrigações tributária não pode obter da ordem jurídica a vantagem de não ter que se preocupar com isso, transferindo para terceiros todo o peso de sua atuação irresponsável.

Lembre-se que a obtenção de vantagem concorrencial indevida é também um ferimento direto ao princípio da livre concorrência, fixado no inciso IV, do art. 170, da CF.

É por isso que a recuperação judicial se apresenta como um mecanismo jurídico, cuja execução compete ao Estado, por intermédio do Poder Judiciário, cuja finalidade é a de preservar as empresas que estejam em dificuldade econômica **não induzida por desrespeito à ordem jurídica** e que **tenham condições de se desenvolver dentro dos padrões fixados pelo sistema.** Tanto é assim que um dos requisitos necessários para a aprovação do plano de recuperação é a demonstração de sua "viabilidade econômica" (inciso II, do art. 53, da Lei n. 11.101/05).

E um dos elementos principais da pertinência desse benefício estatal é o efeito socialmente almejado da preservação dos empregos.

O art. 47, da Lei n. 11.101/05, é muito nítido quanto a estes fundamentos:

> A recuperação judicial tem por objetivo viabilizar a superação da situação de crise econômico-financeira do devedor, a fim de permitir a manutenção da fonte produtora, do emprego dos trabalhadores e dos interesses dos credores, promovendo, assim, a preservação da empresa, sua função social e o estímulo à atividade econômica.

Fácil verificar, portanto, que a lei não se direciona à mera defesa do interesse privado de um devedor determinado. A lei não conferiu um direito subjetivo a quem deve, sem se importar com a origem da dívida e a possibilidade concreta de seu adimplemento. Não estabeleceu, consequentemente, uma espécie de direito ao "calote".

O que há na lei é a defesa das empresas numa perspectiva de ordem pública: estímulo à atividade econômica, para desenvolvimento do modelo capitalista, preservando empregos e, em conformidade com a Constituição, visualização da construção de uma justiça social.

A preservação dos empregos, vale reforçar, é o fundamento principal da lei, sendo que para tanto se chega a admitir, como meio de recuperação judicial, a "**redução salarial**, **compensação de horários** e **redução da jornada**, mediante **acordo ou convenção coletiva**" (art. 50, inciso VIII). E é importante ressaltar que uma negociação nestes termos só é admissível de forma excepcional a partir de uma concreta e real necessidade econômica da empresa e desde que seja a única medida possível, após uma auditoria, estabelecida em caráter temporário, dentro do contexto de um plano que preveja a preservação dos empregos e o retorno da situação pré-existente (nos moldes fixados na Lei n. 4.923/65).

A petição inicial do pedido de recuperação, conforme determina o art. 51, inciso IV, deve trazer a "**relação integral dos empregados**, em que constem as respectivas **funções, salários**, indenizações e outras parcelas a que têm direito, com o correspondente mês de competência, e a **discriminação dos valores pendentes de pagamento**".

Como se vê, na lógica estabelecida pela referida lei vislumbra-se a possibilidade de restrição de direitos a trabalhadores que estejam empregados na empresa. O sacrifício dos direitos, se aprovado pelo gestor da recuperação, o Poder Judiciário, com aval do sindicato, somente se justifica para a sobrevivência da empresa com a consequente preservação de seus empregos.

E mesmo esses sacrifícios têm limite, pois nos termos do art. 54, o "plano de recuperação judicial **não poderá prever prazo superior a 1 (um) ano** para pagamento dos créditos derivados da **legislação do trabalho** ou decorrentes de **acidentes de trabalho** vencidos até a data do pedido de recuperação judicial".

Em se tratando de crédito de natureza estritamente salarial, vencidos já há três meses, esse limite é ainda mais rígido, conforme prevê o § 1º do mesmo art. 54:

> O plano não poderá, ainda, prever prazo superior a **30 (trinta) dias** para o pagamento, **até o limite de 5 (cinco) salários-mínimos por trabalhador, dos créditos de natureza estritamente salarial vencidos nos 3 (três) meses anteriores ao pedido de recuperação judicial.**

Ainda que a Lei n. 14.112/20 tenha possibilitado a ampliação do prazo constante no *"caput"* do art. 54 (mediante o preenchimento das condições fixadas nos §§ 2º e 3º do mesmo artigo), o pressuposto estabelecido em tais dispositivos, que diz respeito a dívidas anteriores, constitui uma demonstração muito clara de que as dívidas trabalhistas constituídas após o pedido de recuperação judicial não podem se inserir na recuperação até porque se há um "plano" para pagamento e recuperação, não se pode, indefinidamente, incluírem-se novas dívidas, sob pena de se ter que refazer constantemente o "plano", o que transforma a ação de recuperação em uma fonte eterna de descumprimento de obrigações assumidas.

É evidente, assim, que a suspensão das ações, referida no art. 6º da Lei em questão, diz respeito, unicamente, àquelas cujo crédito, já liquidado, esteja relacionado na ação de recuperação, inseridos no plano, e não se cuidem de dívida de natureza alimentar.

Convém lembrar, com muita evidência, que os direitos trabalhistas, como direitos fundamentais, estão situados em posição de prevalência no ordenamento jurídico. Afinal, o ajuste básico do desenvolvimento desse modelo de sociedade de índole capitalista é a reciprocidade integrativa entre capital e trabalho e sendo o Direito o mecanismo de construção e desenvolvimento desse modelo deve o ordenamento conferir instrumentos para manter essa reciprocidade e não para quebrá-la, priorizando o interesse do capital e desconsiderando os do trabalho, ainda mais porque os direitos trabalhistas, no seu processo de amadurecimento, atingiram a esfera da proteção de valores essenciais para a elevação da condição humana. Nenhum argumento, que vise privilegiar um interesse puramente econômico, desvinculado de suas necessárias correlações obrigacionais de cunho social, tem, portanto, respaldo jurídico.

De todo modo, mesmo que os créditos trabalhistas constituídos após o pedido de recuperação pudessem ser incluídos no rol da recuperação, por óbvio, o prazo para pagamento seria de, no máximo, doze meses, com necessidade de reformulação do plano, sem prejuízo do cumprimento do prazo com relação aos créditos trabalhistas já integrados ao plano.

Relevante verificar, ainda, que embora seja constituído um Administrador Judicial e um Comitê de Credores, a responsabilidade desses com relação ao Plano é apenas de fiscalização, nos termos dos arts. 22, inciso II, letra *"a"* e 27, letra *"b"*, da lei em exame:

> Art. 22. Ao administrador judicial compete, sob a fiscalização do juiz e do Comitê, além de outros deveres que esta Lei lhe impõe:
>
> [...]
>
> II – na recuperação judicial:
>
> *a)* fiscalizar as atividades do devedor e o cumprimento do plano de recuperação judicial"
>
> Art. 27. O Comitê de Credores terá as seguintes atribuições, além de outras previstas nesta Lei:
>
> [...]
>
> II – na recuperação judicial:
>
> [...]
>
> *b)* fiscalizar a execução do plano de recuperação judicial.

A elaboração do Plano, portanto, compete à empresa (art. 53) e mesmo estando sujeito à aprovação da assembleia-geral de credores (art. 35, I, *"a"*), o fato é que também a Assembleia em questão não tem autonomia para negar os limites impostos à efetivação dos direitos de natureza trabalhista, conforme previsão do art. 54 da lei.

A lei em questão, portanto, não autoriza que uma empresa, unilateralmente, por ato privado, desvinculado de qualquer interesse público, integre ao seu propósito de recuperação, que pode ser apenas uma intenção de aumentar lucros, os créditos trabalhistas de pessoas que foram desvinculadas de sua atividade empresarial.

Dito de forma mais clara: uma empresa, mesmo com o argumento de solucionar sua dificuldade econômica — e sem justificativa nenhuma muito menos — não tem o direito de realizar uma dispensa coletiva de trabalhadores e ainda querer incluir as verbas rescisórias dos trabalhadores e trabalhadoras dispensados no plano de recuperação judicial, isto porque o pressuposto básico da preservação dos empregos, em uma atitude como esta, deixa de existir.

A lei em questão, por conseguinte, não constitui fundamento para que uma empresa, que não cumpriu a legislação trabalhista, se veja no direito de não ser "incomodada" por uma decisão da Justiça do Trabalho que a obrigue a respeitar os direitos trabalhistas daqueles que possuem créditos alimentares a receber e que foram alijados de seu contexto produtivo.

Não justifica, igualmente, a consideração de que uma empresa em processo de recuperação judicial possa, impunemente, de forma indefinida e descomprometida, ir remetendo, para um mesmo ralo sem fundo, dívidas trabalhistas que for constituindo, transformando direitos em "papéis". Tal empresa, por óbvio, não está livre do cumprimento das obrigações trabalhistas, sob o argumento renitente e interminável da dificuldade econômica.

Ora, sem viabilidade econômica, sem a possibilidade concreta de se recuperar em tempo razoável, respeitando os direitos alheios, a empresa deve ser conduzida à falência, pois a dificuldade econômica não é argumento juridicamente válido para desrespeitar, sem qualquer parâmetro, os direitos alheios. Não há, efetivamente não há, um direito subjetivo de empresas não se submeterem à ordem jurídica sob o mero argumento da dificuldade econômica.

É bem verdade que, desavisadamente, o Supremo Tribunal Federal, no julgamento da **Ação Direita de Inconstitucionalidade (3.934-2), movida pelo Partido Democrático dos Trabalhadores (PDT), rejeitou o pedido de declaração de inconstitucionalidade de dois dispositivos da Lei n. 11.101/05, o parágrafo único do** art. 60 e o inciso I, do art. 83[(112)], sob fundamentos, expressos no voto condutor do Ministro relator, Ricardo Lewandowski, fincados na lógica de mercado.

Com o devido respeito, o Ministro tentou se convencer de que era:

> [...] possível constatar que a Lei n. 11.101/2005 não apenas resultou de amplo debate com os setores sociais diretamente afetados por ela, como também surgiu da necessidade de preservar-se o sistema produtivo nacional inserido em uma ordem econômica mundial caracterizada, de um lado, pela concorrência predatória entre seus principais agentes e, de outro, pela eclosão de crises globais cíclicas altamente desagregadoras. Nesse contexto, os legisladores optaram por estabelecer que adquirentes de empresas alienadas judicialmente não assumiriam os débitos trabalhistas, por sucessão.

A partir desses argumentos, concluiu que:

> Por essas razões, entendo que os arts. 60, parágrafo único, e 141, II, do texto legal em comento mostram-se constitucionalmente hígidos no aspecto em que estabelecem a inocorrência de sucessão dos créditos trabalhistas, particularmente porque o legislador ordinário, ao concebê-los, optou por dar concreção a determinados valores constitucionais, a saber, a livre iniciativa e a função social da propriedade — de cujas manifestações a empresa é uma das mais conspícuas — em detrimento de outros, com igual densidade axiológica, eis que os reputou mais adequados ao tratamento da matéria.

Está bem claro, pois, que o raciocínio utilizado foi pautado por uma racionalidade neoliberal incompatível com a ordem constitucional.

Ainda assim o STF não conferiu às empresas um salvo-conduto para agirem, na defesa de seus interesses econômicos, sem qualquer responsabilidade social. Bem

(112) "Art. 83. A classificação dos créditos na falência obedece à seguinte ordem:
I – os créditos derivados da legislação do trabalho, limitados a 150 (cento e cinquenta) salários-mínimos por credor, e os decorrentes de acidentes de trabalho;"

ao contrário, restou evidenciado na mesma decisão, que "um dos principais objetivos da Lei n. 11.101/2005 consiste justamente em preservar o maior número possível de empregos nas adversidades enfrentadas pelas empresas, evitando ao máximo as dispensas imotivadas"(113), reconhecendo, inclusive, que "a dispensa coletiva de empregados não figura, no art. 50 da Lei n. 11.101/2005, como um dos meios de recuperação judicial da empresa".

Assim, embora a referida decisão tenha dificultado a vida dos trabalhadores no que tange à efetivação de alguns de seus direitos trabalhistas, negando a existência de sucessão nas hipóteses de recuperação judicial e falência(114), consignou, de forma definitiva, que as dispensas coletivas não constituem modalidade de "meio de recuperação".

Em suma, o próprio STF, mesmo priorizando o argumento econômico, já se posicionou no sentido de que o empregador não possui o direito unilateral de efetivar dispensas coletivas, visto que nem mesmo no contexto da Lei n. 11.101/05 essa providência está prevista como um dos meios de recuperação da empresa.

h) A formação da jurisprudência trabalhista acerca das dispensas coletivas

No Brasil, a mera possibilidade do advento de uma crise econômica, que, de fato, não havia chegado ao nosso país gerou o argumento oportunista da reivindicação neoliberal de diminuição dos direitos dos trabalhadores como forma de superar a crise.

O Presidente da Vale do Rio Doce, em dezembro de 2008, veio a público para reivindicar, sem qualquer fundamento preciso, uma flexibilização das leis trabalhistas do país, como forma de combater os efeitos da crise financeira. E como forma de criar o clima social e político para tanto, a Vale do Rio Doce, utilizando-se do argumento da crise, anunciou, na sequência, no mesmo mês de dezembro de 2008, a dispensa de 1.300 empregos, 260 deles da sede de Minas Gerais.

Deflagrou-se, a partir daí, um movimento, claramente organizado, sem apego a reais situações de crise. Várias grandes empresas começaram a anunciar dispensas

(113) Conforme previsto no art. 47 da lei em questão: *"A recuperação judicial tem por objetivo a superação da situação de crise econômico-financeira do devedor, a fim de permitir a manutenção da fonte produtora, do emprego dos trabalhadores e dos interesses dos credores, promovendo, assim, a preservação da empresa, sua função social e o estímulo à atividade econômica"*.

(114) O que, de todo modo, pode ser minimizado pela compreensão de que deve haver, em concreto, uma venda dos bens por valor de mercado e que o dinheiro arrecadado deve ser, necessariamente, revertido em prol do pagamento das dívidas, com preferência para as trabalhistas (ainda que respeitado o limite mencionado na própria lei), sob pena de responsabilidade pessoal do administrador ou decretação da nulidade do negócio jurídico por aplicação do instituto da fraude.

coletivas de trabalhadores, para fins de criar um clima de pânico e, em seguida, pressionar sindicatos a cederem quanto à diminuição de direitos trabalhistas, visando alcançar a eternamente pretendida redução de custo do trabalho, e buscar junto ao governo a concessão de benefícios fiscais.

Esta atuação irresponsável de parcela do empresariado nacional, pondo em risco a estabilidade social e o próprio modelo econômico, conduziu a uma reação inédita na realidade social, na qual se engajaram os trabalhadores e seus órgãos representativos, repercutindo na comunidade acadêmica, a partir de um Manifesto, subscrito por mais de 260 profissionais do direito e publicado em janeiro de 2009. Dada a representação histórica do documento importante reproduzi-lo:

> CONTRA OPORTUNISMOS E EM DEFESA DO DIREITO SOCIAL
>
> Todas as avaliações sobre a causa da presente crise são unânimes em dizer que sua origem não está nos custos da produção, mas na desregulação do mercado financeiro e na falta de limites às possibilidades de ganho a partir da especulação. Desse modo, as propostas de superação da crise a partir do postulado da redução do custo do trabalho revelam-se de todo oportunistas e descomprometidas com os interesses nacionais, já que tendem a gerar uma retração do consumo, reduzindo, de forma sempre renovada, as potencialidades do modelo de produção capitalista.
>
> Além de constituírem atentado à ordem jurídica, por ferirem o disposto no inciso I, do art. 7º, da Constituição Federal, as ameaças de dispensas coletivas representam meras estratégias de pressão, de natureza política, para se extraírem vantagens econômicas a partir do temor e da insegurança que geram sobre os trabalhadores e, por via indireta, ao governo.
>
> O Direito Social, como regulador do modelo capitalista de produção, bem ao contrário, visa ao aprimoramento das relações entre o capital e o trabalho no sentido evolutivo, com maior eficácia dos Direitos Humanos, maior distribuição de renda, e mais justiça social, tendo sido, ademais, a mola propulsora da reconstrução da humanidade desde o final da segunda grande guerra.
>
> Daí porque não se podem ver nos preceitos fixados nos incisos do art. 7º os fundamentos jurídicos para fornecer aos empregadores a possibilidade de, por um exercício de poder, induzirem os trabalhadores, mesmo que coletivamente organizados, a aceitarem a redução dos direitos trabalhistas legalmente previstos, ainda mais quando tenham sede constitucional e se insiram no contexto dos Direitos Humanos, que são, como se sabe, abarcados pelo princípio do não retrocesso.

As ameaças de dispensas coletivas e o ataque generalizado às garantias trabalhistas constituem, portanto, um atentado contra a ordem jurídica e o Estado Social, até porque o desenvolvimento da economia está, necessariamente, atrelado aos postulados da boa-fé e da justiça social (art. 170, da CF).

Assim, todas as dispensas coletivas de trabalhadores já operadas, sem o respeito aos limites jurídicos, podem — e até devem — ser judicialmente desconstituídas, por ação do Ministério Público do Trabalho, sindicatos ou mesmo individualmente.

A ameaça de dispensas coletivas, como fator de imposição de uma solução egoísta, sacrificando a tudo e todos, constitui, igualmente, dano social, punível com indenização específica (arts. 186 e 187, do CC).

Há de se ter bem clara, a propósito, a diferença entre crise econômica, estruturalmente considerada, e dificuldade econômica de uma empresa ou setores determinados.

Uma crise econômica, vista do ponto de vista estrutural, se concretamente existente, somente pode ser superada por meio de um autêntico pacto social, que envolva os setores da produção, do trabalho e do consumo, gerenciado pelo Estado, e no qual se priorize a construção da justiça social. Ou seja, constatando-se o colapso do modelo ou o risco de que venha ocorrer, o que se deve realizar é a sua reformulação por inteiro, o que impõe medidas reais de aumento das potencialidades do Direito Social, tais como: reforma agrária; redistribuição da riqueza; reorganização dos meios de produção; aumento das despesas públicas com educação, saúde, ciência e tecnologia; eficácia das medidas de efetivação do custeio da seguridade social; incentivos às atividades produtivas, sem sacrifício aos direitos dos trabalhadores e ao custeio da seguridade social; tributação especial da especulação financeira e das grandes fortunas; incentivo ao turismo etc.

É importante perceber, aliás, que se estamos diante de uma crise econômica, já estamos vivendo uma crise de natureza social, moral e ética há muito tempo e a solução desta última é, por óbvio, mais urgente.

Neste aspecto, há de se reconhecer que a superação de uma crise econômica estrutural requer sacrifícios de cima para baixo e não de baixo para cima. Não se promove uma sociedade, salvando empresas e deixando pessoas à beira da fome. Se há um problema na conjuntura econômica, que atinge a todos indistintamente, e não apenas a uma ou outra empresa, é necessário, então, o sacrifício conjunto, começando pelos próprios empresários e passando por diversos outros setores da sociedade (profissionais liberais, servidores públicos, senadores, deputados, prefeitos, governadores, juízes etc). É impensável que se busque a solução de problemas econômicos estruturais do país com o sacrifício apenas de trabalhadores cujo salário já está entre os mais baixos do mundo.

Não é possível que as pessoas sérias desse país acreditem que o 13º salário de um trabalhador, já "terceirizado", que ganha pouco mais de R$ 400,00 por mês constitua entrave ao desenvolvimento econômico. Nossos problemas econômicos , certamente, têm raízes mais profundas.

O respeito à ordem jurídica, ademais, deve ser defendido por todos, como fator de estabilização social e segurança pública. Ora, se parte do empresariado considera que pode desrespeitar a ordem jurídica, promovendo dispensas coletivas para alcançar vantagens na "negociação" coletiva com os trabalhadores que restaram, partindo do mero argumento de estar passando por problemas em virtude da "crise", o que a leva crer que as pessoas que estejam sendo conduzidas à situação de necessidade alimentar, desprovidas das possibilidades concretas de sobrevivência, devam respeito a essa mesma ordem jurídica? Não estariam estas, então, também livres para ofender o ordenamento e a buscarem a satisfação de suas necessidades pelo exercício da própria razão?

Para solução de problemas, gerados, por dificuldade econômica, de empresas ou setores determinados, a lei já estabelece mecanismos para salvaguarda da unidade produtiva, com preservação dos empregos.

A aplicação dessas medidas exige, no entanto, efetiva contrapartida, pois que se inserem no contexto de autênticas negociações, comprovação da necessidade econômica, respeito ao princípio da boa-fé, reconhecimento da garantia jurídica ao emprego contra dispensas arbitrárias (art. 7º, I, da CF), fixação de prazo determinado, elaboração de um efetivo plano para recuperação econômica da empresa, atendendo sua função social e demonstrando ser ela viável dentro da lógica de um capitalismo responsável. Não se destinam, pois, a servir de instrumentos para compensar uma circunstancial diminuição de lucros ou para reforçar a lógica da acumulação de rendas.

A tão propalada "flexibilização", no fundo, é um eufemismo, ou seja, uma maneira amena de se alcançar a redução dos direitos trabalhistas, que, no Brasil, já deu mostras claras de sua falácia, visto que estando entre nós de desde 1967, quando fora criado o FGTS para acabar com a estabilidade no emprego (passando por: trabalho temporário, 1974; lei de estágio, 1977; vigilância, 1983; terceirização, 1993; banco de horas, 1998; contrato provisório, 1998; trabalho a tempo parcial, 1998; redução da prescrição do trabalho rural, 2000; limitação da natureza salarial de benefícios concedidos ao empregado, 2001; suspensão temporária do contrato de trabalho, 2001; primeiro emprego, 2003), não produziu qualquer resultado satisfatório em termos de melhoria da economia com produção de justiça social, muito pelo contrário.

Perfeita e oportuna, portanto, a reação dos Ministros do Trabalho da Argentina, Brasil, Chile e México, exposta em Declaração conjunta publicada em 15 de janeiro último, que merece total apoio da comunidade jurídica ligada à defesa dos direitos sociais, no sentido de que a reativação econômica deve ser buscada pela adoção de políticas anticíclicas centradas na preservação do emprego, na proteção social e nos princípios e direitos fundamentais do trabalho, de onde se extrai que os governos não estão dispostos a ceder às pressões de parte do empresariado multinacional que quer se aproveitar do argumento da "crise" para impor maior sacrifício aos trabalhadores e às bases jurídicas do Estado Social.

São Paulo, 22 de janeiro de 2009[(115)].

---

(115) Adalgisa Lins Dornellas Glerian; Adil Todeschini; Adriana Campos; Adriana Sena; Agenor Calazans da Silva Filho; Alda Barros; Alda Maria Bastos Pereira; Alessandro da Silva; Alex Fabiano de Souza; Alexandre Alliprandino Medeiros; Alexandre Chibante Martins; Alexandre Ramos; Alexandre Ramos Bigeli; Alfredo Attié Jr.; Aline Veiga Borges; Aline Viotto Gomes; Álvaro César Giansanti; Ana Farias Hirano; Ana Paula Alvarenga Martins; Ana Paula Evangelista Maciel; Ana Paula Rodrigues Luz Faria; André Luiz Machado; André Marcon; Andrea Nocchi; Ângela Konrath; Ângela Maria Bermudês; Anibal Rodrigo Tavolari Cristinich; Antonio Arraes Branco Avelino; Antônio Gomes de Vasconcelos; Ary Faria Marimon Filho; Bárbara Fernanda Napoleão; Beatriz Renck; Benedito Cerezzo Pereira Filho; Bianca Margarita; Damin Tavolari; Bráulio Santos Rabelo de Araújo; Brígida Joaquina Charão Barcelos; Bruno Ament; Camila Gomes Ramalho; Camilo Onoda Luiz Caldas; Candy Florêncio Thomé; Carla de Camilo Bruni; Carlos Augusto Junqueira Henrique; Carlos Augusto Marcondes de Oliveira Monteiro; Carlos Eduardo Fernandez da Silveira; Carlos Eduardo Oliveira Dias; Carlos Francisco Berardo; Carlos Zahlouth Júnior; Carmen Centena Gonzalez; Carolina Garcia Luchi; Carolina Pereira Mercante; Carolina Santos Costa de Moraes; Cíntia Leão; Claudia Marcia de Carvalho Soares; Cláudia Pinto Almeida; Cláudia Regina Reina Pinheiro; Cláudio Brandão; Cláudio Jannotti; Clocemar Lemes Silva; Cristiane Montenegro Rondelli; Damir Vrcibradic; Daniel Astone; Daniel Rocha Mendes; Daniel Ybarra de Oliveira Ribeiro; Daniela Marques de Moraes; Daniella Alves Pereira; Danielle Bertachini Monteleone; Danilo Orlando Pugliesi; Diogo Comitre; Edésio Passos; Edilton Meireles; Edmar Souza Salgado; Edson Pecis Lerrer; Eduardo Carlos Bianca Bittar; Eliane Covolo Melgarejo; Eloina Maria Barbosa Machado; Emerson Lage; Eunice Fernandes de Castro; Fabiana Rizzo de Moura Leibl; Fabiano Beserra; Fábio Augusto Branda; Fábio de Almeida Martins; Felipe Augusto de Magalhães Calvet; Fernanda Antunes Marques; Fernanda Brito Pereira; Fernanda Probst; Fernando Bruno Filho; Firmino Alves Lima; Flávio Gaspar Salles Vianna; Flávio Laet; Geraldo Emediato de Souza; Germano Silveira de Siqueira; Gerson Lacerda Pistori; Gilberto Bercovici; Grijalbo Fernandes Coutinho; Guilherme Guimarães Feliciano; Guilherme Kirtschig; Guilherme Varella; Gustavo Seferian Scheffer Machado; Gustavo Vieira; Hélio Botelho Piovesan; Herika Machado Silveira Fischborn; Hugo Cavalcanti Melo

A reação veio também Poder Judiciário. Instigado a se posicionar de forma responsável em um sério problema de ordem conjuntural (o desemprego), o Judiciário trabalhista brasileiro, sabendo que sua posição estabeleceria um paradigma de conduta social, teve, enfim, a consciência de efetivar o preceito constitucional de que a economia rege-se com base no postulado da justiça social e o fez por intermédio da aplicação dos princípios da boa-fé, do abuso de direito, da função social da propriedade, da responsabilidade social, e da preservação da dignidade humana, sem desconsiderar o princípio da livre-iniciativa. Em três decisões extremante relevantes, abriu-se a porta

---

Filho; Igor Cardoso Garcia; Igor Rolemberg Gois Machado; Izita Maria Martins Farias; Jaime Roque Perottoni; Jair A. Cardoso; Janaine Pimentel; Jefferson Calaça; Jefferson Luiz Gaya de Goes; João Baptista Cilli Filho; João Batista Martins César; João Hélder Dantas Cavalcanti; João Humberto Cesário; João Manoel dos Santos Reigota; Joaquim Oliveira de Lima; Jônatas dos Santos Andrade; Jonnas Esmeraldo Marques de Vasconcelos; Jonni Steffens; Jorge Alberto Araújo; Jorge Álvaro Marques Guedes; Jorge Antônio Cardoso; Jorge Luiz Souto Maior; José Affonso Dallegrave Neto; José Antônio Correa Francisco; José Antônio Dosualdo; José Antônio Ribeiro de Oliveira Silva; José Augusto Segundo Neto; José Barbosa Neto F. Suett; José Carlos Baboin; José Carlos Callegari; José Dari Krein; José Eduardo R Chaves Jr.; José Luiz Fagundes Júnior; José Pedro dos Reis; José Roberto Thomazi; José Wilson Malheiros da Fonseca; Juliana Rosignoli; Julieta Pinheiro Neta; Kátia Regina Cezar; Laura Rodrigues Benda; Lauro Maia; Leandro Krebs Gonçalves; Leonardo Gomes Penteado Rosa; Leonardo Wandelli; Lucas Cabette Fábio; Luciana Caplan; Luciano Martinez; Lucyla Tellez Merino; Luís Antônio Camargo de Melo; Luís Carlos Moro; Luís Ulysses de Pauli; Luiz Alberto de Vargas; Luiz Antônio Colussi; Luiz Fernando Conde Bandini; Luiz Jackson Miranda Júnior; Luiz Salvador; Lygia Maria de Godoy Batista Cavalcanti; Magda Biavaschi; Marçal Henri dos Santos Figueiredo; Marcelo Bueno Pallone; Marcelo José Ferlin D'Ambroso; Marcelo Marcos Franco; Marcelo Silva Porto; Márcia Novaes Guedes; Márcio Túlio Viana; Marco Aurélio M. Treviso; Marcos Neves Fava; Marcus Menezes Barberino Mendes; Marcus Orione Gonçalves Correia; Maria Cecília Alves Pinto; Maria Cecília Máximo Teodoro; Maria Francisca dos Santos Lacerda; Maria Helena Falco Salles; Maria Mercês Matos Miranda; Mariana Flesch Fortes; Marilda W. Coelho; Marilena Carlos Francisco; Marister Martins; Marthius Sávio C. Lobato; Maurício Bastos; Maurício Brasil; Maurício Machado Marca; Michel Pinheiro; Miguel Chibani Bakr Filho; Milton Lamenha de Siqueira; Moisés dos Santos Heitor; Natalia Queiroz Cabral Rodrigues; Nayara Ruivo Meira; Nelson Henrique Rezende Pereira; Norivaldo de Oliveira; Oneida Maria; Orlando Amâncio Taveira; Oscar Krost; Otavio Amaral Calvet; Otávio Tostes; Pablo Biondi; Patrícia Braga Medeiros D'Ambroso; Paula Athayde Herkenhoff; Paulo Douglas Almeida de Moraes; Paulo Eduardo Vieira de Oliveira; Paulo Gustavo de Amarante Merçon; Paulo Luiz Schmidt; Paulo Nunes de Oliveira; Paulo Leonardo Martins; Pedro Augusto de Mattos Pimenta; Pedro Edmilson Pilon; Rafael Marques; Rafael Menezes Santos Pereira; Rafaela Aparecida Emetério Ferreira Barbosa; Raimundo Simão de Melo; Raul Zoratto Sanvicente; Reginaldo Melhado; Renan Bernardi Kalil; Renan Honório Quinalha; Renato Aparecido Gomes; Ricardo André Maranhão Santiago; Richard Wilson Jamberg; Rita de Cássia Scagliusi do Carmo; Roberto de Figueiredo Caldas; Roberto Pinto Ribeiro; Roberto Teixeira Siegmann; Rodnei Doreto Rodrigues; Rodrigo de Lacerda Carelli; Rodrigo Trindade de Souza; Rogério Rodriguez Fernandez Filho; Rosa Maria Campos Jorge; Rosemarie Teixeira Siegmann; Rúbia Zanotelli de Alvarenga; Saint Clair Lima e Silva; Saulo Marinho Mota; Saulo Tarcísio de Carvalho Fontes; Sérgio Cabral dos Reis; Silas Cardoso da Silva; Silvio Luiz de Almeida; Silvionei do Carmo; Solange Gonçalves Dias; Solange Santaella; Sônia das Dores Dionísio; Tadeu Henrique Lopes da Cunha; Tarso Menezes de Melo; Taylisi de Souza Corrêa Leite; Thatiane Soares; Theodomiro Romeiro dos Santos; Túlio de Oliveira Massoni; Valdete Souto Severo; Valter Souza Pugliesi; Vanderlei Avelino; Vania Abensur; Veridiana Garcia Bernardes Dirienzo; Victor Martins Pimenta; Vinícius Magalhães; Virgínia Leite Henrique; Viviann Mattos; Vladimir Sampaio Soares de Lima; Wellington Barbosa Nogueira Junior; Wellington do Carmo Medeiros de Araújo; Wilson Ricardo Buquetti Pirotta; Wilson Ramos Filho; Yolanda Polimeni de Araujo Pinheiro; Zaida José dos Santos; Zéu Palmeira Sobrinho; Ziula Cristina da Silveira Sbroglio.

para uma definitiva mudança do posicionamento do Judiciário sobre a grave questão social do desemprego e o poder ilimitado do empregador para conduzir pessoas a tal condição, utilizando este poder como forma de fragilizar os direitos trabalhistas:

A primeira decisão, do Tribunal Regional do Trabalho da 3ª Região, em decisão monocrática do Desembargador Caio Luiz de Almeida Vieira de Mello, que deferiu liminar para impedir dispensas de trabalhadores sem o critério da negociação coletiva prévia. Em sua decisão o Des. Caio de Mello destacou:

> No presente caso, tem-se notícia de dispensa indiscriminada em 'exercício abusivo de um direito' de milhares de empregados sem qualquer critério e diálogo com o sindicato profissional. Salienta-se que a dignidade da pessoa humana, bem como o princípio da dispensa necessária sem desqualificação profissional e com indenização justa (art. 7º, I, da CF) é o que deve prevalecer, antecedida de ampla negociação, sob pena de acarretar ação de danos morais e materiais.
>
> A negociação deverá abranger os motivos da dispensa; o número e as categorias de profissões dos trabalhadores que serão dispensados; os prazos das dispensas, bem como os critérios de escolha dos que serão dispensados.
>
> A ausência de negociação e de fixação de critérios implica no deferimento, em parte, da liminar pretendida, assegurando-se o impedimento de demissões a partir desta decisão até que sejam estabelecidos critérios para a dispensa, mediante negociação com o sindicato profissional, com a presença, se necessário, do d. Ministério Público do Trabalho.

A segunda decisão, do TRT da 2ª Região, tendo como relatora a Des. Ivani Contini Bramante, trouxe a seguinte Ementa:

> DA DESPEDIDA EM MASSA. NULIDADE. NECESSIDADE DE PROCEDIMENTALIZAÇÃO. 1. No ordenamento jurídico nacional a despedida individual é regida pelo Direito Individual do Trabalho, e assim, comporta a denúncia vazia, ou seja, a empresa não está obrigada a motivar e justificar a dispensa, basta dispensar, homologar a rescisão e pagar as verbas rescisórias. 2. Quanto à despedida coletiva, é fato coletivo regido por princípios e regras do Direito Coletivo do Trabalho, material e processual. 3. O Direito Coletivo do Trabalho vem vocacionado por normas de ordem pública relativa com regras de procedimentalização. Assim, a despedida coletiva não é proibida, mas está sujeita ao procedimento de negociação coletiva. Portanto, deve ser justificada, apoiada em motivos comprovados, de natureza técnica e econômica, e, ainda, deve ser bilateral, precedida de negociação coletiva com o sindicato, mediante adoção de critérios objetivos. 4. É o que se extrai da interpretação sistemática da Carta Federal e da aplicação das Convenções Internacionais da OIT ratificadas pelo Brasil e dos princípios internacionais constantes de tratados e convenções internacionais, que embora não ratificados, têm força principiológica, máxime nas hipóteses em que o Brasil participa como membro do organismo internacional, como é o caso da OIT. Aplicáveis na solução da lide coletiva os princípios: da solução pacífica das controvérsias, previstos no preâmbulo da Carta Federal; da dignidade da pessoa humana e do valor social do trabalho, e da função social da empresa, encravados nos arts. 1º, III e IV, e 170, *caput* e inciso III, da CF; da democracia na relação trabalho-capital e da negociação coletiva para solução dos conflitos coletivos,

conforme previsão dos arts. 7º, XXVI, 8º, III e VI, e arts. 10 e 11 da CF, bem como previsão nas Convenções Internacionais da OIT, ratificadas pelo Brasil, ns. 98, 135 e 154. Aplicável ainda o princípio do direito à informação previsto na Recomendação n. 163 da OIT e no art. 5º, XIV, da CF. 5. Nesse passo deve ser declarada nula a dispensa em massa, devendo a empresa observar o procedimento de negociação coletiva, com medidas progressivas de dispensa e fundado em critérios objetivos e de menor impacto social, quais sejam: 1º) abertura de Plano de Demissão Voluntária; 2º) remanejamento de empregados para as outras plantas do grupo econômico; 3º) redução de jornada e de salário; 4º) suspensão do contrato de trabalho com capacitação e requalificação profissional na forma da lei; 5º) e, por último, mediante negociação, caso inevitável, que a despedida dos remanescentes seja distribuída no tempo, de modo a minimizar os impactos sociais, devendo atingir preferencialmente os trabalhadores em vias de aposentação e os que detêm menores encargos familiares." (TRT 2ª R., SE 20281200800000200-1, AC. SDC 00002/2009-0, j. 22.12.08, relª Juíza Ivani Contini Bramante, *LTr* 73-03/354).

A terceira, do Tribunal Regional do Trabalho da 15ª Região, tendo como relator o Desembargador José Antônio Pancotti, explicitou Ementa no seguinte sentido:

CRISE ECONÔMICA. DEMISSÃO EM MASSA. AUSÊNCIA DE PRÉVIA NEGOCIAÇÃO COLETIVA. ABUSIVIDADE. COMPENSAÇÃO FINANCEIRA. PERTINÊNCIA. As demissões coletivas ou em massa relacionadas a uma causa objetiva da empresa, de ordem técnico-estrutural ou econômico-conjuntural, como a atual crise econômica internacional, não podem prescindir de um tratamento jurídico de proteção aos empregados, com maior amplitude do que se dá para as demissões individuais e sem justa causa, por ser esta insuficiente, ante a gravidade e o impacto socioeconômico do fato. Assim, governos, empresas e sindicatos devem ser criativos na construção de normas que criem mecanismos que, concreta e efetivamente, minimizem os efeitos da dispensa coletiva de trabalhadores pelas empresas. À míngua de legislação específica que preveja procedimento preventivo, o único caminho é a negociação coletiva prévia entre a empresa e os sindicatos profissionais. Submetido o fato à apreciação do Poder Judiciário, sopesando os interesses em jogo: liberdade de iniciativa e dignidade da pessoa humana do cidadão trabalhador, cabe-lhe proferir decisão que preserve o equilíbrio de tais valores. Infelizmente não há no Brasil, a exemplo da União Europeia (Directiva n. 98/59), Argentina (Ley n. 24.013/91), Espanha (Ley del Estatuto de los Trabajadores, de 1995), França (Lei do Trabalho, de 1995), Itália (Lei n. 223/91), México (Ley Federal del Trabajo, de 1970, cf. texto vigente — última reforma foi publicada no DOF de 17.01.06) e Portugal (Código do Trabalho), legislação que crie procedimentos de escalonamento de demissões que levem em conta o tempo de serviço na empresa, a idade, os encargos familiares, ou aqueles em que a empresa necessite de autorização de autoridade, ou de um período de consultas aos sindicatos profissionais, podendo culminar com previsão de períodos de reciclagens, suspensão temporária dos contratos, aviso prévio prolongado, indenizações, etc. No caso, a Embraer efetuou a demissão de 20% dos seus empregados, mais de 4.200 trabalhadores, sob o argumento de que a crise econômica mundial afetou diretamente suas atividades, porque totalmente dependentes do mercado internacional, especialmente dos Estados Unidos da América, matriz da atual crise. Na ausência de negociação prévia e diante do insucesso da conciliação, na fase judicial só resta a esta Eg. Corte, finalmente, decidir com fundamento no art. 4º da LICC e no art. 8º da CLT. Assim, com base na orientação dos princípios constitucionais expressos e implícitos, no Direito Comparado, a partir dos ensinamentos de Robert Alexy e Ronald Dworkin, Paulo Bonavides e outros acerca da força normativa dos princípios jurídicos, é razoável que se reconheça a abusividade da demissão coletiva, por ausência de negociação. Finalmente, não sobrevivendo mais no ordenamento jurídico a estabilidade no emprego, exceto as garantias provisórias, é inarredável que se atribua, com fundamento no art. 422 do CC – boa-fé objetiva – o direito a uma compensação financeira para cada demitido. Dissídio coletivo que se julga parcialmente procedente. (TRT 15ª R., DC 309-2009-000-15-00-4, AC. 333/09, DO de 30.03.09, rel. José Antonio Pancotti, *LTr* 73-04/476).

Essas decisões, sobretudo a última, constituíram os precedentes para um posicionamento do próprio Tribunal Superior do Trabalho no mesmo sentido

RECURSO ORDINÁRIO EM DISSÍDIO COLETIVO. DISPENSAS TRABALHISTAS COLETIVAS. MATÉRIA DE DIREITO COLETIVO. IMPERATIVA INTERVENIÊNCIA SINDICAL. RESTRIÇÕES JURÍDICAS ÀS DISPENSAS COLETIVAS. ORDEM CONSTITUCIONAL E INFRACONSTITUCIONAL DEMOCRÁTICA EXISTENTE DESDE 1988. A sociedade produzida pelo sistema capitalista é, essencialmente, uma sociedade de massas. A lógica de funcionamento do sistema econômico-social induz a concentração e centralização não apenas de riquezas, mas também de comunidades, dinâmicas socioeconômicas e de problemas destas resultantes. A massificação das dinâmicas e dos problemas das pessoas e grupos sociais nas comunidades humanas, hoje, impacta de modo frontal a estrutura e o funcionamento operacional do próprio Direito. Parte significativa dos danos mais relevantes na presente sociedade e das correspondentes pretensões jurídicas têm natureza massiva. O caráter massivo de tais danos e pretensões obriga o Direito a se adequar, deslocando-se da matriz individualista de enfoque, compreensão e enfrentamento dos problemas a que tradicionalmente perfilou-se. A construção de uma matriz jurídica adequada à massividade dos danos e pretensões característicos de uma sociedade contemporânea — sem prejuízo da preservação da matriz individualista, apta a tratar os danos e pretensões de natureza estritamente atomizada — é, talvez, o desafio mais moderno proposto ao universo jurídico, e é sob esse aspecto que a questão aqui proposta será analisada. As dispensas coletivas realizadas de maneira maciça e avassaladora, somente seriam juridicamente possíveis em um campo normativo hiperindividualista, sem qualquer regulamentação social, instigador da existência de mercado hobbesiano na vida econômica, inclusive entre empresas e trabalhadores, tal como, por exemplo, respaldado por Carta Constitucional como a de 1891, já há mais um século superada no país. Na vigência da Constituição de 1988, das convenções internacionais da OIT ratificadas pelo Brasil relativas a direitos humanos e, por consequência, direitos trabalhistas, e em face da leitura atualizada da legislação infraconstitucional do país, é inevitável concluir-se pela presença de um Estado Democrático de Direito no Brasil, de um regime de império da norma jurídica (e não do poder incontrastável privado), de uma sociedade civilizada, de uma cultura de bem-estar social e respeito à dignidade dos seres humanos, tudo repelindo, imperativamente, dispensas massivas de pessoas, abalando empresa, cidade e toda uma importante região. Em consequência, fica fixada, por interpretação da ordem jurídica, a premissa de que — a negociação coletiva é imprescindível para a dispensa em massa de trabalhadores —. DISPENSAS COLETIVAS TRABALHISTAS. EFEITOS JURÍDICOS. A ordem constitucional e infraconstitucional democrática brasileira, desde a Constituição de 1988 e diplomas internacionais ratificados (Convenções OIT ns. 11, 87, 98, 135, 141 e 151, ilustrativamente), não permite o manejo meramente unilateral e potestativista das dispensas trabalhistas coletivas, por de tratar de ato/fato coletivo, inerente ao Direito Coletivo do Trabalho, e não Direito Individual, exigindo, por consequência, a participação do(s) respectivo(s) sindicato(s) profissional(is) obreiro(s). Regras e princípios constitucionais que determinam o respeito à dignidade da pessoa humana (art.1º, III, CF), a valorização do trabalho e especialmente do emprego (arts. 1º, IV, 6º e 170, VIII, CF), a subordinação da propriedade à sua função socioambiental (arts. 5º, XXIII e 170, III, CF) e a intervenção sindical nas questões coletivas trabalhistas (art. 8º, III e VI, CF), tudo impõe que se reconheça distinção normativa entre as dispensas meramente tópicas e individuais e as dispensas massivas, coletivas, as quais são social, econômica, familiar e comunitariamente impactantes. Nesta linha, seria inválida a dispensa coletiva enquanto não negociada com o sindicato de trabalhadores, espontaneamente ou no plano do processo judicial coletivo. A d. Maioria, contudo, decidiu apenas fixar a premissa, *para casos futuros*, de que -a negociação coletiva é imprescindível para a dispensa em massa de trabalhadores-, observados os fundamentos supra. Recurso ordinário a que se dá provimento parcial. (PROCESSO N. TST-RODC-309/2009-000-15-00.4, rel. Ministro Maurício Godinho Delgado)

O que se verificou, como efeito, foi uma atuação concreta do Direito Social evitando o caos social. Ora, se todas as grandes empresas, sem qualquer limite jurídico, seguissem os exemplos desastrosos da Vale do Rio Doce e da EMBRAER, as quais, diante do mero argumento da possibilidade futura de uma dificuldade econômica, sacrificaram vários empregos, o que se teria como resultado seria um desemprego em massa, diminuindo o poder de compra dos trabalhadores, aumentando o déficit público com as parcelas de seguro-desemprego, produzindo, assim, um efeito bola de neve no sentido autodestruidor na interligação que se instaura entre capital, trabalho, produção e consumo.

Afinal, não se pode obscurecer o fato de que a lógica concorrencial do modelo capitalista é destruidora dos padrões civilizatórios que lhe foram inseridos ao custo de muitas vidas. Vale reparar, ademais, que dentro de um contexto econômico multifacetário, complexo, o administrador da empresa, que nem sempre se confunde com a figura do proprietário, pode ser conduzido a tomar decisões apressadas e, assim, erradas do ponto de vista do próprio interesse da unidade produtiva, com repercussões graves na coletividade. Tomando os problemas econômicos da empresa numa perspectiva individualista e sob a pressão dos fatos ainda não muito bem compreendidos, avaliando unicamente a questão do custo, pode o administrador imaginar que a redução do custo do trabalho, com retração de direitos ou diminuição do número de empregados, seja a saída necessária. Só que numa perspectiva de crise estrutural as dificuldades econômicas atingem a um número indeterminado de empresas e se todas pensarem e agirem com essa mesma lógica localizada os problemas econômicos estruturais tendem a aumentar progressivamente. É por isso que há muito se sabe que a empresa, como produtora de riquezas e fomentadora de estabilidade social, deve ser tratada como uma instituição e, neste sentido, precisa ser protegida mesmo em face dos desmandos de quem a administra, sendo certo que a organização econômica coletiva deve sempre prevalecer sobre os interesses individuais, os quais não existem de forma isolada no mundo.

Insere-se neste contexto, como já manifestado linhas atrás, o preceito fundamental do Direto Social da inserção do direito de propriedade dentro do contexto coletivo, ou, em outras palavras, da limitação do direito de propriedade, ou, ainda, de forma mais jurídica, a fixação do princípio da função social da propriedade.

A posição judicial assumida se mostrou ainda mais correta quando, em muito pouco tempo após a atitude socialmente irresponsável tomada e a reivindicação tornada pública, se revelaram os enormes lucros que na mesma época das dispensas de trabalhadores eram obtidos pela Vale do Rio Doce. Em fevereiro de 2009, a Companhia Vale do Rio Doce, na divulgação de seu balanço, foi obrigada a informar que registrou um lucro líquido de R$ 10,449 bilhões no quarto trimestre de 2008, o que representa um aumento de 136,8% em relação ao mesmo período do ano anterior, quando a empresa obteve um lucro líquido de R$ 4,411 bilhões. A receita operacional bruta cresceu 15,62% no quarto trimestre, em relação ao mesmo período do ano anterior para R$ 17,946 bilhões. E, ainda que seu lucro, em 2009, não tenha dito lucros tão expressivos como em 2008, mantendo-se, de todo modo, grande margem de lucro, agora em 2010, seu lucro atingiu a casa dos R$ 30 bilhões.

i) A regra trazida na "reforma" trabalhista

Para melhor compreender o alcance da Lei n. 13.467/17, relacionando-a com vários outros pressupostos jurídicos, é importante lembrar, primeiramente, que referida lei, segundo consta da sua exposição de motivos, foi embasada nos seguintes fundamentos, publicamente difundidos: a) eliminar insegurança jurídica; b) gerar empregos (ou reduzir o desemprego); c) não eliminar ou reduzir de direitos; d) respeitar a Constituição; e) incentivar a negociação coletiva, possibilitando a supremacia do negociado sobre o legislado mas como forma de melhorar a vida dos trabalhadores; f) modernizar a legislação, acompanhando a evolução tecnológica; e g) fortalecer a atuação sindical.

Esses fundamentos, por certo, dão base à sua interpretação e aplicação. Assim, não se poderia extrair da Lei n. 13.467/17 nenhuma autorização para que o empregador, de forma unilateral, abrupta e não fundamentadamente, conduza pessoas ao desemprego como forma de aumentar o lucro ou majorar seu poder, ainda mais se consideramos vigente o projeto constitucional de proteção da dignidade humana, dos valores sociais do trabalho e da livre iniciativa, da função social da propriedade e da melhoria da condição social dos trabalhadores.

Lembre-se, também, que foi a própria Lei n. 13.467/17 que determinou a aplicação dos preceitos do Direito Civil, pertinentes ao negócio jurídico, e esses dispositivos recusam validade jurídica a qualquer ato de vontade que se manifeste fora dos parâmetros da boa-fé e que se expresse sob o império da ameaça. Conforme prevê a própria sistemática civilista, não se pode falar em boa-fé em negócios efetivados mediante coação (art. 151 do CC) ou em estado de perigo (art. 156, do CC), que se materializam na realidade das relações de trabalho pela ameaça do desemprego. O art. 113 do Código Civil estabelece que "os negócios jurídicos devem ser interpretados conforme a boa-fé e os usos do lugar de sua celebração". Prevê, ainda, que é nulo o negócio quando "não revestir a forma prescrita em lei" (IV, do art. 166) ou quando "tiver por objetivo fraudar lei imperativa" (art. 166, VI). O art. 171, por sua vez, diz que é anulável o negócio jurídico por vício resultante de erro, dolo, coação, estado de perigo, lesão ou fraude contra credores". E não se esqueça que os arts. 421 e 422 do Código Civil estabelecem que os contratos devem atender a uma função social e que devem estar baseados em boa-fé.

A lei em questão, além disso, padece de legitimidade e não é o caso, aqui, de reproduzir todos os aspectos que conduzem a esta conclusão. Basta dizer, como é público e notório, que se trata de uma lei feita por encomenda do setor econômico e que foi elaborada e aprovada, de forma propositalmente acelerada, valendo-se do ambiente de ruptura democrática instaurado na realidade política nacional.

De todo modo, o próprio teor do art. 477-A da CLT, introduzido na ordem jurídica pela referida lei, constitui demonstração suficiente do quanto acima manifestado.

Ora, todo o aparato jurídico do Direito do Trabalho concebido historicamente, como resultado das lutas dos trabalhadores e trabalhadoras por melhores condições de trabalho, estabelecem limites à exploração econômica do trabalho, buscando preservar e até elevar a condição humana de quem vive da venda da força de trabalho. O sujeito dos direitos trabalhistas são, por conseguinte, os trabalhadores e trabalhadoras.

No entanto, o sujeito vislumbrado pela Lei n. 13.467/17 é, exclusivamente, o empregador e o alvo, no sentido do ataque, são exatamente os direitos trabalhistas historicamente conquistados.

O artigo em questão, como se poderá constatar de sua leitura, representa um incentivo explícito às dispensas de trabalhadores, buscando superar quaisquer limitações jurídicas que pudessem ser opostas à vontade do empregador.

Tal artigo de lei, de forma bem traduzida, disse: "Hei empregadores, vocês estão liberados para efetuar dispensas coletivas de trabalhadores e trabalhadoras, conduzindo-os ao desemprego, sem ter que dar satisfação a ninguém".

Esta foi, inquestionavelmente, a intenção do legislador. E é isto, inclusive, como dito, o que revela de forma bastante evidenciada a ilegitimidade da lei.

A questão é que o legislador antidemocrático se viu traído pela própria soberba autoritária, na medida em que considerou que bastaria um artigo de lei para romper com toda ordem jurídica nacional e internacional, cujo conteúdo e extensão foi longamente explicitado neste texto.

O mais inconcebível, do ponto de vista da experiência jurídica, é verificação de que, em muitas decisões judiciais (e também em outras de natureza administrativa) se tem aplicado tal dispositivo, com negação plena da ordem jurídica como um todo. E o pior é que em geral se busca a aplicação do artigo desconsiderando a sua própria literalidade, cujo sentido, até por razões decorrentes do atropelo do processo legislativo que caracterizou sua elaboração e aprovação, não traduz de forma direta e explícita aquela que teria sido a intenção do legislador.

Eis o que diz o art. 477-A da CLT: "As dispensas imotivadas individuais, plúrimas ou coletivas equiparam-se para todos os fins, não havendo necessidade de autorização prévia de entidade sindical ou de celebração de convenção coletiva ou acordo coletivo de trabalho para sua efetivação".

Na busca de algum sentido para o texto em questão, em primeiro lugar cumpre verificar que o legislador não se incomodou nem um pouco em dizer que coisas tão distintas, como já se tem por mundialmente reconhecido, quais sejam, as dispensas individuais e coletivas "equiparam-se para todos os fins". Se este legislador estivesse atuando na regulação de questões penais, imbuído do mesmo propósito de incentivar a prática de atos ilícitos supressivos de Direitos Humanos, expressando, ainda, uma linha não punitivista, teria dito algo parecido com: "As atitudes de assassinar uma pessoa e de assassinar 50 pessoas" "equiparam-se para todos os fins". É evidente que as situações não se equiparam dos pontos de vista jurídico, social, econômico e humano, mas o legislador, considerando que pode tudo, despreza até mesmo a racionalidade lógica e diz é "tudo a mesma coisa".

Segundo, vale perceber que o legislador autoritário, não submetido ao debate público, também quis acreditar que equiparar artificialmente as dispensas coletivas às dispensas individuais é o quanto bastaria para liberar geral, como se a proibição da dispensa arbitrária (aplicável tanto nas dispensas coletiva quanto individuais) não estive consagrada na Constituição.

Terceiro, não se importou até mesmo com a contradição relativa ao fato de que a pertinência das alterações legislativas propostas foi fundamentada na necessidade imperiosa de se promover uma "modernização" das relações de trabalho no Brasil, tendo como pressuposto prioritário a difusão e o incentivo à negociação coletiva, embora se saiba que toda essa retórica foi apresentada para estabelecer a possibilidade de redução de direitos pela via negocial. Assim, no momento da cessação de vínculos, que é certamente o mais importante para os trabalhadores e trabalhadoras individualmente considerados e também para a sociedade, quando se trata de dispensas coletivas, o legislador vislumbrou afastar os sindicatos, na homologação das rescisões, e a negociação coletiva prévia, nas dispensas coletivas, contrapondo-se, neste último aspecto, toda a tradição jurídica trabalhista mundialmente estabelecida e que já se tinha consagrado no Brasil desde 2009.

Por fim, é crucial perceber que na ânsia de atingir logo o seu objetivo, o legislador chegou a uma redação de texto que não chega nem a dizer nem a produzir o efeito pretendido pelo legislador.

Não se trata, neste aspecto, de reproduzir todos os argumentos jurídicos já expressos para demonstrar o impedimento do suposto direito de se efetuarem dispensas coletivas de trabalhadores e trabalhadoras. O que se destaca na sequência é a ineficácia deste texto de lei, mal elaborado, feito por encomenda e construído em ambiente de ruptura democrática, para suplantar os parâmetros fixados no processo n. TST-RO-DC-309/2009-000-15-00.4 (Rel. Ministro Mauricio Godinho Delgado), já integrado ao patrimônio jurídico nacional, assim como todas as demais normas aplicáveis ao mesmo fato, ainda mais diante da imprecisão de sua redação.

No aspecto da suposta equiparação, do ponto de vista jurídico, o único sentido possível que se pode dela extrair, dado o reconhecimento da cláusula geral da garantia de emprego insculpida no art. 7º, I, da CF, é o da impossibilidade da negociação coletiva conferir uma autorização para a dispensa coletiva, até porque não é esta a função dos sindicatos, até porque não bastaria uma autorização sindical para uma dispensa coletiva seja declarada juridicamente válida, estando vinculada à apresentação de uma motivação séria e justa, conforme verificado em outros ordenamentos.

Assim, deve haver, concretamente, a prova da razão econômica na qual está embasada por meio, inclusive, de auditoria que demonstre não só a dificuldade econômica da empresa, não induzida por má administração ou desvio patrimonial, como também a eficácia da medida para recuperar a empresa, com preservação de sua função social e seu potencial de geração de empregos e de produção de riqueza, conforme previsto, inclusive, na Lei n. 11.101/05.

Não se efetivando essa interpretação conforme restará apenas e tão somente a declaração da inconstitucionalidade do art. 477-A, nos termos, inclusive, do Enunciado n. 57 da 2ª Jornada da Anamatra:

> **DISPENSA COLETIVA: INCONSTITUCIONALIDADE:** O ART. 477-A DA CLT PADECE DE INCONSTITUCIONALIDADE, ALÉM DE INCONVENCIONALIDADE, POIS VIOLA OS ARTS. 1º, III, IV, 6º, 7º, I, XXVI, 8º, III, VI, 170, *CAPUT*, III E VIII, 193, DA CONSTITUIÇÃO FEDERAL, COMO TAMBÉM O ART. 4º DA CONVENÇÃO N. 98, O ART. 5º DA CONVENÇÃO N. 154 E O ART. 13

DA CONVENÇÃO N. 158, TODAS DA OIT. VIOLA, AINDA, A VEDAÇÃO DE PROTEÇÃO INSUFICIENTE E DE RETROCESSO SOCIAL. AS QUESTÕES RELATIVAS À DISPENSA COLETIVA DEVERÃO OBSERVAR: A) O DIREITO DE INFORMAÇÃO, TRANSPARÊNCIA E PARTICIPAÇÃO DA ENTIDADE SINDICAL; B) O DEVER GERAL DE BOA FÉ OBJETIVA; E C) O DEVER DE BUSCA DE MEIOS ALTERNATIVOS ÀS DEMISSÕES EM MASSA.

A dispensa coletiva, sem qualquer demonstração de razão econômica e apresentação de estudo que explicite a necessidade e a eficácia da medida como forma necessária de preservar a empresa e salvaguardar empregos, só pode ser entendida, consequentemente, como exercício abusivo do direito, não tendo, pois, qualquer respaldo jurídico, sendo que, como decorrência disse, há um feixe de relações jurídicas individuais, sociais e até ambientais que a mera autorização do sindicato não é capaz de eliminar.

As dispensas coletivas de empregados efetivos para substituição por contratos de subemprego além de não terem respaldo jurídico, como demonstrado, representam um grave retrocesso social, econômico e humano.

Vide, neste sentido, aliás, o Enunciado n. 62 da 2ª Jornada da Anamatra:

CLÁUSULA GERAL DA GARANTIA DE EMPREGO COMO EFEITO DA APROVAÇÃO DA Lei n. 13.367/17. DIANTE DOS FUNDAMENTOS APRESENTADOS PARA A APROVAÇÃO DA LEI N. 13.467/17, INCLUSIVE NA EXPOSIÇÃO DE MOTIVOS, NO SENTIDO DE QUE A LEI AMPLIARIA A PROTEÇÃO JURÍDICA DOS TRABALHADORES, CONFERINDO EFETIVIDADE AOS DIREITOS DOS TRABALHADORES CONSTITUCIONALMENTE ASSEGURADOS, E TAMBÉM EM RAZÃO DO DISPOSTO NO § 3º DO ART. 510-D E DO § 3º DO ART. 611-A DA CLT, DECORRE UMA CLÁUSULA GERAL DE GARANTIA DE EMPREGO, PELA QUAL RESTA REFORÇADA A PROTEÇÃO CONTRA A DISPENSA ARBITRÁRIA, FIXADA NO INCISO I DO ART. 7º DA CF, E SE TORNA IMPOSSIBILITADA, SOBRETUDO, A SUBSTITUIÇÃO DE POSTOS DE EMPREGO COM VÍNCULOS EFETIVOS, DIRETOS E COM PLENOS DIREITOS POR EMPREGADOS VINCULADOS A CONTRATOS PRECÁRIOS CRIADOS OU REAFIRMADOS PELA LEI EM QUESTÃO.

É por isso que, desde 2017, já sob a vigência da Lei n. 13.467/17, muitas decisões judiciais se mantiveram pautadas nos diversos fundamentos jurídicos já enumerados para tentar impedir o avanço da barbárie nas relações de trabalho e da bancarrota econômica geral.

São paradigmáticas dessa necessária reação: a decisão proferida pelo Juiz Elízio Luiz Perez, da 41ª Vara do Trabalho de São Paulo, em ACP movida pelo Ministério Público do Trabalho, n. 1001897-48.2017.5.02.0041, que impediu o desemprego de um pouco mais de 100 trabalhadores(116); a decisão do Juiz Carlos Alberto Frigieri, da 2ª Vara do Trabalho de Araraquara, em ACP movida pelo Ministério Público do

(116) Juiz de SP não aplica reforma trabalhista e reverte demissão em massa em hospitais. *SINDMETP.* 29 nov. 2017. Disponível em: <https://www.sindmetalpinda.com.br/juiz-nao-aplica-reforma-trabalhista-e-reverte-demissao-em-massa/>. Acesso em: Acesso em: 13 jun. 2020.

Trabalho, n. 0012176-33.2017.5.15.0079, que obstou o desemprego de 250 trabalhadores(117) e a decisão da Juíza Ana Larissa Lopes Caraciki, de Vara do Trabalho do Rio de Janeiro, em ACP movida pelo Sindicato dos Professores do Município do Rio de Janeiro, n. 010986-42.2017.5.01.0068, que suspendeu a dispensa de 1.200 trabalhadores(118).

Por fim, compete perceber que embora o art. 477-A diga que não é preciso autorização de negociação coletiva para se efetuarem dispensas coletivas de trabalhadores, não veda ou impede o respeito ao procedimento de negociação prévia, com participação, inclusive, de representantes do poder público (notadamente auditoria-fiscal do trabalho, Ministério Público do Trabalho e Justiça do Trabalho) e, ao mesmo tempo, não diz, em momento algum, que as motivações econômicas, estruturais ou técnicas possam ser afastadas.

---

(117) JUSTIÇA declara nula a dispensa em massa da Usina Tamoio, em Araraquara. *Brasilagro*. 22 nov. 2017. Disponível em: <http://www.brasilagro.com.br/conteudo/justica-declara-nula-a-dispensa-em-massa-da-usina-tamoio-em-araraquara-.html>. Acesso em: 12 jun. 2021.

(118) LONGO, Ivan. Um dos 1200 demitidos da faculdade Estácio, professor dispara: "Objetivo é reduzir direitos trabalhistas". *Forum*. 07 dez. 2017. Disponível em: <https://revistaforum.com.br/brasil/um-dos-1200-demitidos-da-faculdade-estacio-professor-dispara-objetivo-e-reduzir-direitos-trabalhistas/>. Acesso em: 13 abr. 2021.

11. A Pandemia e a Necessidade de Reforço dos Direitos Humanos e Sociais

O ano de 2020 ficará marcado como um dos anos mais difíceis para toda a humanidade por conta dos desafios e sofrimentos impostos pela pandemia de Covid-19. Mas a grande marca deste ano, que ainda se tenta abafar nas retrospectivas, foi a necessidade de se colocarem em confronto com algumas das concepções que foram forjadas como dominantes (ao ponto de se apresentarem como quase inquestionáveis) na era neoliberal: o individualismo; a desvalorização do trabalho; o rebaixamento do papel do Estado; o fortalecimento das grandes corporações; a busca incansável de status, reforçada pela difusão generalizada do mundo da visibilidade virtual das redes sociais na *internet*.

Durante a pandemia e a imposição do isolamento social foram obrigatoriamente recuperados a importância da solidariedade, do gerenciamento social do Estado e da essencialidade do trabalho e, consequentemente, do trabalhador e da trabalhadora.

Isto exigiu uma enorme e urgente alteração de posturas, de concepções e de valores, até porque quanto mais tempo se estabelecesse resistência a tomar as iniciativas regulatórias, interventivas e socializantes, sobretudo, no aspecto das medidas sanitárias e da preservação de empregos e dos serviços essenciais, mais se acumulariam os problemas sociais, econômicos e humanos promovidos pela pandemia.

a) As providências adotadas em alguns países

No recente livro publicado pelo Grupo de Pesquisa Trabalho e Capital, da Universidade de São Paulo, com o título Direito do Trabalho e crise sanitária da Covid-19, mais de 80 pesquisadoras e pesquisadoras apresentaram, em vários textos, apresentaram uma visão panorâmica muito importante do que se passou no Direito do Trabalho e com a vida das trabalhadoras e dos trabalhadores neste período trágico da história da humanidade.

Alguns destes textos trouxeram informações extremamente relevantes a respeito das fórmulas jurídicas utilizadas para o enfrentamento dos problemas.

Na Venezuela, segundo informam Diego Alex Toloto e Eduardo Felipe Lezo Zamboni(119), houve, por meio de decreto, desde 2015, a proibição de demissão

(119) TOLOTO, Diego Alex; ZAMBONI, Eduardo Felipe Lezo. Relações sanitárias e crise sanitária na Venezuela. In: *Direito do Trabalho e crise sanitária da Covid-19 (leituras críticas desde o GPTC-USP)*. Campinas: Lacier Editora, 2021, p. 308.

de empregados e durante a pandemia tal decreto foi renovado, em princípio, até 31.12.2020.

Em acréscimo, o Estado se comprometeu a assumir o o pagamento dos salários dos empregados de pequenas e médias empresas durante 06 meses.

Além disso, houve, suspensão do pagamento de aluguéis, tanto para comerciantes quanto para locatários pessoas físicas, por igual período de 06 meses.

Em Cuba, segundo os mesmos autores, foram baixíssimos os números de casos de doenças por Covid-19, tendo sido altamente estimulado o trabalho à distância dos trabalhadores do Estado, que correspondem a 70% do total de vínculos de emprego existentes. Para as atividades não essenciais que não têm como ser realizadas à distância os trabalhadores foram realocados e quando isto não se mostrou possível tiveram suas atividades suspensas com o recebimento integral do salário.(120)

Diego Varas Villalón e Paulo de Carvalho Yamamoto aduzem que, no Chile, mesmo com todos os problemas sociais vivenciados e se multiplicando, a cartilha neoliberal ainda continua sendo seguida, por meio das estruturas autoritárias que se preservam no país. Foi assim que:

> Diante da pior crise sanitária do século, o governo manifestamente optou por se preocupar mais com a saúde financeira das empresas do que com a "saúde de suas cidades". A situação, de fato, é dramática. Apesar de ser tido como "modelo exitoso", hoje, mais de 2 milhões de pessoas se sentem ameaçadas pela fome no Chile.(121)

Na Espanha, assevera Nathália G. Navarra, com a promulgação do Decreto Real 9/2020, restou claro que as causas econômicas não poderiam ser invocadas para justificar a extinção de contratos de trabalho, o que foi reforçado pelo Decreto Real 10/2020.(122)

Adicionam Valdete Souto Severo e Isabela Pimentel de Barros, que a Espanha, além de proibir as dispensas, também:

> [...] ampliou o acesso a benefícios de seguro-desemprego, reduzindo ou renunciando totalmente aos requisitos de contribuição mínima e

---

(120) TOLOTO, Diego Alex; ZAMBONI, Eduardo Felipe Lezo. As relações de trabalho em Cuba na atualidade e a crise sanitária ocasionada pela Covid-19. In: *Direito do Trabalho e crise sanitária da Covid-19 (leituras críticas desde o GPTC-USP)*. Campinas: Lacier Editora, 2021. p. 324.

(121) VILLALÓN, Diego Varas; YAMAMOTO, Paulo de Carvalho. A pandemia no pandemônio neoliberal: notas sobre direito e sociedade no Brasil e no Chile em tempos de Coronavírus. In: *Direito do Trabalho e crise sanitária da Covid-19 (leituras críticas desde o GPTC-USP)*. Campinas: Lacier Editora, 2021. p. 324.

(122) NAVARRA, Nathália G. Crise sanitária e experiência trabalhista comparada: o caso da Espanha. In: *Direito do Trabalho e crise sanitária da Covid-19 (leituras críticas desde o GPTC-USP)*. Campinas: Lacier Editora, 2021. p. 347.

estendendo o benefício aos contratos de experiência, bem como aos trabalhadores que deixaram o emprego por uma nova oferta de trabalho que acabou atingida pela crise.(123)

Na França, conforme aponta Alessandro da Silva, o Congresso autorizou o governo a editar *Ordenances* (medidas do Poder Executivo com força de lei). Assim, por meio da *Ordenance* n. 2020-346, de 27 de março de 2020, a fim de evitar dispensas massivas, foi fixado um reembolso estatal de 100% com relação aos salários até 6.927 euros brutos mensais, o equivalente, lá, a 4,5 salários mínimos.(124)

Por fim, na Argentina, segundo explicam José Carlos Callegari e Renan Bernardi Kalil, dentre outras medidas de proteção, o governo editou, em 31 de março de 2020, o Decreto n. 329/2020, "proibindo a dispensa sem justa causa em todo território nacional por 60 dias" E, em 18 de maio do mesmo ano, por intermédio do Decreto n. 487/2020, a medida foi prorrogada por mais 60 dias. (125)

Grosso modo, pode-se dizer que os países que já continham normas de restrição do desemprego tais dispositivos foram reforçados ou até ampliados e, em outros que não se tinha norma expressa a respeito, estas foram criadas.

b) As medidas adotadas no Brasil

Em balanço muito rápido é possível dizer que no Brasil se fez vistas grossas a esta necessária mudança de postura institucional, da qual resultaria, sobretudo, o aumento da rede de proteção social e uma maior valorização do trabalho e da vida. Com isso, não se conseguiu aprender nada com as lições da pandemia e se viram multiplicadas as consequências nefastas do vírus.

O ano até começou alvissareiro, quando, em 12 de março, o plenário do Supremo Tribunal Federal (STF), julgando o Recurso Extraordinário (RE) n. 828.040, aprovou tese com repercussão geral (Tema n. 932) que garantiu aos trabalhadores que atuam em atividade de risco a possibilidade de receber indenização por acidente de trabalho, independentemente da comprovação de culpa ou dolo do empregador (responsabilidade objetiva — art. 927 do Código Civil).

---

(123) SEVERO, Valdete Souto; BARROS, Isabela Pimentel de. Covid-19 e adoecimento emocional no Brasil e na Espanha. In: *Direito do Trabalho e crise sanitária da Covid-19 (leituras críticas desde o GPTC-USP)*. Campinas: Lacier Editora, 2021. p. 365.

(124) SILVA, Alessandro da. Experiência comparada — impactos da crise na regulação das relações de trabalho na França. In: *Direito do Trabalho e crise sanitária da Covid-19 (leituras críticas desde o GPTC-USP)*. Campinas: Lacier Editora, 2021. p. 372.

(125) CALLEGARI, José Carlos; KALIL, Renan Bernardi. *Trabalho e coronavírus na Argentina: o Albertismo na pandemia*. In: *Direito do Trabalho e crise sanitária da Covid-19 (leituras críticas desde o GPTC-USP)*. Campinas: Lacier Editora, 2021. p. 378.

Mas ainda não estávamos sob os efeitos destruidores da irracionalidade provocada pela forma indevida que se promoveu para um suposto enfrentamento da pandemia.

Apenas em 20 de março de 2020, por meio do Decreto Legislativo n. 6, o governo reconheceu o estado de calamidade pública decorrente da pandemia de Covid-19, com efeitos fixados até 31 de dezembro de 2020.

Até aquele dia o Brasil acumulava apenas 11 mortes pela doença, cabendo o registro de que a primeira pessoa morta no Rio de Janeiro, vítima do novo coronavírus, foi a empregada doméstica Cleonice Gonçalves, infectada na casa da patroa, que havia, recentemente, retornado de viagem à Itália, já delineando o quadro não igualitário, socialmente e economicamente falando, dos efeitos da Covid-19, como se constatou posteriormente[(126)].

Os problemas para os trabalhadores e trabalhadoras estavam apenas começando...

No dia 22 de março, o governo, atendendo ao pedido, editou a MP n. 927, que reproduziu praticamente a integralidade da demanda.[(127)]

No mesmo dia 22, contrapondo-se aos termos da MP n. 927, cerca de 5.000 entidades e personalidades ligadas ao mundo do trabalho firmaram o documento intitulado "37 propostas para enfrentarmos com responsabilidade o Coronavírus e suas consequências", pelo qual se procurava demonstrar que para um eficaz enfrentamento dos problemas sociais e econômicos gerados pela pandemia nenhum direito trabalhista precisaria ser reduzido, aliás, muito pelo contrário.[(128)]

O governo, no entanto, se manteve atento às reivindicações do setor empresarial e, no dia 1º de abril, editou a MP n. 936, possibilitando a utilização do fundo público para custeio da redução de salários (em até 70%) e a suspensão de contratos de trabalho. E foi além, para o efeito de também conceder a saída jurídica de formalização de acordos individuais para a redução de todo e qualquer direito trabalhista (art. 2º da CLT).[(129)]

---

(126) MORENO, Joanna Assis e Carolina. Estudo mostra que 66% de mortos por Covid-19 na Grande SP ganhavam menos de 3 salários mínimos. *G1-Globo.* 16 jun. 2020. Disponível em: <https://g1.globo.com/sp/sao-paulo/noticia/2020/06/16/estudo-mostra-que-66percent-de-mortos-por-Covid-19-na-grande-sp-ganhavam-menos-de-3-salarios-minimos.ghtml>. Acesso em: 12 jun. 2021.

(127) Sobre o conteúdo da MP n. 927, *vide*: <https://www.jorgesoutomaior.com/blog/mp-927-da-pandemia-ao-pandemonio>. SOUTO MAIOR, Jorge Luiz Souto Maior. *MP 927:* da pandemia ao pandemônio.

(128) 37 propostas para enfrentarmos com responsabilidade o Coronavírus e suas consequências. Disponível em: <https://www.change.org/p/governo-federal-37-propostas-para-enfrentarmos-com-responsabilidade-o-coronav%C3%ADrus-e-suas-consequ%C3%AAncias-769092a5-bdd0-4c46-bf36-116be41cea79?recruiter=1060888375&utm_source=share_petition&utm_medium=copylink&utm_campaign=share_petition&utm_term=share_petition>. Acesso em: 20 abr. 2020.

(129) A respeito da MP n. 936, *vide*: <https://www.jorgesoutomaior.com/blog/mp-936-do-pandemonio-a-razao>. SOUTO MAIOR, Jorge Luiz Souto Maior. *MP 936:* do pandemônio à razão?

As iniciativas contrariavam direta e explicitamente vários preceitos e normas constitucionais e trabalhistas e não teriam como produzir efeitos concretos, dada a notória insegurança jurídica que se inseririam os empregadores que se valessem das regras das MPs.

O STF, então, atuou rapidamente para conferir suporte jurídico às medidas.

Em 17 de abril, julgando a ADI n. 6.363, o plenário do Supremo Tribunal Federal (STF) declarou constitucional a norma da MP n. 936/2020 que autorizou a redução da jornada de trabalho e do salário ou a suspensão temporária do contrato de trabalho por meio de acordos individuais, afastando até mesmo a necessidade de uma anuência, ainda que posterior, dos sindicatos profissionais. O voto vencedor do ministro Alexandre de Moraes foi acompanhado pelos ministros Roberto Barroso, Luiz Fux, Cármen Lúcia, Gilmar Mendes, Marco Aurélio e Dias Toffoli (presidente).

A bem da verdade, nem as MPs em questão não disseram, de forma expressa, como fizeram outros países (como se verá mais adiante), que as dispensas de trabalhadores estavam vedadas durante a pandemia. Por outro lado, estabeleceram como mecanismos de enfrentamento apenas a redução de salários e a suspensão dos contratos, o que pode ser entendido, por via inversa, como uma rejeição das dispensas.

Aliás, este sentido consta expressamente na exposição de motivos da MP n. 927/2020:

> 3. As medidas de isolamento e de quarentena necessárias à contenção da transmissão do vírus e, consequentemente, à redução no número de casos da doença Covid-19 e de mortes, provocam um forte impacto no setor produtivo e nas relações de trabalho, considerando as normas trabalhistas vigentes. Como forma de mitigar os danos à economia, são apresentadas uma série de medidas que poderão ser adotadas pelos empregadores <u>para preservar o emprego e a renda durante esse período</u>.
>
> 4. A edição de uma Medida Provisória se justifica em função da necessidade de implementação de medidas urgentes e imediatas de isolamento dos trabalhadores em suas residências, <u>com a manutenção, na medida do possível, dos vínculos trabalhistas</u>, com segurança jurídica. (grifei)

E, seguindo o sentido traçado pela MP referida, o Ministério Público do Trabalho emitiu, em 05.05.2020, a Diretriz Orientativa sobre a Medida Provisória n. 927/2020 — Força Maior e seus Efeitos nos Contratos de Trabalho, fixando precisamente a necessidade de negociação prévia como requisito de validade da dispensa coletiva, visualizada, inclusive, como *"ultima ratio"*:

> 8. <u>Na hipótese de dispensa coletiva, a qual deve ser precedida de outras medidas de garantia de emprego e renda e somente ser adotada como *ultima ratio*</u>, recomendam-se também os parâmetros constantes na Orientação n. 6 da Conalis, segundo a qual, *'considerando os princípios constitucionais da dignidade da pessoa humana (art. 1º, III), da democracia nas relações de trabalho e da solução pacífica das controvérsias (preâmbulo da*

Constituição Federal de 1988), do direito à informação dos motivos ensejadores da dispensa massiva e de negociação coletiva (art. 5º, XXXIII e XIV, art. 7º, I e XXVI, e art. 8º, III, V e VI), da função social da empresa e do contrato de trabalho (art. 170, III e Cód. Civil, art. 421), bem como os termos das Convenções ns. 98, 135, 141 e 151, e Recomendação n. 163 da Organização Internacional do Trabalho (OIT), ***a dispensa coletiva será nula e desprovida de qualquer eficácia se não se sujeitar ao prévio procedimento da negociação coletiva*** *de trabalho com a entidade sindical representativa da categoria profissional'.* (grifei)

O fato concreto é que a perda do emprego, que já é um grande problema em qualquer momento para quem vive da venda da força de trabalho na sociedade capitalista, durante uma pandemia é carregado de uma gravidade tal que expõe o trabalhador e sua família ao risco de vida — e, ademais, não foram poucas a vidas perdidas no período entre os integrantes da classe trabalhadora. As dispensas coletivas, então, adotadas de forma disseminada e incontrolada, leva toda sociedade ao risco da bancarrota total.

O problema é que os termos da "reforma" trabalhista e o acolhimento jurídico dos interesses econômicos imediatos superando a eficácia de direitos fundamentais fizeram com que muitos empregadores se sentissem bastante à vontade para a promoção de dispensas coletivas de trabalhadores(as) em plena pandemia ou para exigir o trabalho sem o respeito às condições necessárias à preservação das vidas dos(as) trabalhadores(as).

Por atuação do Ministério Público do Trabalho e de sindicatos, muitas dessas dispensas foram questionadas na Justiça do Trabalho. Além disso, muitas foram também as ações pleiteando o cumprimento de medidas de prevenção da vida para os(as) trabalhadores(as) em atividades consideradas essenciais. Também se viram muitos pleitos envolvendo o funcionamento das plataformas digitais, para efeito de reconhecimento de vínculo de emprego em tal atividade.

A Justiça do Trabalho, em várias decisões, negou validade jurídica às dispensas coletivas, exigindo negociação prévia com os sindicatos profissionais, fixou obrigações para a preservação da vida e determinou diligências para a verificação do funcionamento das plataformas digitais.

São exemplos neste sentido, a decisão proferida pela Seção de Dissídios Coletivos do TRT da 15ª Região, no julgamento do mandado de segurança n. 0008367-78.2017.5.15.0000, que manteve, por unanimidade (doze votos a zero), a liminar concedida em primeiro grau nos autos da ação civil pública n. 0012176-33.2017.5.15.0079 ajuizada pelo Ministério Público do Trabalho (MPT), determinando à ré, Raízen Energia S.A., a reintegração de todos os seus empregados dispensados em massa sem prévia negociação coletiva com o sindicato profissional.

Mesmo entendimento foi adotado em decisão do Tribunal Regional do Trabalho da 3ª Região, que concedeu liminar no mandado de segurança n. 0011778-65.2017.5.03.0000, impetrado pelo Sindicato dos Professores do Estado de Minas Gerais nos autos da ação civil pública n. 0011794-49.2017.5.03.0184 por ele ajuizada em face da Sociedade de Ensino Superior Estácio de Sá Ltda.

No julgamento da ação civil pública n. 1000446-88.2018.5.02.0061, o Juízo da 61ª Vara do Trabalho de São Paulo, em sentença proferida em 25.09.2018, complementada pela sentença dos embargos de declaração de 03.12.2018, foi acolhida, em parte, a pretensão formulada pelo MPT e pelo Sindicato dos Jornalistas Profissionais do Estado de São Paulo (atuando na qualidade de assistente litisconsorcial) e a sentença foi confirmada pelo TRT da 2ª Região, em acórdão prolatado em 20.08.2019.

No entanto, como revelado pela Associação Nacional dos Procuradores do Trabalho — ANPT, no Pedido de Intervenção como "amicus curiae", apresentado em 31 de agosto nos autos da ADI n. 4168 movida pela ANAMATRA — Associação Nacional dos Magistrados do Trabalho, pela reiterada aplicação de dispositivos do art. 13 do Regimento Interno da Corregedoria-Geral da Justiça do Trabalho, 31 (trinta e uma) decisões judiciais contendo determinações para a preservação de empregos e outras 30 (trinta) fixando obrigações pertinentes à proteção da vida no ambiente de trabalho, além de diligências instrutórias, foram suspensas em correições parciais, apenas no período de 1º.04.2020 a 20.08.2020.

Relevante reproduzir, para registro histórico, a lista de casos levantados pelo MPT:

CorPar 100030981.2020.5.00.0000 (TRT14)

Sindicato Alimentação X JBS S.A Vilhena/RO (Intervenção do MPT)

Custeio para realização de exames de aferição de eventual contágio dos trabalhadores e medidas de prevenção contra o risco de contaminação por COVID19.

06.04.2020 Conceder efeito suspensivo ao Agravo Regimental interposto à decisão proferida no Mandado de Segurança n. 0000149-83.2020.5.14.0000, e, em consequência, suspender os efeitos da última decisão liminar proferida nos autos do processo n. 000019367.2020.5.14.0141, mantendo-se as medidas que já vinham sendo tomadas pela Requerente.

CorPar 100076883.2020.5.00.0000 (TRT 14)

SINTRA-INTRA X JBS S.A Vilhena/RO (Intervenção do MPT)

Medidas de prevenção e de redução do risco de contaminação por COVID19; suspensão das atividades produtivas até a realização de testes PCR em todos os empregados.

29/06/2020 Concessão de efeito suspensivo ao Agravo Regimental interposto à decisão proferida no Mandado de Segurança n. 00004191O.2020.5.14.0000, até que ocorra o exame da matéria pelo órgão jurisdicional competente, mantida a obrigação de observância da requerente às medidas de prevenção constantes no protocolo sanitário apresentado.

CorPar – 10007976.2020.5.00.0000 (TRT 14)

SINTRA-INTRA X JBS S.A Vilhena/RO (Intervenção do MPT)

Medidas de prevenção e de redução do risco de contaminação por COVID19.

07.07.2020 Concessão de efeito suspensivo ao Agravo Regimental interposto à decisão proferida no Mandado de Segurança n. 000042092.2020.5.14.0000, até que ocorra o exame da matéria pelo órgão jurisdicional competente, mantida a obrigação de observância da requerente às medidas de prevenção constantes no protocolo sanitário.

CorPar 100074370.2020.5.00.0000 (TRT 14)

Ministério Público do Trabalho e Ministério Público do Estado X JBS S.A – São Miguel do Guaporé

Medidas de prevenção e de redução do risco de contaminação por COVID19; suspensão das atividades produtivas até a realização de testes PCR em todos os empregados.

30.06.2020 Em face dessa nova decisão a requerente apresentou a Corpar 1000768-83.2020.5.00.0000 que teve liminar deferida em 29.06.2020 para conceder efeito suspensivo ao Agravo Regimental interposto à decisão proferida no Mandado de Segurança n. 000041910.2020.5.14.0000, até que ocorra o exame da matéria pelo órgão jurisdicional competente, mantida a obrigação de observância da requerente às medidas de prevenção constantes no protocolo sanitário apresentado.

CorPar 10004587.2020.5.00.0000 (TRT 4)

Ministério Público do Trabalho X JBS Aves – Trindade do Sul

Medidas de prevenção e de redução do risco de contaminação por COVID19 (Decreto Estadual n. 55.240; Portaria SES-RS 407/2020; Portaria SESRS 283/2020).

15.06.2020 Concessão de efeito suspensivo ao Agravo Regimental interposto à decisão proferida no Mandado de Segurança n. 002084267.2020.5.04.0000, mantendo-se as medidas de prevenção que já vem sendo tomadas pela Requerente (Ids.d50a876, e17158f, 78de238), até que ocorra o exame da matéria pelo órgão jurisdicional competente.

CorPar 100071942.2020.5.00.0000 (TRT 4)

Ministério Público do Trabalho X JBS Aves – Trindade do Sul

Afastamento dos trabalhadores por 14 dias e a testagem de todos os trabalhadores para a identificação da Covid-19.

19.06.2020 Concessão de efeito suspensivo ao Agravo Regimental interposto à decisão proferida no Mandado de Segurança n. 002125495.2020.5.04.0000, mantendo-se as medidas de prevenção que já vem sendo tomadas pela Requerente, até que ocorra o exame da matéria pelo órgão jurisdicional competente.

CorPar 100046569.2020.5.00.0000 (TRT 4)

JBS Aves – Passo Fundo X União Federal (Ação Anulatória de Auto de Interdição)

MS impetrado pelo Ministério Público do Trabalho

Interdição administrativa realizada pela GRTE de Passo Fundo.

15.05.2020 Concessão de efeito suspensivo ao Agravo Regimental interposto à decisão proferida no Mandado de Segurança n. 002086258.2020.5.04.0000, até o julgamento pelo órgão competente.

CorPar 100051413.2020.5.00.0000 (TRT 4)

JBS Aves – Passo Fundo X União Federal (Ação Anulatória de Auto de Interdição)

MS impetrado pela União

Interdição administrativa realizada pela GRTE de Passo Fundo.

18.05.2020 Concessão de efeito suspensivo ao Agravo Regimental interposto à decisão proferida no Mandado de Segurança n. 002085214.2020.5.04.0000, até que ocorra o exame da matéria pelo órgão jurisdicional competente.

CorPar 100070036.2020.5.00.0000 (TRT 4)

Ministério Público do Trabalho X JBS Aves – Passo Fundo

Medidas de prevenção e de redução do risco de contaminação por COVID19 (Decreto Estadual n. 55.240; Portaria SES-RS 407/2020; Portaria SESRS 283/2020).

12.06.2020 Concessão de efeito suspensivo ao Agravo Regimental interposto da decisão proferida no Mandado de Segurança n. 0020975-12.2020.5.04.000, mantendo-se, em consequência, as medidas de prevenção anteriormente já fixadas pelo Juízo de 1º grau, além daquelas a que se comprometeu a Requerente por meio dos protocolos de prevenção apresentados, até o julgamento pelo órgão competente.

CorPar 100054533.2020.5.00.0000 (TRT4)

Ministério Público do Trabalho X SEARA Alimentos S.A Três Passos (Grupo JBS)

Medidas de prevenção e de redução do risco de contaminação por COVID19 (Decreto Estadual n. 55.240; Portaria SES-RS 407/2020; Portaria SESRS n. 283/2020).

12.06.2020 Concessão de efeito suspensivo ao Agravo Regimental interposto à decisão proferida no Mandado de Segurança n. 0020963-95.2020.5.04.0000, mantendo-se as medidas de prevenção que já vem sendo tomadas pela Requerente, até que ocorra o exame da matéria pelo órgão jurisdicional competente.

CorPar 100093503.2020.5.00.0000 (TRT 9)

Ministério Público do Trabalho X SEARA ALIMENTOS LTDA – Campo Mourão

Medidas de prevenção e de redução do risco de contaminação por COVID19 previstas na Nota orientativa n. 31/2020 e Resoluções 632/2020 e 855/2020 da Secretara Estadual de Saúde do Paraná.

05.08.2020 Concessão de efeito suspensivo ao Agravo Regimental interposto à decisão proferida no Mandado de Segurança n. 000154536.2020.5.09.0000, referente a todas as obrigações determinadas pela decisão agravada, até que ocorra o exame da matéria pelo órgão jurisdicional competente.

CorPar 100101904.2020.5.00.0000 (TRT 9)

Ministério Público do Trabalho X COOPAVEL COOPERATIVA AGROINDUSTRIAL

Suspensão das atividades e testagem dos trabalhadores.

Pedido da Ré na Correição: "liminarmente, a concessão de efeito suspensivo ao agravo regimental em sua integralidade, especialmente quanto à testagem de massa a ser iniciada em 1º.08.2020, interposto pela requerente nos autos do MS n. 000160424.2020.5.09.000 0"

31.07.2020 "DEFIRO a liminar requerida para conceder efeito suspensivo ao Agravo Regimental interposto à decisão proferida no Mandado de Segurança n. 000160424.2020.5.09.0000, referente a todas as obrigações determinadas pela decisão agravada, até que ocorra o exame da matéria pelo órgão jurisdicional competente"

CorPar 100037816.2020.5.00.0000 (TRT 14)

Sindicato dos Empregados em Estabelecimentos Bancários do Estado do Acre x BANCO SANTANDER (BRASIL) S.A.

Definição do conceito de trabalhadores que se enquadram no grupo de risco (Covid-19).

27.04.2020 Concessão de efeito suspensivo ao Agravo Regimental interposto à decisão proferida no Mandado de Segurança MSCiv n. 0000186-13.2020.5.14.0000.

CorPar 100032450.2020.5.00.0000 (TRT 9)

Sindicato dos Empregados em Estabelecimentos Bancários e Financiários de Curitiba e Região X BANCO DO BRASIL SA

Afastamento dos empregados do grupo de risco; limitação do trabalho presencial a 30% do contingente de cada agência, em sistema de rodízio, permitindo-se ao excedente o teletrabalho; para apuração do percentual indicado, considere-se o total de empregados de cada agência, e não apenas os habilitados ao trabalho; disponibilização de luvas e álcool gel; limitação da presença simultânea no interior de cada agência a no máximo três clientes, com observância do distanciamento social.

13.04.2020 Concessão de efeito suspensivo ao Agravo Regimental interposto à decisão proferida no Mandando de Segurança n. 0000497-42.2020.5.09.0000 até o julgamento pelo órgão competente.

CorPar 100033057.2020.5.00.0000 (TRT 4)

Sindicato SENERGISUL X RGE SUL DISTRIBUIDORA DE ENERGIA S.A

Medidas de prevenção conforme normas estaduais.

14.04.2020 Concessão de efeito suspensivo ao Agravo Regimental interposto à decisão proferida no Mandado de Segurança MSCiv 0020565-51.2020.5.04.0000, e, em consequência, suspender os efeitos da decisão proferida nos autos do processo n. ACP Cível n. 002025786.2020.5.04.0332, até que ocorra o exame da matéria pelo órgão jurisdicional competente.

CorPar 10003739 1.2020.5.00.0000 (TRT 7)

Sindicato dos Motoristas de Transp. Priv. e Partic. Individ. de Passag. por Aplic. e Plataformas Digitais de Fortaleza E Reg. Metrop. SINDIAPLIC X UBER DO BRASIL TECNOLOGIA LTDA.

Pagamento de remuneração mínima, além de fornecimento de máscara e álcool em gel 70%.

24.04.2020 Conceder efeito suspensivo ao Agravo Regimental interposto à decisão proferida no MSCiv 0080115-90.2020.5.07.0000, e, em consequência, suspender os efeitos da decisão proferida nos autos do processo n. ACP Cível n. ACP n. 000029513.2020.5.07.0003, até que ocorra o exame da matéria pelo órgão jurisdicional competente.

CorPar 100037731.2020.5.00.0000 (TRT 7)

Sindicato dos Motoristas de Transp. Priv. e Partic. Individ. de Passag. por Aplic. e Plataformas Digitais de Fortaleza e Reg. Metrop. SINDIAPLIC X 99TAXIS DESENVOLVIMENTO DE SOFTWARES LTDA

Pagamento de remuneração mínima, além de fornecimento de máscara e álcool em gel 70%.

24.04.2020 Conceder efeito suspensivo ao Agravo Regimental interposto à decisão proferida no MSCiv 0080115-90.2020.5.07.0000, e, em consequência, suspender os efeitos da decisão proferida nos autos do processo n. ACP Cível n. 000029513.2020.5.07.0003, até que ocorra o exame da matéria pelo órgão jurisdicional competente

CorPar 100038945.2020.5.00.0000 (TRT 10)

FED NAC DOS TRAB EM EMPRESAS CORREIOS TELEG E SIMILARES x EMPRESA BRASILEIRA DE CORREIOS E TELEGRAFOS

Afastamento de trabalhadores enquadrados como grupo de risco e que residem com pessoas integrantes de grupos de risco.

28.04.2020 Concessão de efeito suspensivo ao Agravo Regimental interposto à decisão proferida no Mandado de Segurança MSCiv 0000264-18.2020.5.10.0000, suspendendo, por conseguinte, os efeitos da decisão proferida em tutela de urgência na Ação Civil Coletiva n. 000031092.2020.5.10.0004 até que ocorra o exame da matéria pelo órgão jurisdicional competente.

CorPar 100041288.2020.5.00.0000 (TRT 15)

Sindicato dos Trabalhadores nas Indústrias Metalúrgicas, Mecânicas e de Material Elétrico de Salto X TUBERFIL INDUSTRIA E COMERCIO DE TUBOS LTDA

Reintegração, em 48h, dos empregados representados pelo autor, dispensados durante o período de vigência dos Decretos Federal e Estadual que tratam da Covid-19, bem como abstenção da dispensa empregados enquanto vigentes tais atos administrativos sem a participação prévia do Sindicato da categoria profissional, sob pena de multa.

04.05.2020 Concessão de efeito suspensivo ao Agravo Regimental interposto à decisão proferida no Mandado de Segurança n. 000632466.2020.5.15.0000, e, em consequência, suspender os efeitos da decisão proferida nos autos do processo n. 0010493-35.2020.5.15.0085, até que ocorra o exame da matéria pelo órgão jurisdicional competente.

CorPar 100048208.2020.5.00.0000 (TRT 3)

LUCAS BARBOSA GONÇALVES, motorista de aplicativo X 99 TAXIS DESENVOLVIMENTO DE SOFTWARES LTDA

Suportar as despesas do autor, no importe de 10% de cada viagem realizada, para garantir a aquisição de equipamentos de proteção para exercer o seu ofício.

13.05.2020 Concessão de efeito suspensivo ao Agravo Regimental interposto em face da decisão que indeferiu o pedido de tutela de urgência de natureza cautelar para suspender os efeitos imediatos da sentença proferida na Reclamação Trabalhista n. 0010260-62.2020.5.03.0185, até que ocorra o exame da matéria pelo órgão jurisdicional competente

CorPar 100049082.2020.5.00.0000 (TRT 9) SINDICATO DOS EMPREGADOS EM ESTAB BANCARIOS DE TOLEDO X BANCO DO BRASIL SA

Medidas de Prevenção e mitigação do risco de contaminação por COVID19 (distanciamento; EPIs; grupos de risco; manutenção do pagamento integral dos salários)

02.07.2020 Concessão de efeito suspensivo ao Agravo Regimental interposto à decisão proferida no Mandado de Segurança n. 000706254.2020.5.15.00, até o julgamento pelo órgão competente

CorPar 100068130.2020.5.00.0000 (TRT 8)

Sindicato De Motoristas De Transportes Por Aplicativo Do Estado Do Para – SINDTAPP X UBER DO BRASIL TECNOLOGIA LTDA

Remuneração mínima por hora efetivamente trabalhada; entrega gratuita de Equipamentos de Proteção Individual (EPIs; Remuneração mínima aos motoristas afastados da atividade por licença médica ou impedidos de trabalhar na hipótese de virem a ser impostas restrições à circulação de automóveis pelo Poder Estatal; redução da taxa devida à Uber pelo uso da plataforma, de 25% para 15% da receita obtidas pelas viagens intermediadas

19.06.2020 Concessão de efeito suspensivo ao Agravo Regimental interposto à decisão proferida no Mandado de Segurança n.000045180.2020.5.08.0000, até que ocorra o exame da matéria pelo órgão jurisdicional competente.

CorPar 100073933.2020.5.00.0000 (TRT 15)

Sindicato Dos Empregados Em Estabelecimentos Bancários Do Estado De Guaratinguetá E Região X BANCO DO BRASIL SA

Testagem para a COVID19 para todos os bancários e colaboradores terceirizados das instituições envolvidas na ação principal (ACP n. 001071334.2020.5.15.002 0) onde foram confirmados casos de contaminação, e a cada 21 (vinte e um) dias, em todas as agências localizadas no território nacional

18.06.2020 Concessão de efeito suspensivo ao Agravo Regimental interposto à decisão proferida no Mandado de Segurança n. 000706254.2020.5.15.00, até o julgamento pelo órgão competente.

CorPar 100074018.2020.5.00.0000 (TRT 15)

Sindicato Dos Empregados Em Estabelecimentos Bancários Do Estado De Guaratinguetá E Região X ITAU UNIBANCO S.A.

Testagem para a COVID19 para todos os bancários e colaboradores terceirizados das instituições envolvidas na ação principal (ACP n. 001071334.2020.5.15.0020) onde foram confirmados casos de contaminação, e a cada 21 (vinte e um) dias, em todas as agências localizadas no território nacional.

18.06.2020 Concessão de efeito suspensivo ao Agravo Regimental interposto à decisão proferida no Mandado de Segurança n. 000706254.2020.5.15.00, até o julgamento pelo órgão competente.

CorPar 100081205.2020.5.00.0000 (TRT 10)

Ministério Público do Trabalho X CHURRASCARIA FOGO DE CHAO LTDA.

Abstenção da prática de efetuar dispensas sem a prévia negociação com o sindicato profissional e adoção de medidas atenuantes (dispensa de 420 empregados).

07.07.2020 Concessão de efeito suspensivo ao Agravo Regimental no Mandado de Segurança n. 000044179.2020.5.10.000, até que ocorra o exame da matéria pelo órgão jurisdicional competente, mantida a obrigação de observância da requerente às medidas de prevenção constantes no protocolo sanitário apresentado

CorPar 100081994.2020.5.00.0000 (TRT 10)

Ministério Público do Trabalho X BANCO SANTANDER (BRASIL) S.A.

Assédio Moral.

16.07.2020 Concessão de efeito suspensivo ao Agravo Regimental interposto à decisão proferida na Tutela Cautelar Antecedente n. 0000455-63.2020.5.10.0000, tão somente até o exame da matéria pelo órgão jurisdicional competente, correspondente ao julgamento do agravo regimental aludido.

CorPar 100097667.2020.5.00.0000 (TRT 20)

Associação Metropolitana Dos Motoristas Por Aplicativos Da Grande Aracaju – AMMAGA X UBER DO BRASIL TECNOLOGIA LTDA (Intervenção do Ministério Público do Trabalho)

Acréscimo do valor de reembolso para R$ 100,00 para as medidas de proteção a seus motoristas, aos passageiros e à higienização dos veículos, devendo-se observar a comprovação, pelos motoristas ativos, dos gastos despendidos para contenção da disseminação do coronavírus.

27.07.2020 Concessão de efeito suspensivo ao Agravo Regimental interposto à decisão proferida no Mandado de Segurança n. 000021328.2020.5.20.0000 até que ocorra o exame da matéria pelo órgão jurisdicional competente.

CorPar 100098529.2020.5.00.0000 (TRT 20)

Associação Metropolitana Dos Motoristas Por Aplicativos Da Grande Aracaju – AMMAGA X UBER DO BRASIL TECNOLOGIA LTDA (Intervenção do Ministério Público do Trabalho)

Acréscimo do valor de reembolso para R$100,00 para as medidas de proteção a seus motoristas, aos passageiros e à higienização dos veículos, devendo-se observar a comprovação, pelos motoristas ativos, dos gastos despendidos para contenção da disseminação do coronavírus.

28.07.2020 Concessão de efeito suspensivo ao Agravo Regimental interposto à decisão proferida no Mandado de Segurança n. 000021328.2020.5.20.0000 até que ocorra o exame da matéria pelo órgão jurisdicional competente.

CorPar 100109795.2020.5.00.0000 (TRT 20)

SINDICATO DOS TRABALHADORES DO PODER JUDICIARIO DO ESTADO DE SERGIPE x ESTADO DE SERGIPE

Abster-se, enquanto perdurar a decretação do estado de calamidade pública decorrente do novo coronavírus, de determinar o retorno, às atividades presidenciais, dos servidores do Tribunal de Justiça do Estado de Sergipe, ressalvas as hipóteses de atividades urgentes e inadiáveis.

10.08.2020 Suspender os efeitos da medida liminar concedida nos autos da Ação Civil Pública n. 0000512-93.2020.5.20.0003 até decisão final a ser proferida naquela ação.

CorPar 100043364.2020.5.00.0000 (TRT 3)

Rinaldo de Oliveira Campos X 99TAXIS DESENVOLVIMENTO DE SOFTWARES LTDA

Fornecimento de produtos e equipamentos necessários à proteção e desinfecção, sendo eles máscaras descartáveis de comercialização comum, para uso e descarte diários e álcool-gel (70%).

05.05.2020 Concessão de efeito suspensivo ao Agravo Regimental interposto à decisão proferida no Mandado de Segurança n. 001066741.2020.5.03.0000, até que ocorra o exame da matéria pelo órgão jurisdicional competente.

CorPar 100043449.2020.5.00.0000

Marcelo Mesquita Guedes X 99TAXIS DESENVOLVIMENTO DE SOFTWARES LTDA

Fornecimento de máscaras de proteção facial não necessariamente cirúrgicas em número correspondente a uma máscara para cada duas horas de trabalho; e um litro de álcool em gel a 70% por mês.

05.05.2020 Concessão de efeito suspensivo ao Agravo Regimental interposto à decisão proferida no Mandado de Segurança n. 001066304.2020.5.03.0000, até que ocorra o exame da matéria pelo órgão jurisdicional competente.

CorPar 100045877.2020.5.00.0000 (TRT 4)

Ministério Público do Trabalho X JBS Aves – Trindade do Sul

Medidas de prevenção e de redução do risco de contaminação por Covid-19 (Decreto Estadual 55.240; Portaria SES-RS 407/2020; Portaria SESRS 283/2020).

08.05.2020 "Diante da sensibilidade e da importância da questão, e visando melhor instruir o feito, CONVERTO O FEITO EM DILIGÊNCIA, para determinar que, no prazo razoável de 5 dias, seja designada audiência de conciliação com o fito de promover a composição para implementação de medidas que atendam aos objetivos de proteção à saúde e minoração de prejuízos à atividade praticada pela Requerente, recomendando-se que sejam envidados esforços na condução da tentativa de conciliação na obtenção de: (i) dados precisos acerca dos efetivos meios de higienização e eliminação de focos de contaminação existentes no estabelecimento produtivo; e (ii) dados precisos acerca da higidez física dos funcionários lá lotados, a fim de verificar a necessidade da utilização de máscaras certificadas, com o devido registro em ata". Providência a ser realizada nos autos do Mandado de Segurança n. 0020842- 67.2020.5.04.0000.

CorPar 100054533.2020.5.00.0000 (TRT 4)

Ministério Público do Trabalho X Seara Alimentos – Três Passos

Medidas de prevenção e de redução do risco de contaminação por Covid-19 (Decreto Estadual 55.240; Portaria SES-RS 407/2020; Portaria SESRS 283/2020).

08.06.2020 "Oficie-se ao Egrégio Tribunal Regional do Trabalho da 4ª Região, para que forneça a documentação apresentada pelas partes os autos do pedido de mediação pré-processual, com a indicação dos efeitos das medidas já implementadas e comprovadas nos autos para fins de aferição acerca dos efeitos de diminuição/afastamento de risco de contágio ao Covid-19 no local, bem como de minoração de prejuízos à prestação de atividade essencial praticada pelo requerente, no prazo de 48 horas". Providência a ser realizada nos autos do Mandado de Segurança n. 002096395.2020.5.04.0000.

CorPar 100094462.2020.5.00.0000 (TRT 4)

Ministério Público do Trabalho X SEARA Alimentos Ltda – Três Passos

Afastamento dos trabalhadores e submissão a testes para identificação da Covid-19.

21.07.2020 "CONVERTO O FEITO EM DILIGÊNCIA, para determinar que, no prazo razoável de 5 dias, seja designada audiência de conciliação pelo Exmo. Desembargador Requerido (...). Deverão constar expressamente da ata de audiência, além dos normativos específicos para cada determinação e as circunstâncias fáticas efetivas que envolvem o risco aludido na decisão impugnada na unidade da empresa, bem como a existência dos requisitos previstos nos §§ 1º e 7º do art. 3º da Lei n. 13.979/20 para respaldar a imposição de testagem determinada, em como se, afinal, tal testagem chegou ou não a ser realizada pela Requerente". Providência a ser realizada nos autos do Mandado de Segurança n. 002141083.2020.5.04.0000

CorPar 100074285.2020.5.00.0000 (TRT 14)

Ministério Público do Trabalho e Ministério Público do Estado X JBS S.A – São Miguel do Guaporé

Afastamento e testagem dos trabalhadores em decorrência do surto de síndrome gripal ocorrido na Unidade e Medidas de prevenção e de redução do risco de contaminação por Covid-19.

18.06.2020 "CONVERTO O FEITO EM DILIGÊNCIA, para determinar que, no prazo razoável de 5 dias, seja designada audiência de conciliação com o fito de promover a composição, recomendando-se que sejam envidados esforços para implementação de medidas que atendam aos objetivos de proteção à saúde, bem como de minoração de prejuízos à prestação de atividade essencial praticada pela requerente, com especial atenção à coexistência de dois mandados de segurança versando sobre a mesma decisão, e a necessidade de coesão entre as medidas implementadas, que devem guardar contornos nítidos, com o supedâneo legal correspondente. As situações fáticas descritas com o fito de promover os objetivos citados deverão constar da ata de audiência, bem como dados específicos acerca de empregados contaminados ou com suspeita de contágio que tenham sido apurados". Providência a ser realizada nos autos do Mandado de Segurança n. 000042347.2020.5.14.0000.

CorPar 100076883.2020.5.00.0000 (TRT 14)

Sindicato Dos Trabalhadores Nas Indústrias De Alimentação Do Estado De Rondônia – SINTRA-INTRA. X JBS S.A – São Miguel do Guaporé (Intervenção do MPT)

Medidas de prevenção e de redução do risco de contaminação por Covid-19.

20.06.2020 "CONVERTO O FEITO EM DILIGÊNCIA, para determinar que, no prazo razoável de 5 dias, seja designada audiência de conciliação com o fito de promover a composição, recomendando-se que sejam envidados esforços para implementação de medidas que atendam aos objetivos de proteção à saúde, bem como de minoração de prejuízos à prestação de atividade essencial praticada pela requerente, com especial atenção à coexistência de dois mandados de segurança versando sobre a mesma decisão, e a necessidade de coesão entre as medidas implementadas, que devem guardar contornos nítidos, com o supedâneo legal correspondente. As situações fáticas descritas com o fito de promover os objetivos citados deverão constar da ata de audiência, bem como dados específicos acerca de empregados contaminados ou com suspeita de contágio que tenham sido apurados". Providência a ser realizada nos autos do Mandado de Segurança n. 000041910.2020.5.14.0000

CorPar 100079736.2020.5.00.0000 (TRT 14)

Sindicato dos Trabalhadores das Indústrias de Alimentação do Estado de Rondônia – SINTRA-INTRA. X JBS S.A – São Miguel do Guaporé (Intervenção do MPT)

Medidas de prevenção e de redução do risco de contaminação por Covid-19.

25.06.2020 "CONVERTO O FEITO EM DILIGÊNCIA, para determinar que, no prazo razoável de 5 dias, seja designada audiência de conciliação com o fito de promover a composição, recomendando-se que sejam envidados esforços para implementação de medidas que atendam aos objetivos de proteção à saúde, bem como de minoração de prejuízos à prestação de atividade essencial praticada pela requerente. Deverá constar expressamente na ata de audiência quais as medidas comprovadamente já implementadas pela Requerente, assim como os dispositivos normativos e previsões específicas a respaldar as medidas sugeridas e/ou impostas, referentes ao que a decisão impugnada indicou como "previsões constitucionais e infraconstitucionais (legais e supralegais), além das recomendações da OMS". Providência a ser realizada nos autos do Mandado de Segurança n. 000042092.2020.5.14.0000.

CorPar 100093503.2020.5.00.0000 (TRT 9)

Ministério Público do Trabalho X SEARA Alimentos LTDA – Campo Mourão

Medidas de prevenção e de redução do risco de contaminação por Covid-19 previstas na Nota orientativa n. 31/2020 e Resoluções 632/2020 e 855/2020 da Secretara Estadual de Saúde do Paraná.

17.07.2020 "CONVERTO O FEITO EM DILIGÊNCIA, para determinar que, no prazo razoável de 5 dias, seja designada audiência de conciliação com o fito de promover a composição para implementação de medidas que atendam aos objetivos de proteção à saúde, bem como de minoração de prejuízos à prestação de atividade essencial praticada pelo Requerente. Tais medidas deverão constar expressamente da ata de audiência, além dos normativos específicos para cada determinação e as circunstâncias fáticas efetivas que envolvem o risco aludido na decisão impugnada na unidade da empresa, bem como a existência dos requisitos previstos nos §§ 1º e 7º da Lei n. 13.979/20 para respaldar a imposição de testagem determinada". Providência a ser realizada nos autos do Mandado de Segurança n. 000154536.2020.5.09.0000.

CorPar 100044833.2020.5.00.0000 (TRT 14)

Sindicato dos Bancários e Trabalhadores do Ramo Financeiro do Estado de Rondônia X BANCO BRADESCO S.A

Higienização completa e minuciosa; afastamento imediato de todos os trabalhadores pelo prazo de 7 dias; entrega de lista com nome e função de todos os trabalhadores que desempenharam suas atividades nos últimos 15 dias anteriores ao diagnóstico da primeira funcionária infectada, colocando-os em quarentena de 7 dias.

07.05.2020 "Diante da sensibilidade e da importância da questão, e visando melhor instruir o feito, CONVERTO O FEITO EM DILIGÊNCIA, para determinar que, no prazo razoável de 5 dias, seja designada audiência de conciliação com o fito de promover a composição para implementação de medidas que atendam aos objetivos de proteção à saúde e minoração de prejuízos à prestação de atividade essencial, recomendando-se que sejam envidados esforços na condução da tentativa de conciliação". Providência a ser tomada no âmbito do MSCiv 000024683.2020.5.14.0000.

CorPar 100049082.2020.5.00.0000 (TRT 9)

Sindicato dos Empregados em Estab. Bancários de Toledo X BANCO DO BRASIL SA

Distanciamento interpessoal; afastamento trabalhadores integrantes do grupo de risco; equipamentos de proteção e álcool em gel; e manutenção do pagamento integral dos salários.

13.05.2020 "Diante da sensibilidade e da importância da questão, e visando melhor instruir o feito, CONVERTO O FEITO EM DILIGÊNCIA, para determinar que, no prazo razoável de 5 dias, seja designada audiência de conciliação com o fito de promover a composição para implementação de medidas que atendam aos objetivos de proteção à saúde". Providência a ser tomada no âmbito do Mandado de Segurança n. 000101447.2020.5.09.0000.

CorPar 100054618.2020.5.00.0000 (TRT 3)

LEONARDO FIDELIS SILVA X 99 TAXIS DESENVOLVIMENTO DE SOFTWARES LTDA.

Fornecimento de máscaras laváveis, dupla face, preferencialmente de tecido, nos termos das orientações do Ministério da Saúde e da ANVISA, no número correspondente a uma máscara para cada duas horas de trabalho prestadas pelo autor, tendo por base a média do número de horas trabalhadas diariamente no último mês; um litro de álcool em gel 70% a ser distribuído mensalmente.

20.05.2020 "CONVERTO O FEITO EM DILIGÊNCIA, para determinar que, considerado o prazo razoável de 5 dias, seja designada audiência de conciliação, com o fito de promover a composição para implementação de medidas que atendam aos objetivos de proteção à saúde e minoração de prejuízos à atividade praticada pela Requerente, recomendando-se que sejam envidados esforços na condução da tentativa de conciliação"

CorPar 100056184.2020.5.00.0000 (TRT 3)

FREDERICO DENIS DE SOUZA X 99 TAXIS DESENVOLVIMENTO DE SOFTWARES LTDA.

Fornecimento de máscaras faciais eficazes para a proteção ao contágio do Novo Coronavírus, em número correspondente a uma máscara para cada duas horas; fornecimento de um litro de álcool em gel a 70%, a cada mês.

21.05.2020 "CONVERTO O FEITO EM DILIGÊNCIA, para determinar que, considerado o prazo razoável de 5 dias, seja designada audiência de conciliação, com o fito de promover a composição para implementação de medidas que atendam aos objetivos de proteção à saúde e minoração de prejuízos à atividade praticada pela Requerente, recomendando-se que sejam envidados esforços na condução da tentativa de conciliação". Providência a ser tomada no âmbito do Mandado de Segurança n. 001082074.2020.5.03.0000.

CorPar 100057398.2020.5.00.0000 (TRT 3)

FÁBIO ROBSON DE OLIVEIRA X 99 TAXIS DESENVOLVIMENTO DE SOFTWARES LTDA.

Fornecimento mensal de duas máscaras reutilizáveis (preferencialmente de tecido), conforme recomendado pelo Ministério da Saúde, e um litro de álcool gel 70%.

22.05.2020 "CONVERTO O FEITO EM DILIGÊNCIA, para determinar que, considerado o prazo razoável de 5 dias, seja designada audiência de conciliação, com o fito de promover a composição para implementação de medidas que atendam aos objetivos de proteção à saúde e minoração de prejuízos à atividade praticada pela Requerente, recomendando-se que sejam envidados esforços na condução da tentativa de conciliação". Providência a ser tomada no âmbito do Mandado de Segurança n. 001076963.2020.5.03.0000.

CorPar 100057398.2020.5.00.0000 (TRT 3)

ADAILTON DE SANTANA SOUZA X 99 TAXIS DESENVOLVIMENTO DE SOFTWARES LTDA.

Medidas de prevenção e mitigação do risco de contaminação por Covid-19.

28.05.2020 "CONVERTO O FEITO EM DILIGÊNCIA, para determinar que, considerado o prazo razoável de 5 dias, seja designada audiência de conciliação, com o fito de promover a composição para implementação de medidas que atendam aos objetivos de proteção à saúde e minoração de prejuízos à atividade praticada pela Requerente, recomendando-se que sejam envidados esforços na condução da tentativa de conciliação". Providência a ser tomada no âmbito do Mandado de Segurança n. 001026081.2020.5.03.0017.

CorPar 100057398.2020.5.00.0000 (TRT 3)

HERIVELTO DE FREITAS RODRIGUES X 99 TAXIS DESENVOLVIMENTO DE SOFTWARES LTDA.

Fornecimento de máscaras de tecido e álcool em gel aos motoristas, além de repasse de orientações sobre as formas de contágio e de proteção contra a doença causada pelo Coronavírus.

02.06.2020 "CONVERTO O FEITO EM DILIGÊNCIA, para determinar que, considerado o prazo razoável de 5 dias, seja designada audiência de conciliação, com o fito de promover a composição para implementação de medidas que atendam aos objetivos de proteção à saúde e minoração de prejuízos à atividade praticada pela Requerente, recomendando-se que sejam envidados esforços na condução da tentativa de conciliação". Providência a ser tomada no âmbito do Mandado de Segurança n. 001026081.2020.5.03.0017.

CorPar 100068130.2020.5.00.0000 (TRT 8)

Sindicato de Motoristas de Transportes por Aplicativo do Estado do Pará – SINDTAPP X 99 TAXIS DESENVOLVIMENTO DE SOFTWARES LTDA.

Ajuda compensatória, a título de remuneração mínima por hora efetivamente trabalhada; entrega gratuita de Equipamentos de Proteção Individual (EPI's; pagamento de remuneração mínima aos motoristas parceiros que estejam afastados da atividade por licença médica ou impedidos de trabalhar na hipótese de virem a ser impostas restrições à circulação de automóveis pelo Poder Estatal; redução da taxa devida à Uber pelo uso da plataforma, de 25% para 15% da receita obtidas pelas viagens intermediadas.

09.06.2020 "Diante da sensibilidade e da importância da questão, e visando melhor instruir o feito, CONVERTO O FEITO EM DILIGÊNCIA, para determinar que, no prazo razoável de 5 dias, seja designada audiência de conciliação com o fito de promover a composição para implementação de medidas que atendam aos objetivos de proteção à saúde, bem como de minoração de prejuízos à prestação de atividade essencial praticada pelo requerente". Providência a ser tomada no âmbito do Mandado de Segurança n. 000045180.2020.5.08.0000.

CorPar 100068130.2020.5.00.0000 (TRT 3)

Ministério Público do Trabalho X VALE S.A (Ação Anulatória de Auto de Interdição movida pela Vale S.A)

Medidas de prevenção e de redução do risco de contaminação por Covid-19

12.06.2020 "Diante da sensibilidade e da importância da questão, e visando melhor instruir o feito, CONVERTO O FEITO EM DILIGÊNCIA, para determinar que, dada a urgência e relevância das medidas envolvidas, no prazo de 48 horas, seja designada audiência com o fito de promover a composição para implementação de medidas que atendam aos objetivos de proteção à saúde e minoração de prejuízos à prestação de atividade essencial, preferencialmente a se realizar no Centro Judiciário de Métodos Consensuais de Solução de Disputas de 2º Grau, devendo constar da ata de audiência respectiva especificamente o quanto apurado no tocante às medidas de proteção constantes do laudo de interdição que já tenham sido atendidas pela empresa. Além disso, deverá ser expressamente enfrentada a questão dos efeitos da paralisação das atividades abarcadas pelo laudo de interdição no abastecimento de água da cidade de Itabira, cabendo a determinação de realização de laudo pela autoridade de vigilância competente, caso não seja possível a conclusão acerca dos pontos aqui citados". Providência a ser tomada no âmbito do Mandado de Segurança n. 001098876.2020.5.03.0000.

CorPar 100076968.2020.5.00.0000 (TRT 21)

Sindicato dos Trabalhadores em Empresas de Crédito de Mossoró – SINTEC RN. X BANCO DO BRASIL SA

Determinação da submissão dos empregados em atividade ao teste previsto (Covid-19), e sustar a periodicidade de 21 dias para a repetição dos exames, que ficam subordinados à ocorrência de sintomas ou existência de prescrição médica.

22.06.2020 "CONVERTO O FEITO EM DILIGÊNCIA, para determinar que, no prazo razoável de 5 dias, seja designada audiência de conciliação com o fito de promover a composição para implementação de medidas que atendam aos objetivos de proteção à saúde, bem como de minoração de prejuízos à prestação de atividade essencial praticada pelo Requerente. Tais medidas deverão constar expressamente da ata de audiência, além das circunstâncias fáticas efetivas que envolvem o risco aludido na decisão impugnada nas diversas agências que contemplam a obrigação de testagem em massa, e da existência dos requisitos previstos nos §§ 1º e 7º da Lei n. 13.979/20 para respaldar a imposição de testagem em massa determinada". Providência a ser tomada no âmbito do Mandado de Segurança n. 000018885.2020.5.21.0000.

CorPar 100077915.2020.5.00.0000 (TRT 15)

Ministério Público do Trabalho X VIACAO MOTTA LIMITADA

Anulação dos acordos extrajudiciais assinados pelos empregados demitidos pela ré, nos quais renunciam ao direito de recebimento integral das verbas rescisórias e metade da multa do FGTS, e aceitam o parcelamento em data incerta; pagamento das rescisões trabalhistas

23.06.2020 "CONVERTO O FEITO EM DILIGÊNCIA para determinar que, no prazo de 5 dias, seja designada audiência de conciliação com o fito de promover a composição entre as partes, recomendando-se que sejam direcionados esforços para a obtenção de solução que contemple os supedâneos legais aplicáveis à matéria, e indique expressamente os elementos fáticos que levaram à consideração do vício de vontade reconhecido, com o registro de tais questões em ata, além das propostas formuladas e demais fatos que sejam relevantes a tentativa de composição". Providência a ser tomada no âmbito do Mandado de Segurança n. 000710151.2020.5.15.0000.

CorPar 100080695.2020.5.00.0000 (TRT 2)

STISMMMEC x USINAS SIDERURGICAS DE MINAS GERAIS S/A. USIMINAS

Abster-se de demitir os trabalhadores, desde a data da distribuição (1905- 2020) até que sobrevenha a negociação para essa atitude junto à entidade autora, ou que seja obtida composição perante este Juízo.

29.06.2020 "CONVERTO O FEITO EM DILIGÊNCIA para determinar que, no prazo de 5 dias, seja designada audiência de conciliação com o fito de promover a composição entre as partes, recomendando-se que sejam direcionados esforços para a obtenção de solução que contemple expressamente os dispositivos legais aplicáveis à matéria, além das propostas formuladas e demais fatos que sejam relevantes a tentativa de composição". Providência a ser tomada no âmbito do Mandado de Segurança n. 100177993.2020.5.02.0000.

CorPar 100103118.2020.5.00.0000 (TRT 9)

Sindicato dos Empregados em Estabelecimentos Bancários e Financiários de Curitiba e Região X BANCO DO BRASIL S.A.

Abster-se de convocar para o trabalho presencial empregados que estavam trabalhando no regime telepresencial e que se autodeclararam em coabitação com indivíduos do grupo de risco da atual pandemia de Covid-19.

03/08/2020 "CONVERTO O FEITO EM DILIGÊNCIA para determinar que, no prazo de 5 dias, seja designada audiência de conciliação com o fito de promover a composição entre as partes para implementação de medidas que atendam aos objetivos de proteção à saúde, bem como de minoração de prejuízos à prestação de atividade essencial praticada pelo Requerido". Providência a ser tomada no âmbito do Mandado de Segurança n. 000165195.2020.5.09.0000.

CorPar 100081205.2020.5.00.0000

Ministério Público do Trabalho X CHURRASCARIA FOGO DE CHAO LTDA.

Reintegração dos trabalhadores, mediante restabelecimento dos contratos de trabalho, bem como a abstenção da prática de efetuar dispensas "sem a prévia negociação com o sindicato profissional e adoção de medidas atenuantes

29.06.2020 "CONVERTO O FEITO EM DILIGÊNCIA para determinar que, no prazo de 5 dias, seja designada audiência de conciliação com o fito de promover a composição entre as partes, recomendando-se que sejam direcionados esforços para a obtenção de solução que contemple os dispositivos legais aplicáveis à matéria e as decisões do Supremo Tribunal Federal que envolvam a matéria debatida, indicando expressamente os elementos fáticos que compõem o caso concreto, em relação ao encerramento total ou parcial das atividades da Requerente no âmbito da jurisdição do Tribunal Regional, bem como o universo de empregados demitidos ante as restrições constantes nos normativos que regem a situação da pandemia (eventuais empregados com deficiência, ou portadores de algum tipo de estabilidade, por exemplo), com o registro de tais questões em ata, além das propostas formuladas e demais fatos que sejam relevantes a tentativa de composição". Providência a ser tomada no âmbito do Mandado de Segurança n. 000044179.2020.5.10.000.

CorPar 100081642.2020.5.00.0000 (TRT 7)

Sindicato Dos Trabalhadores Em Transportes Rodoviários Do Estado Do Espírito Santo X VIAÇÃO AGUIA BRANCA S.A

Reintegração dos trabalhadores demitidos a partir de março de 2020 cujos TRCTs apresentem como motivo de extinção "força maior" com o pagamento dos salários vencidos e vincendos.

29.06.2020 "CONVERTO O FEITO EM DILIGÊNCIA para determinar que, no prazo de 5 dias, seja designada audiência de conciliação com o fito de promover a composição entre as partes, recomendando-se que sejam direcionados esforços para a obtenção de solução que contemple os dispositivos legais aplicáveis à matéria e as decisões do Supremo Tribunal Federal que envolvem a matéria debatida, indicando expressamente os elementos fáticos que compõem o caso concreto, como a comprovação pela requerente de suas alegações acerca da adoção das medidas previstas nas MPs 927 e 936, com o registro de tais questões em ata, além das propostas formuladas e demais fatos que sejam relevantes a tentativa de composição".

CorPar 100081994.2020.5.00.0000 (TRT 10)

Sindicato dos Empregados em Estabelecimentos Bancários de Brasília x BANCO SANTANDER (BRASIL) S.A.

Assédio Moral.

30.06.2020 "CONVERTO O FEITO EM DILIGÊNCIA para determinar que, no prazo de 5 (cinco) dias, seja designada audiência de conciliação com o fito de promover a composição entre as partes, recomendando-se que sejam direcionados esforços para a obtenção de solução que contemple os dispositivos legais aplicáveis à matéria e as decisões do Supremo Tribunal Federal que envolvem o tema debatido, indicando expressamente se o Tema de repercussão geral número 1.075 do STF, que contou com determinação de suspensão nacional dos processos correlatos, se aplica ao presente caso, com o registro de tais questões em ata, além das propostas formuladas e demais fatos que sejam relevantes a tentativa de composição".

CorPar 100091342.2020.5.00.0000 (TRT 12)

RENATO DOS SANTOS DIAS X OI S.A. EM RECUPERAÇÃO JUDICIAL

Imediata reintegração do autor ao emprego, na mesma função, mesmo salário e demais benefícios.

14.07.2020 "CONVERTO O FEITO EM DILIGÊNCIA para determinar que, no prazo de 5 dias, seja designada audiência de conciliação com o fito de promover a composição entre as partes da reclamação trabalhista, recomendando-se que sejam direcionados esforços para a obtenção de solução que contemple os dispositivos legais aplicáveis à matéria, indicando expressamente os elementos fáticos que compõem o caso concreto, mormente no tocante à previsão da cláusula 13ª do 2º Termo Aditivo ao ACT 2018/2020, com o devido registro de tais questões em ata, além das propostas formuladas e demais fatos que sejam relevantes a tentativa de composição". Providência a ser tomada no âmbito do Mandado de Segurança n. 000149004.2020.5.12.0000.

CorPar – 100113947.2020.5.00.0000 (TRT 15)

MINISTÉRIO PÚBLICO DO TRABALHO X EMPRESA DE TRANSPORTES ANDORINHA SA

Suspensão dos efeitos jurídicos da cláusula 5ª do "Termo Aditivo ao Acordo Coletivo de Trabalho 2019/2020" e, por consequência, o pagamento integral das verbas rescisórias devidas aos empregados já dispensados, sem justa causa, a partir de 1º.04.2020, inclusive multa do art. 477, § 8º, da CLT e indenização de 40% do FGTS

17.08.2020 "CONVERTO O FEITO EM DILIGÊNCIA para determinar que, no prazo de 5 (cinco) dias, seja designada audiência de conciliação com o fito de promover a composição entre as partes, recomendando-se que sejam direcionados esforços para a obtenção de solução que contemple os dispositivos legais aplicáveis à matéria, indicando expressamente os elementos fáticos que compõem o caso concreto, além das propostas formuladas e demais fatos que sejam relevantes a tentativa de composição". Providência a ser tomada no âmbito do Mandado de Segurança n. 000811570.2020.5.15.0000

CorPar – 100115768.2020.5.00.0000 (TRT 23) MINISTÉRIO PÚBLICO DO TRABALHO X JBS S.A (Unidade de Pontes e Lacerda)

Medidas de prevenção e mitigação do risco de contaminação pela Covid-19 em frigoríficos.

19.08.2020 "CONVERTO O FEITO EM DILIGÊNCIA para determinar que, no prazo de 5 (cinco) dias, seja designada audiência de conciliação com o fito de promover a composição entre as partes, com o fito de promover a composição para implementação de medidas que atendam aos objetivos de proteção à saúde, bem como de minoração de prejuízos à prestação de atividade essencial praticada pelo Requerente. Tais medidas deverão constar expressamente da ata de audiência, além dos normativos específicos para cada determinação, com a indicação da viabilidade da implementação em cada setor objeto da obrigação". Providência a ser tomada no âmbito do Mandado de Segurança n. 000028191.2020.5.23.0000

CorPar – 100115938.2020.5.00.0000 (TRT 23)

MINISTÉRIO PÚBLICO DO TRABALHO X JBS S.A (Unidade de Pontes e Lacerda)

Medidas de prevenção e mitigação do risco de contaminação pela Covid-19 em frigoríficos.

19.08.2020 "CONVERTO O FEITO EM DILIGÊNCIA para determinar que, no prazo de 5 (cinco) dias, seja designada audiência de conciliação com o fito de promover a composição entre as partes, com o fito de promover a composição para implementação de medidas que atendam aos objetivos de proteção à saúde, bem como de minoração de prejuízos à prestação de atividade essencial praticada pelo Requerente. Tais medidas deverão constar expressamente da ata de audiência, além dos normativos específicos para cada determinação, com a indicação da viabilidade da implementação em cada setor objeto da obrigação". Providência a ser tomada no âmbito do Mandado de Segurança n. 000027584.2020.5.23.0000

CorPar – 100115598.2020.5.00.0000 (TRT 4)

MINISTÉRIO PÚBLICO DO TRABALHO X JBS S.A (Unidade de Garibaldi)

Testagem dos trabalhadores em decorrência de surto de Covid-19 na planta e Implantação de medidas de prevenção e mitigação do risco de contaminação pela Covid-19 em frigoríficos.

19.08.2020 "CONVERTO O FEITO EM DILIGÊNCIA, para determinar que, no prazo razoável de 5 dias, seja designada audiência de conciliação com o fito de promover a composição, recomendando-se que sejam envidados esforços para implementação de medidas que atendam aos objetivos de proteção à saúde, bem como de minoração de prejuízos à prestação de atividade essencial praticada pela requerente. Deverá constar expressamente na ata de audiência quais as medidas comprovadamente já implementadas pela Requerente, assim como os dispositivos normativos e previsões específicas a respaldar as medidas sugeridas e/ou impostas" Providência a ser tomada no âmbito do Mandado de Segurança n. 002184205.2020.5.04.0000

CorPar – 100116108.2020.5.00.0000 (TRT 15)

Sindicato dos Empregados Em Estabelecimentos Bancários de Rio Claro e Região X BANCO DO BRASIL S.A

Não convocação de trabalhadores pertencentes ao grupo de risco ou que residem com pessoas pertencentes ao grupo de risco para trabalho presencial.

20.08.2020 "CONVERTO O FEITO EM DILIGÊNCIA para determinar que, no prazo de 5 (cinco) dias, seja designada audiência de conciliação com o fito de promover a composição entre as partes da ação principal, para implementação de medidas que atendam aos objetivos de proteção à saúde, bem como de minoração de prejuízos à prestação de atividade essencial praticada pelo Requerido. Tais medidas deverão constar na ata de audiência, bem como os normativos específicos que amparam a medida determinada". Providência a ser tomada no âmbito do Mandado de Segurança n. 000815467.2020.5.15.0000.

CorPar – 100116290.2020.5.00.0000 (TRT 13)

Sindicato dos Trabalhadores em Empresa do Ramos Financeiro de Campina Grande e Região X BANCO DO BRASIL S.A.

Não convocação de trabalhadores pertencentes ao grupo de risco ou que residem com pessoas pertencentes ao grupo de risco para trabalho presencial.

20.08.2020 "CONVERTO O FEITO EM DILIGÊNCIA para determinar que, no prazo de 5 (cinco) dias, seja designada audiência de conciliação com o fito de promover a composição entre as partes da ação principal para implementação de medidas que atendam aos objetivos de proteção à saúde, bem como de minoração de prejuízos à prestação de atividade essencial praticada pelo Requerido. Tais medidas deverão constar na ata de audiência, bem como os normativos específicos que amparam a medida determinada". Providência a ser tomada no âmbito do Mandado de Segurança n. 000815467.2020.5.15.0000

Mas o que mais impressiona neste relato é a explicitação da vontade deliberada de muitas empresas de não se verem obrigadas a cumprir regras de prevenção da doença e de preservação da vida no âmbito de seu processo produtivo ou de circulação de mercadorias com objetivo de lucro. O relato, ademais, é apenas um pequeno retrato do quanto foi intenso o conflito nas relações de trabalho e do quanto foi extremamente tensa para os trabalhadores e trabalhadoras a situação de continuarem trabalhando durante a pandemia, isto sem falar das condições de transporte, tudo retroalimentado pela redução salarial, o aumento da jornada e a ameaça constante da perda do emprego.

12. Os Efeitos da Política de Desproteção do Emprego

Primeiro, cumpre lembrar que a precarização das relações de trabalho proporcionada pela "reforma" trabalhista já estava deteriorando, e muito, as condições sociais e econômicas no Brasil.

Nos anos que se seguiram à "reforma", o que se viu foi:

1. aumento dos lucros das 308 empresas de capital aberto negociado na Bolsa de Valores que atuam no Brasil, que chegou, em 2018, ao montante de R$ 177,5 bilhões, representando um aumento de R$ 52,3 bilhões com relação ao ano de 2017[(130)];

2. aumento de 12,3%, em 2018, dos lucros dos quatro maiores Bancos que atuam no país (Itaú, Bradesco, Santander e Banco do Brasil), os quais seriam, inclusive, os maiores legatários da reforma da Previdência que se pretende implementou no Brasil[(131)].

3. aumento do desemprego, que chegou a 12,7% em abril de 2019, atingindo 13,4 milhões de pessoas;

4. o número de pessoas com carteira assinada tem se mantido praticamente estável, atualmente na faixa de 32,9 milhões de pessoas[(132)], isto é, sem aumento considerável, e isto considerando o patamar de 2015, que já trazia a perda de 4 milhões de empregos formais com relação a 2014[(133)], sendo que entre os

---

(130) Lucro das empresas de capital aberto cresce em 2018. *Investimentos e Notícias*. 05 abr. 2019. Disponível em: <http://www.investimentosenoticias.com.br/bolsa-de-valores/lucro-das-empresas-de-capital-aberto-cresce-em-2018>. Acesso em: 13 jun. 2021.

(131) FERNANDES, Anaïs. Maiores bancos lucram R$ 73 bi em ano marcado por retomada do crédito. *Folha de S. Paulo*. 14 fev. 2019. Disponível em: <https://www1.folha.uol.com.br/mercado/2019/02/maiores-bancos-lucram-r-73-bi-em-ano-marcado-por-retomada-do-credito.shtml?origin=folha>. Acesso em: 12 jun. 2020.

(132) PNAD Contínua: taxa de desocupação é de 12,7% e taxa de subutilização é de 25,0% no trimestre encerrado em março de 2019. *Agência IBGE Notícias*. 30 abr. 2019. Disponível em: <https://agenciadenoticias.ibge.gov.br/agencia-sala-de-imprensa/2013-agencia-de-noticias/releases/24284-pnad-continua-taxa-de-desocupacao-e-de-12-7-e-taxa-de-subutilizacao-e-de-25-0-no-trimestre-encerrado-em-marco-de-2019>. Acesso em: 11 jun. 2021.

(133) BRAGON, Ranieri. Reforma trabalhista não cria novas vagas e defensores culpam crise. *Folha de S. Paulo*. 11 maio 2019. Disponível em: <https://www1.folha.uol.com.br/mercado/2019/05/reforma-trabalhista-nao-cria-novas-vagas-e-defensores-culpam-crise.shtml?utm_source=whatsapp&utm_medium=social&utm_campaign=compwa>. Acesso em: 11 jun. 2021.

jovens até 24 anos o que se mantém é o fechamento de vagas em número cada vez maior(134);

5. número recorde de desalentados (4,8 milhões)(135);

6. elevação da informalidade (11,1 milhões)(136);

7. aumento da precariedade(137) (138);

8. redução, na ordem de 34%, do acesso do trabalhador à Justiça do Trabalho(139);

9. aumento do sofrimento no trabalho(140);

10. piora generalizada das condições de trabalho, com aumento do número de acidentes do trabalho(141), isso em um país em que já se verificava a marca de 700 mil acidentes do trabalho por ano(142) e que já ostentava o posto de quarto

(134) LIMA, Flavia. Empresas fecham 1,9 milhão de vagas com carteira para jovens. *Folha de S. Paulo*. 24 mar. 2019. Disponível em: <https://www1.folha.uol.com.br/mercado/2019/03/empresas-fecham-19-milhao-de-vagas-com-carteira-para-jovens.shtml>. Acesso em: 13 jun. 2021.

(135) PNAD Contínua: taxa de desocupação é de 12,7% e taxa de subutilização é de 25,0% no trimestre encerrado em março de 2019. *Agência IBGE Notícias*. 30 abr. 2019. Disponível em: <https://agenciadenoticias.ibge.gov.br/agencia-sala-de-imprensa/2013-agencia-de-noticias/releases/24284-pnad-continua-taxa-de-desocupacao-e-de-12-7-e-taxa-de-subutilizacao-e-de-25-0-no-trimestre-encerrado-em-marco-de-2019>. Acesso em: 11 jun. 2021.

(136) PNAD Contínua: taxa de desocupação é de 12,7% e taxa de subutilização é de 25,0% no trimestre encerrado em março de 2019. *Agência IBGE Notícias*. 30 abr. 2019. Disponível em: <https://agenciadenoticias.ibge.gov.br/agencia-sala-de-imprensa/2013-agencia-de-noticias/releases/24284-pnad-continua-taxa-de-desocupacao-e-de-12-7-e-taxa-de-subutilizacao-e-de-25-0-no-trimestre-encerrado-em-marco-de-2019>. Acesso em: 11 jun. 2021.

(137) VALENTE, Jonas. Total de idosos no mercado de trabalho cresce; precariedade aumenta. *Agência Brasil*. 1º maio 2019. Disponível em: <http://agenciabrasil.ebc.com.br/economia/noticia/2019-05/total-de-idosos-no-mercado-de-trabalho-cresce-precariedade-aumenta>. Acesso em: 11 jun. 2021.

(138) ROLLI, Claudia. É tempo de informalidade e flexibilização do trabalho no país. *Folha de S. Paulo*. 05 dez. 2018. Disponível em: <https://www1.folha.uol.com.br/seminariosfolha/2018/12/e-tempo-de-informalidade-e-flexibilizacao-do-trabalho-no-pais.shtml. Acesso em: 03 jan. 2019.

(139) QUINTINO, Larissa. Após reforma, ações trabalhistas caem 34% em 2018. *Veja*. 24 jan. 2019. Disponível em: <https://veja.abril.com.br/economia/apos-reforma-trabalhista-acoes-trabalhistas-caem-34-em-2018/>. Acesso em: 12 jun. 2021.

(140) Crise afeta saúde mental e eleva número de pedidos de afastamento do trabalho. *Rede Brasil Atual*. 28 nov. 2018. Disponível em: <https://www.redebrasilatual.com.br/trabalho/2018/11/crise-afeta-saude-mental-e-faz-aumentar-pedidos-de-afastamento-do-trabalho>. Acesso em: 03 jan. 2019.

(141) OLIVEIRA, Cida de. Desmonte da legislação trabalhista aumenta número de acidentes e mortes. *Rede Brasil Atual*. 09 ago. 2018. Disponível em: <https://www.redebrasilatual.com.br/trabalho/2018/08/desmonte-da-legislacao-aumenta-numero-de-acidentes-e-mortes-no-trabalho>. Acesso em: 03 jan. 2019.

(142) Brasil registra cerca de 700 mil acidentes de trabalho por ano, afirma ANPT. *ANPT*. 25 abr. 2018. Disponível em: <http://www.anpt.org.br/imprensa/noticias/3304-brasil-registra-cerca-de-700-mil-acidentes-de-trabalho-por-ano-afirma-anpt>. Acesso em: 07 jan. 2019.

país do mundo em número de mortes por acidentes do trabalho[143];

11. diminuição dos direitos e ganhos normativos[144] dos trabalhadores, com redução da média salarial[145], fazendo com que a renda média do brasileiro caísse[146]. A inflação em 2018 foi da ordem de 4% e a "elevação" do salário, em 2018, na média, foi da ordem de 2,9%[147];

12. diminuição do consumo[148];

13. endividamento das famílias[149]

14. redução da arrecadação tributária e previdenciária[150];

15. ampliação do deficit da Previdência[151];

16. majoração do deficit público em geral[152];

---

(143) Brasil é o quarto país em número de acidentes fatais no trabalho. *Consultor Jurídico*. 04 jul. 2014. Disponível em: <http://www.conjur.com.br/2014-jul-04/brasil-quarto-pais-numero-acidentes-fatais-trabalho>. Acesso em: 07 jan. 2019.

(144) Número de acordos e convenções coletivas cai após reforma trabalhista. *Rede Brasil Atual*. 26 abr. 2018. Disponível em: <https://www.redebrasilatual.com.br/trabalho/2018/04/numero-de-acordos-e-convencoes-coletivas-reduz-apos-reforma-trabalhista>. Acesso em: 03 jan. 2019.

(145) GERCINA, Cristiane. Acordos para cortar salário reduzem ganhos em 20% em 2018. *Folha de S. Paulo*. 22 dez. 2018. Disponível em: <https://www1.folha.uol.com.br/mercado/2018/12/acordos-para-cortar-salario-reduzem-ganhos-em-20-em-2018.shtml>. Acesso em: 07 jan. 2019.

(146) 10% da população concentrava 43,3% da renda do país em 2017, diz IBGE. *Uol*. 11 abr. 2018. Disponível em: <https://economia.uol.com.br/noticias/redacao/2018/04/11/concentracao-renda-ibge.htm>. Acesso em: 19 nov. 2018.

(147) MORAIS, Esmael. Trabalhadores acumulam perdas salariais em 2018. 22 dez. 2018. Disponível em: <https://www.esmaelmorais.com.br/2018/12/trabalhadores-acumulam-perdas-salariais-em-2018/>. Acesso em: 19 jan. 2019.

(148) Consumo das famílias perde fôlego e economistas cortam projeções para 2018. *IPEA*. 08 jul. 2018. Disponível em: <http://www.ipea.gov.br/portal/index.php?option=com_content&view=article&id=33746&catid=131>. Acesso em: 03 jan. 2020.

(149) ABDALA, Vitor. Endividamento de famílias brasileiras atinge maior patamar desde 2015. *Agência Brasil*. 04 abr. 2019. Disponível em: <http://agenciabrasil.ebc.com.br/economia/noticia/2019-04/endividamento-de-familias-brasileiras-atinge-maior-patamar-desde-2015>. Acesso em: 03 jan. 2019.

(150) VILELA, Pedro Rafael; MÁXIMO, Wellton. Desemprego derruba arrecadação da Previdência em R$ 15 bilhões. *Agência Brasil*. 21 set. 2018. Disponível em: <http://agenciabrasil.ebc.com.br/economia/noticia/2018-09/desemprego-derruba-arrecadacao-da-previdencia-em-r-15-bilhoes>. Acesso em: 07 jan. 2019.

(151) Déficit da Previdência foi de R$ 31,5 bilhões em setembro; futuro ministro da Fazenda diz que reforma é prioridade. *OABPrev São Paulo*. 31 out. 2018. Disponível em: <http://www.oabprev-sp.org.br/deficit-da-previdencia-foi-de-r-315-bilhoes-em-setembro-futuro-ministro-da-fazenda-diz-que-reforma-e-prioridade/>. Acesso em: 17 jan. 2019.

(152) Contas públicas devem fechar 2018 com déficit de R$ 148,171 bilhões. *Economia. IG*. 16 ago. 2018. Disponível em: <https://economia.ig.com.br/2018-08-16/deficit-nas-contas-publicas-em-2018.html>. Acesso em: 07 jan. 2019.

17. aumento da miséria(153);

18. aumento da desigualdade social(154), sendo que, precisamente, já se chegou, aqui, no último período, ao resultado de que a renda dos 1% mais ricos foi 36 vezes superior à média dos mais pobres, sendo que nem mesmo esse acúmulo fica no país, já que os ricos aumentaram, de forma recorde, o volume de suas remessas ao exterior(155);

19. fragilização dos sindicatos(156).

Diante dos números de um nítido processo de autêntico desmantelamento do mercado de trabalho nacional, do rebaixamento generalizado da cidadania, do esfacelamento da democracia, do desprezo assumido aos Direitos Humanos e ao meio ambiente, o que se produziu foi uma baixa expectativa econômica, fazendo com que, em agosto de 2019, se tenha verificado a maior fuga, em 23 anos, de capital estrangeiro da bolsa, no montante de cerca de R$ 10,79 bilhões (líquidos)(157).

Na pandemia, as fragilizações dos direitos sociais impostas pela "reforma" trabalhista e pela posterior "reforma" previdenciária foram mantidas e continuaram produzindo seus nefastos efeitos humanos e também econômicos. E o governo federal, além disso, ainda adicionou novas fórmulas de precarização das condições de trabalho, por intermédio das MPs 927 e 936, potencializando, desse modo, os efeitos nefastos da crise sanitária entre os trabalhadores e trabalhadoras.

A pandemia, assim, tem se caracterizado como o período do aumento do sofrimento no trabalho. Aumento considerável da depressão, da ansiedade e do stress decorrentes do trabalho(158).

---

(153) BÔAS, Bruno Villas. Pobreza extrema aumenta 11% e atinge 14,8 milhões de pessoas. *Valor Econômico*. 12 abr. 2018. Disponível em: <https://www.valor.com.br/brasil/5446455/pobreza-extrema-aumenta-11-e-atinge-148-milhoes-de-pessoas>. Acesso em: 19 jan. 2019.

(154) CARRANÇA, Thais. Reforma Trabalhista aumentou a desigualdade, dizem pesquisadores. *Valor Econômico*. 25 jun. 2018. Disponível em: <https://www.valor.com.br/brasil/5617411/reforma-trabalhista-aumentou-desigualdade-dizem-pesquisadores>. Acesso em: 20 jan. 2019.

(155) Remessa ao exterior passa de US$ 1 bi e bate recorde no primeiro semestre. *Folha de S. Paulo*. 22 ago. 2018. Disponível em: <https://www1.folha.uol.com.br/mercado/2018/08/remessa-ao-exterior-passa-de-us-1-bi-e-bate-recorde-no-primeiro-semestre.shtml>. Acesso em: 17 nov. 2019.

(156) SILVA, Cleide. Fusão é alternativa encontrada por sindicatos para sobreviver à crise. *Estadão*. 25 fev. 2019. Disponível em: <https://economia.estadao.com.br/noticias/geral,fusao-e-alternativa-encontrada-por-sindicatos-para-sobreviver-a-crise,70002734555>. Acesso em: 18 ago. 2019.

(157) MACHADO, Juliana; NEIRA, Ana Carolina. Saída mensal de capital externo na bolsa é recorde. *Valor Econômico*. 04 set. 2019. Disponível em: <https://valor.globo.com/financas/noticia/2019/09/04/saida-mensal-de-capital-externo-na-bolsa-e-recorde.ghtml>. Acesso em: 20 out. 2020.

(158) GAMEIRO, Nathállia. Depressão, ansiedade e estresse aumentam durante a pandemia. *Fiocruz Brasília*. 13 ago. 2020. Disponível em: <https://www.fiocruzbrasilia.fiocruz.br/depressao-ansiedade-e-estresse-aumentam-durante-a-pandemia/>. Acesso em: 20 set. 2020.

A situação de dificuldade no trabalho tem sido igualmente intensa no trabalho praticado à distância (teletrabalho, trabalho à distância ou "home office"), sobretudo por conta da multiplicidade de tarefas acrescidas ao trabalho doméstico, o que afetou, sobretudo, as trabalhadoras, dada cultura machista que ainda é determinante da divisão sexual do trabalho. As doenças psíquicas invadem de vez o mundo do trabalho por conta da perda de referência do ambiente familiar e também do excesso de trabalho proporcionado por esse tipo de prestação de serviço.

Na semana de 21 a 27 de junho, o IBGE indicava, nas pesquisas realizadas no âmbito da PNAD-Covid-19, que 8,6 milhões de brasileiros(as) estavam "trabalhavam remotamente". Este número era de 3,8 milhões, em 2018.

Fato é que se para quase todas as pessoas a vida foi muito difícil em 2020, para os trabalhadores foi mais difícil e para as trabalhadoras foi ainda pior. E o resultado pode ser dobrado na intersecção da questão de gênero com a questão racial[159].

Com a acumulação dessas atitudes de enfrentamento da pandemia, desprezando o valor do trabalho e os direitos fundamentais de quem trabalhava salvando vidas, o número total de trabalhadores empregados com carteira assinada no setor privado saiu de 33.096.000, em março/20, para 30.154.000, no trimestre encerrado em junho/20 e chegou a 29.366, em setembro de 2020, 29.885, em dezembro de 2020, e a 29.570, em março de 2021.

Mesmo com o auxílio de mais de R$ 22 bilhões do governo ao empresariado, sobretudo a grandes empresas, para a redução de salários e suspensão de contratos de trabalho, os empregos não foram mantidos.

Ao todo, até 04 de novembro de 2020, segundo dados do Ministério da Economia[160], 1.457.806 empregadores se valeram das possibilidades jurídicas criadas pela MP 936, e efetivaram 19.070.334 acordos. Vale lembrar que estamos falando de um universo de 3.554.000 empregadores com CNPJ.

Dos 29 milhões de trabalhadores com carteira assinada, 9.782.754 tiveram seus contratos suspensos ou seus salários reduzidos nas proporções de 25, 50 ou 70%, ou mesmo mais de um efeito de forma sucessiva.

Ou seja, praticamente 1/3 dos empregados no setor privado tiveram redução em seus rendimentos e mais de 10% perderam o emprego.

---

(159) BARBOSA, Francisco. Mulheres negras são as mais afetadas pelas condições impostas pela pandemia. *Brasil de Fato.* Fortaleza (CE). 24 ago. 2020. Disponível em: <https://www.brasildefato.com.br/2020/08/28/mulheres-negras-sao-as-mais-afetadas-pelas-condicoes-impostas-pela-pandemia>. Acesso em: 20 nov. 2020.

(160) SOUTO MAIOR, Jorge Luiz. Retrospectiva 2020: a realidade da classe trabalhadora que não se vê por aí. *Blog Jorge Luiz Souto Maior.* 31 dez. 2020. Disponível em: <https://www.jorgesoutomaior.com/blog/retrospectiva-2020-a-realidade-da-classe-trabalhadora-que-nao-se-ve-por-ai>. Acesso em: 10 jan. 2021.

Ou seja, mesmo com a considerável redução do custo de produção, determinado pelo rebaixamento da renda os trabalhadores, e também o grandioso auxílio financeiro concedido pelo Estado às grandes empresas (que foram as que mais de valeram dos benefícios trazidos pelas MPs do governo federal), o saldo negativo foi o de quase 4 milhões de empregos

Assim, em março de 2021, 14,8 milhões de desempregados, uma taxa de desemprego na ordem de 14,7% e 6,0 milhões de desalentados.

Além disso, houve aumento expressivo das formas precárias de contratação, em substituição dos denominados contratos de emprego pleno.

Dados divulgados, em fevereiro de 2021, pelo Ministério da Economia, revelam que mais da metade dos contratos de trabalho com carteira assinada formalizados em 2020 diziam respeito ao trabalho intermitente. Ao todo houve a formalização de 142 mil novas relações de emprego, mas deste total 73,1 mil foram por meio de contratos de trabalho intermitente[(161)].

E, como observado por Valdete Souto Severo, em texto publicado em 31.05.21:

> Não é só o efeito da Covid-199, com suas mais de 461 mil mortes prematuras, o legado de 37 mil benefícios previdenciários a mais por auxílio-doença em 2020 e as tantas pessoas desamparadas, porque perderam quem as sustentavam, nutriam e amavam, que impõe a reação coletiva. Há um aprofundamento assustador da desigualdade. São 61,1 milhões de pessoas pobres, 19,3 milhões devolvidas à extrema pobreza; 14,8 milhões de desocupadas; 6 milhões desalentadas e uma taxa de subutilização de 29,7% da população economicamente ativa. Ao mesmo tempo, em abril de 2021 o Brasil passou a contar 10 novos bilionários. Os 65 brasileiros mais ricos somaram, então, um patrimônio de US$ 219,10 bilhões.[(162)]

O reflexo concreto de tudo isso é que o Brasil voltou a integrar o Mapa da Fome, posição que havia deixado em 2014, quando, por efeito de algumas políticas sociais, no período de 2001 a 2017, se reduziu a pobreza em 15% e a extrema pobreza em 25%.

---

(161) PEREIRA, Thiago. Trabalho intermitente responde por metade das vagas criadas em 2020. *Brasil de Fato. Rede Brasil Atual*. 12 fev. 2021. Disponível em: <https://www.brasildefato.com.br/2021/02/12/trabalho-intermitente-responde-por-metade-das-vagas-criadas-em-2020>. Acesso em: 15 abr. 2021.

(162) SOUTO MAIOR, Jorge Luiz. A Luta me chama, eu tenho que ir pra Rua! *Blog Jorge Luiz Souto Maior*. 04 jun. 2021. Disponível em: <https://www.jorgesoutomaior.com/blog/a-luta-me-chama-eu-tenho-que-ir-pra-rua>. Acesso em: 15 jun. 2021.

Dados de 2021 apontam que quase 117 milhões de brasileiros e brasileiras não têm acesso pleno e permanente a alimentos e 19,1 milhões efetivamente passam fome.(163)

Neste contexto, dizer que os empregadores têm o direito de promover de forma imotivada (arbitrária e sem dar qualquer satisfação a ninguém) dispensas coletivas (e mesmo individuais) não é apenas um erro do ponto de vista jurídico, é também uma ode ao caos social, econômico e humano, constituindo, por isso mesmo, tanto uma forma de destruição de qualquer projeto de nação brasileira.

(163) Número de pessoas com fome vai a 19 milhões, e insegurança alimentar dispara no Brasil. *Rede Brasil Atual.* 05 abr. 2021. Disponível em: <https://www.redebrasilatual.com.br/cidadania/2021/04/pessoas-com-fome-19-milhoes-inseguranca-alimentar-dispara-no-brasil/>. Acesso em: 20 jun. 2021.

13. A Proteção do Emprego na Pandemia no Âmbito Internacional

Se a proteção do emprego já é essencial em tempos de "normalidade" quanto mais ela se justifica e até se amplia em situações de crise humanitária, também como forma de impedir que os ímpetos egoístas de grandes empresas, pensando exclusivamente em manter seus lucros e nos interesses de seus acionistas, podem agravar os problemas sociais e econômicos, gerando, inclusive, um grande déficit democrático, já que é da distopia e da anomia que nascem as figuras messiânicas que impulsionam os regimes totalitários.

Daí porque, como informam Lorena e Augusto:

> a Comissão Interamericana de Direitos Humanos (CIDH), por meio da Resolução n. 1/2020, de 10 de abril de 2020, intitulada 'Pandemia e Direitos Humanos nas Américas', exorta os Estados-membros, entre eles o Brasil, em seu item 5, a assegurarem o respeito aos direitos econômicos, sociais, culturais e ambientais de sua população. Ademais, recomenda que os Estados-membros garantam rendas e meios de subsistência a todos os trabalhadores, priorizando a proteção dos empregos, dos salários, da liberdade sindical e da negociação coletiva, bem como outros direitos, laborais e sindicais. Os Estados também devem exigir que as empresas respeitem os direitos humanos e sejam responsabilizadas por possíveis abusos e impactos negativos sobre esses últimos, inclusive em relação aos trabalhadores.(164)

Além disso:

> a Corte Interamericana de Direitos Humanos (Corte IDH) também emitiu a Declaração n. 1/20, de 09 de abril de 2020, relativa à "Covid-19 e direitos humanos: os problemas e desafios devem ser abordados a partir de uma perspectiva de direitos humanos e com respeito às obrigações internacionais'. Nesse documento, a Corte recomenda que as medidas de enfrentamento à pandemia global causada pelo coronavírus Covid-19 sejam '[...] tomadas no âmbito do Estado de Direito, em plena

(164) PORTO, Lorena Vasconcelos; MEIRINHO, Augusto Grieco Sant'Anna. A dispensa em massa e a pandemia de COVID19. *Rev. Trib. Reg. Trab. 3ª Reg.*, Belo Horizonte, edição especial, t. II, p. 477-507, jul. 2020, p. 480-481.

> observância aos instrumentos interamericanos de proteção dos direitos humanos e à jurisprudência deste Tribunal'. A Corte IDH exorta os Estados-membros a terem '[...] o cuidado para que se preservem os postos de trabalho e se respeitem os direitos trabalhistas de todos os trabalhadores e trabalhadoras'.(165)

Por conta disso, concluem com precisão os autores citados:

> Desse modo, não podem ser adotadas medidas de enfrentamento à pandemia causada pelo Covid-19 que violem os tratados firmados no âmbito da OEA e ratificados pelo Brasil, como o Pacto de São José da Costa Rica e o Protocolo de San Salvador, e, portanto, que não respeitem os direitos dos trabalhadores, como a garantia da negociação coletiva prévia à dispensa em massa. Os direitos sociais baseiam-se na solidariedade e esta é fundamental para o enfrentamento de qualquer pandemia, inclusive daquela atual causada pelo Covid-19.(166)

(165) PORTO, Lorena Vasconcelos; MEIRINHO, Augusto Grieco Sant'Anna. A dispensa em massa e a pandemia de COVID19. *Rev. Trib. Reg. Trab. 3ª Reg.*, Belo Horizonte, edição especial, t. II, p. 477-507, jul. 2020, p. 481.

(166) *Idem.*

14. Conclusão

Não é possível, pois, que, diante de tantos compromissos históricos e de tantas normas jurídicas advindas destes mesmos compromissos, de tantos fundamentos e dispositivos legais em sentido contrário, se promova, de forma completamente arbitrária e propósitos socialmente invertidos, a sobreposição de um único artigo de lei, feito por encomenda de parte do setor econômico, trazido no bojo da "reforma" trabalhista levada a efeito em período de autêntica ruptura democrática, para conferir aos empregadores a "liberdade" de, sem qualquer explicitação de motivação e instauração de diálogo social, sacrificarem vidas, causarem sofrimento e potencializarem os efeitos sociais e econômicos da crise que a todos assola. Um artigo de lei que, ademais, nem chega a dizer isso explicitamente.

Essa suposta "liberdade" de conduzir pessoas ao desemprego, ademais, como visto, não está assegurada em praticamente nenhum país do mundo, ainda mais em tempos de pandemia. Segundo Ronaldo Lima dos Santos, a negociação coletiva, como "ingrediente do diálogo social", está regulamentada em "81% dos países-membros da Organização Internacional do Trabalho (OIT)"(167). E, conforme explicitado na petição inicial da Ação Civil Pública movida pelo Ministério Público do Trabalho no caso Ford, a partir de informações extraídas da "Nota de Información de Dialogue n. 3. Oficina Internacional del Trabajo, Septiembre de 2011", 81,6% dos países dispõem de normas que tratam da dispensa coletiva.

Portanto, não se pode acreditar que o STF, concretamente, venha a dizer que essa suposta "liberdade" esteja juridicamente assegurada, pois uma solução neste sentido representaria grave ato de negacionismo com relação a todos os preceitos constitucionais, supraconstitucionais e infraconstitucionais aplicáveis ao fato, além de significar uma contrariedade à própria função institucional do STF, que deve atuar como guardião da Constituição e não como estimulador de práticas supressivas de Direitos Humanos e Sociais historicamente conquistados e reconhecidos.

Na situação concreta em que se encontra o país, à beira de um caos socioeconômico, vivenciando uma crise humanitária sem precedentes e vendo seriamente ameaçada a própria ordem democrática, desprezar direitos fundamentais de forma

(167) NUZZI, Vitor. Em julgamento no STF, negociação antes de demissão coletiva é ato de cidadania. *Rede Brasil Atual*. 29 maio 2021. Disponível em: <https://www.redebrasilatual.com.br/trabalho/2021/05/julgamento-stf-negociacao-demissao-massa-cidadania/>. Acesso em: 10 jun. 2021.

tão explícita, corroborando, por consequência, os arroubos totalitários e odiosos, seria o mesmo que condenar o país à bancarrota; e, depois disso, não restando mais nada de digno a defender, os próximos passos seriam o de colocar o lacre e expor a placa: "Vende-se ou Aluga-se!".

Referências Bibliográficas

ABDALA, Vitor. Endividamento de famílias brasileiras atinge maior patamar desde 2015. *Agência Brasil.* 04 abr. 2019. Disponível em: <http://agenciabrasil.ebc.com.br/economia/noticia/2019-04/endividamento-de-familias-brasileiras-atinge-maior-patamar-desde-2015>. Acesso em: 03 jan. 2019.

BARBOSA, Francisco. Mulheres negras são as mais afetadas pelas condições impostas pela pandemia. *Brasil de Fato.* Fortaleza (CE). 24 ago. 2020. Disponível em: <https://www.brasildefato.com.br/2020/08/28/mulheres-negras-sao-as-mais-afetadas-pelas-condicoes-impostas-pela-pandemia>. Acesso em: 20 nov. 2020.

BARROS JÚNIOR, Cássio de Mesquita. A convenção n. 158: proteção contra a despedida injustificada. *Revista Trabalho & Doutrina*, dez. 1996.

BASTOS, Celso Ribeiro. *Dicionário de direito constitucional.* São Paulo: Saraiva, 1994.

BÔAS, Bruno Villas. Pobreza extrema aumenta 11% e atinge 14,8 milhões de pessoas. *Valor Econômico.* 12 abr. 2018. Disponível em: <https://www.valor.com.br/brasil/5446455/pobreza--extrema-aumenta-11-e-atinge-148-milhoes-de-pessoas>. Acesso em: 19 jan. 2019.

BOBBIO, Norberto. *A Era dos Direitos.* Rio de Janeiro: Campus, 1992.

BONAVIDES, Paulo. *Curso de Direito Constitucional.* São Paulo: Malheiros, 1997.

BRAGON, Ranieri. Reforma trabalhista não cria novas vagas e defensores culpam crise. *Folha de S. Paulo.* 11 maio 2019. Disponível em: <https://www1.folha.uol.com.br/mercado/2019/05/reforma-trabalhista-nao-cria-novas-vagas-e-defensores-culpam-crise.shtml?utm_source=whatsapp&utm_medium=social&utm_campaign=compwa>. Acesso em: 11 jun. 2021.

BRASIL é o quarto país em número de acidentes fatais no trabalho. *Consultor Jurídico.* 04 jul. 2014. Disponível em: <http://www.conjur.com.br/2014-jul-04/brasil-quarto-pais-numero-acidentes-fatais-trabalho>. Acesso em 07 jan. 2019.

BRASIL registra cerca de 700 mil acidentes de trabalho por ano, afirma ANPT. *ANPT.* 25 abr. 2018. Disponível em: <http://www.anpt.org.br/imprensa/noticias/3304-brasil-registra-cerca--de-700-mil-acidentes-de-trabalho-por-ano-afirma-anpt>. Acesso em: 07 jan. 2019.

CALLEGARI, José Carlos; KALIL, Renan Bernardi. Trabalho e coronavírus na Argentina: o Albertismo na pandemia. In: *Direito do Trabalho e crise sanitária da Covid-19 (leituras críticas desde o GPTC-USP).* Campinas: Lacier Editora, 2021.

CASELLA, Paulo Borba. *Tratado de Versalhes na história do direito internacional.* São Paulo: Quartier Latin, 2007.

CARRANÇA, Thais. Reforma Trabalhista aumentou a desigualdade, dizem pesquisadores. *Valor Econômico.* 25 jun. 2018. Disponível em: <https://www.valor.com.br/brasil/5617411/reforma-trabalhista-aumentou-desigualdade-dizem-pesquisadores>. Acesso em: 20 jan. 2019.

CATHARINO, José Martins. *Em defesa da estabilidade:* despedida *versus* estabilidade. São Paulo: LTr, 1965.

COELHO, Fábio Ulhoa. *Manual de Direito Comercial*. São Paulo: Saraiva, 2003.

COMPARATO, Fábio Konder. O papel do juiz na efetivação dos direitos humanos. *Revista do Tribunal Regional do Trabalho da 15ª Região,* Campinas, São Paulo, n. 14, 2001. Disponível em: <http://trt15.gov.br/escola_da_magistratura/Rev14Art5.pdf>. Acesso em: 04 nov. 2008.

______. A reforma da empresa. In: *Direito Empresarial:* estudos e pareceres. São Paulo: Saraiva, 1990.

CONSUMO das famílias perde fôlego e economistas cortam projeções para 2018. *IPEA*. 08 jul. 2018. Disponível em: <http://www.ipea.gov.br/portal/index.php?option=com_content&view=article&id=33746&catid=131>. Acesso em: 3 jan. 2020.

CONTAS públicas devem fechar 2018 com déficit de R$ 148,171 bilhões. *Economia. IG.* 16 ago. 2018. Disponível em: <https://economia.ig.com.br/2018-08-16/deficit-nas-contas-publicas-em-2018.html>. Acesso em: 07 jan. 2019.

CRISE afeta saúde mental e eleva número de pedidos de afastamento do trabalho. *Rede Brasil Atual.* 28 nov. 2018. Disponível em: <https://www.redebrasilatual.com.br/trabalho/2018/11/crise-afeta-saude-mental-e-faz-aumentar-pedidos-de-afastamento-do-trabalho>. Acesso em: 03 jan. 2019.

DÉFICIT da Previdência foi de R$ 31,5 bilhões em setembro; futuro ministro da Fazenda diz que reforma é prioridade. *OABPrev São Paulo.* 31 out. 2018. Disponível em: <http://www.oabprev-sp.org.br/deficit-da-previdencia-foi-de-r-315-bilhoes-em-setembro-futuro-ministro-da-fazenda-diz-que-reforma-e-prioridade/>. Acesso em: 17 jan. 2019

FERNANDES, Anaïs. Maiores bancos lucram R$ 73 bi em ano marcado por retomada do crédito. *Folha de S. Paulo*. 14 fev. 2019. Disponível em: <https://www1.folha.uol.com.br/mercado/2019/02/maiores-bancos-lucram-r-73-bi-em-ano-marcado-por-retomada-do-credito.shtml?origin=folha>. Acesso em: 12 jun. 2020.

FRANCISCO, José Antônio. *A questão da hierarquia entre lei complementar e ordinária no direito tributário*. Disponível em: <http://bully.sites.uol.com.br/monografias/hierarquia.htm>; e LUZ, Ivani Silva da. *Lei complementar e lei ordinária*. Disponível em: <http://www.neofito.com.br/artigos/art01/const39.htm>. Acesso em: 20 set. 2020.

GAMEIRO, Nathállia. Depressão, ansiedade e estresse aumentam durante a pandemia. *Fiocruz Brasília.* 13 ago. 2020. Disponível em: <https://www.fiocruzbrasilia.fiocruz.br/depressao-ansiedade-e-estresse-aumentam-durante-a-pandemia/>. Acesso em: 20 set. 2020.

GERCINA, Cristiane. Acordos para cortar salário reduzem ganhos em 20% em 2018. *Folha de S. Paulo.* 22 dez. 2018. Disponível em: <https://www1.folha.uol.com.br/mercado/2018/12/acordos-para-cortar-salario-reduzem-ganhos-em-20-em-2018.shtml>. Acesso em> 07 jan. 2019.

JEAMMAUD, Antoine. *La Mondialisation, épreuve pour le droit du travail in Globalizzazione e diritto del lavoro*. Bologne: Il Mulino, 2001.

OLEA, Manoel Alonso. *Introdução do Direito do Trabalho*. Tradução: Carlos Alberto Barata Silva, em colaboração com Darci Rodrigues de Oliveira Santana. São Paulo: LTr, 1984.

JUIZ de SP não aplica reforma trabalhista e reverte demissão em massa em hospitais. *SIND-METP*. 29 nov. 2017. Disponível em: <https://www.sindmetalpinda.com.br/juiz-nao-aplica--reforma-trabalhista-e-reverte-demissao-em-massa/>. Acesso em: 13 jun. 2020.

JUSTIÇA declara nula a dispensa em massa da Usina Tamoio, em Araraquara. B*rasilagro*. 22 nov. 2017. Disponível em: <http://www.brasilagro.com.br/conteudo/justica-declara-nula-a--dispensa-em-massa-da-usina-tamoio-em-araraquara-.html>. Acesso em: 12 jun. 2021.

LARENZ, Karl. *Derecho Civil — parte general*. Tradução e notas de Miguel Izquierdo y Macías-Picaveva. Editorial Revista de Derecho Privado, Editoriales de Derecho Reunidas, 1978.

LIMA, Flavia. Empresas fecham 1,9 milhão de vagas com carteira para jovens. *Folha de S. Paulo*. 24 mar. 2019. Disponível em: <https://www1.folha.uol.com.br/mercado/2019/03/empresas--fecham-19-milhao-de-vagas-com-carteira-para-jovens.shtml>. Acesso em: 13 jun. 2021.

LONGO, Ivan. Um dos 1200 demitidos da faculdade Estácio, professor dispara: "Objetivo é reduzir direitos trabalhistas". *Forum*. 07 dez. 2017. Disponível em: <https://revistaforum.com.br/brasil/um-dos-1200-demitidos-da-faculdade-estacio-professor-dispara-objetivo-e-reduzir-direitos-trabalhistas/>. Acesso em: 13 abr. 2021.

LUCRO das empresas de capital aberto cresce em 2018. *Investimentos e Notícias*. 05 abr. 2019. Disponível em: <http://www.investimentosenoticias.com.br/bolsa-de-valores/lucro-das-empresas-de-capital-aberto-cresce-em-2018>. Acesso em: 13 jun. 2021.

MACHADO, Juliana; NEIRA, Ana Carolina. Saída mensal de capital externo na bolsa é recorde. *Valor Econômico*. 04 set. 2019. Disponível em: <https://valor.globo.com/financas/noticia/2019/09/04/saida-mensal-de-capital-externo-na-bolsa-e-recorde.ghtml>. Acesso em: 20 out. 2020.

MATTOS, Marcelo Badaró. *Trabalhadores e sindicatos no Brasil*. Rio de Janeiro: Vício de Leitura, 2002.

MORAES FILHO, Evaristo. *Do contrato de trabalho como elemento da empresa*. São Paulo: LTr, 1993.

______. *A Justa Causa na Rescisão do Contrato de Trabalho*. 2. ed. Rio de Janeiro: Forense, 1968.

MORAIS, Esmael. *Trabalhadores acumulam perdas salariais em 2018*. 22 dez. 2018. Disponível em: <https://www.esmaelmorais.com.br/2018/12/trabalhadores-acumulam-perdas-salariais--em-2018/>. Acesso em: 19 jan. 2019.

MORENO, Joanna Assis e Carolina. Estudo mostra que 66% de mortos por Covid-19 na Grande SP ganhavam menos de 3 salários mínimos. *G1-Globo*. 16 juun. 2020. Disponível em: <https://g1.globo.com/sp/sao-paulo/noticia/2020/06/16/estudo-mostra-que-66percent-de-mortos--por-Covid-19-na-grande-sp-ganhavam-menos-de-3-salarios-minimos.ghtml>. Acesso em: 12 jun. 2021.

NAVARRA, Nathália G. Crise sanitária e experiência trabalhista comparada: o caso da Espanha. In: *Direito do Trabalho e crise sanitária da Covid-19 (leituras críticas desde o GPTC-USP)*. Campinas: Lacier Editora, 2021.

NÚMERO de acordos e convenções coletivas cai após reforma trabalhista. *Rede Brasil Atual.* 26 abr. 2018. Disponível em: <https://www.redebrasilatual.com.br/trabalho/2018/04/numero-de-acordos-e-convencoes-coletivas-reduz-apos-reforma-trabalhista>. Acesso em: 03 jan. 2019.

NÚMERO de pessoas com fome vai a 19 milhões, e insegurança alimentar dispara no Brasil. *Rede Brasil Atual.* 05 abr. 2021. Disponível em: <https://www.redebrasilatual.com.br/cidadania/2021/04/pessoas-com-fome-19-milhoes-inseguranca-alimentar-dispara-no-brasil/>. Acesso em: 20 jun. 2021.

NUZZI, Vitor. Em julgamento no STF, negociação antes de demissão coletiva é ato de cidadania. *Rede Brasil Atual.* 29 maio 2021. Disponível em: <https://www.redebrasilatual.com.br/trabalho/2021/05/julgamento-stf-negociacao-demissao-massa-cidadania/>. Acesso em: 10 jun. 2021.

OLIVEIRA, Cida de. Desmonte da legislação trabalhista aumenta número de acidentes e mortes. *Rede Brasil Atual.* 09 ago. 2018. Disponível em: <https://www.redebrasilatual.com.br/trabalho/2018/08/desmonte-da-legislacao-aumenta-numero-de-acidentes-e-mortes-no-trabalho>. Acesso em: 03 jan. 2019.

PACTO da Sociedade das Nações. Liga das Nações. *DHNET*. Disponível em: <http://www.dhnet.org.br/direitos/anthist/his1919.htm>. Acesso em: 02 jun. 2021.

PEREIRA, Thiago. Trabalho intermitente responde por metade das vagas criadas em 2020. *Brasil de Fato. Rede Brasil Atual.* 12 fev. 2021. Disponível em: <https://www.brasildefato.com.br/2021/02/12/trabalho-intermitente-responde-por-metade-das-vagas-criadas-em-2020>. Acesso em: 15 abr. 2021.

PIOVESAN, Flávia. Introdução ao Sistema Interamericano de Proteção dos Direitos Humanos: a Convenção Americana sobre Direitos Humanos. In: *Sistema Interamericano de Proteção dos Direitos Humanos:* legislação e jurisprudência. São Paulo: Centro de Estudos da Procuradoria Geral do Estado de São Paulo, 2001.

PNAD Contínua: taxa de desocupação é de 12,7% e taxa de subutilização é de 25,0% no trimestre encerrado em março de 2019. *Agência IBGE Notícias*. 30 abr. 2019. Disponível em: <https://agenciadenoticias.ibge.gov.br/agencia-sala-de-imprensa/2013-agencia-de-noticias/releases/24284-pnad-continua-taxa-de-desocupacao-e-de-12-7-e-taxa-de-subutilizacao-e--de-25-0-no-trimestre-encerrado-em-marco-de-2019>. Acesso em: 11 jun. 2021

PORTO, Lorena Vasconcelos; MEIRINHO, Augusto Grieco Sant'Anna. A dispensa em massa e a pandemia de COVID19. *Rev. Trib. Reg. Trab. 3ª Reg.*, Belo Horizonte, edição especial, t. II, p. 477-507, jul. 2020.

______. Tese de doutorado, *La disciplina dei licenziamenti in Italia e nel diritto comparato: una proposta per il diritto del lavoro in Brasile*, apresentada à "Facoltà di Giurisprudenza della Università degli Studi di Roma 'Tor Vergata', sob orientação do professor Giancarlo Perone, em 2008. p. 112-113. Disponível em: <https://art.torvergata.it/retrieve/handle/2108/1034/7107/Tese.pdf>. Acesso em: 20 maio 2021.

QUINTINO, Larissa. Após reforma, ações trabalhistas caem 34% em 2018. *Veja*. 24 jan. 2019. Disponível em: <https://veja.abril.com.br/economia/apos-reforma-trabalhista-acoes-trabalhistas-caem-34-em-2018/>. Acesso em: 12 jun. 2021.

REIS, Daniela Muradas. *O princípio da vedação do retrocesso no direito do trabalho*. São Paulo: LTr, 2010.

REMESSA ao exterior passa de US$ 1 bi e bate recorde no primeiro semestre. *Folha de S. Paulo*. 22 ago. 2018. Disponível em: <https://www1.folha.uol.com.br/mercado/2018/08/remessa-ao-exterior-passa-de-us-1-bi-e-bate-recorde-no-primeiro-semestre.shtml>. Acesso em: 17 nov. 2019.

ROLLI, Claudia. É tempo de informalidade e flexibilização do trabalho no país. *Folha de S. Paulo*. 05 dez. 2018. Disponível em: <https://www1.folha.uol.com.br/seminariosfolha/2018/12/e-tempo-de-informalidade-e-flexibilizacao-do-trabalho-no-pais.shtml. Acesso em: 03 jan. 2019.

SEVERO, Valdete Souto; BARROS, Isabela Pimentel de. Covid-19 e adoecimento emocional no Brasil e na Espanha. In: *Direito do Trabalho e crise sanitária da Covid-19 (leituras críticas desde o GPTC-USP)*. Campinas: Lacier Editora, 2021.

SILVA, Alessandro da. Experiência comparada — impactos da crise na regulação das relações de trabalho na França. In: *Direito do Trabalho e crise sanitária da Covid-19 (leituras críticas desde o GPTC-USP)*. Campinas: Lacier Editora, 2021.

SILVA, Cleide. Fusão é alternativa encontrada por sindicatos para sobreviver à crise. *Estadão*. 25 fev. 2019. Disponível em: <https://economia.estadao.com.br/noticias/geral,fusao-e-alternativa-encontrada-por-sindicatos-para-sobreviver-a-crise,70002734555>. Acesso em: 18 ago. 2019.

SOUTO MAIOR, Jorge Luiz. A Luta me chama, eu tenho que ir pra Rua! *Blog Jorge Luiz Souto Maior*. 04 jun. 2021. Disponível em: <https://www.jorgesoutomaior.com/blog/a-luta-me-chama-eu-tenho-que-ir-pra-rua>. Acesso em: 15 jun. 2021.

______. MP 927: da pandemia ao pandemônio. *Blog Jorge Luiz Souto Maior*. Disponível em: <https://www.jorgesoutomaior.com/blog/mp-927-da-pandemia-ao-pandemonio>. Acesso em: 05 maio 2021.

______. MP 936: do pandemônio à razão? *Blog Jorge Luiz Souto Maior*. Disponível em: <https://www.jorgesoutomaior.com/blog/mp-936-do-pandemonio-a-razao>. Acesso em: 05 maio 2021.

______. Retrospectiva 2020: a realidade da classe trabalhadora que não se vê por aí. *Blog Jorge Luiz Souto Maior*. 31 dez. 2020. Disponível em: <https://www.jorgesoutomaior.com/blog/retrospectiva-2020-a-realidade-da-classe-trabalhadora-que-nao-se-ve-por-ai>. Acesso em: 10 jan. 2021.

______. *Convenção n. 158 da OIT*. Dispositivo que veda a dispensa arbitrária é auto-aplicável. Disponível em: <http://www.fiscosoft.com.br/main_artigos_index.php?PID=127875&printpage=. Acesso em: 15 maio 2021.

SÜSSEKIND, Arnaldo. *LTr* 60-03/333 e MARTINS, Nei Frederico Cano. *Estabilidade provisória no emprego*. São Paulo: LTr, 1995.

______. *Curso de Direito do Trabalho*. Rio de Janeiro: Renovar, 2002.

______. *Convenções da OIT.* São Paulo: LTr, 1994.

VALENTE, Jonas. Total de idosos no mercado de trabalho cresce; precariedade aumenta. *Agência Brasil.* 1º maio 2019. Disponível em: <http://agenciabrasil.ebc.com.br/economia/noticia/2019-05/total-de-idosos-no-mercado-de-trabalho-cresce-precariedade-aumenta>. Acesso em: 11 jun. 2021.

VIANA, Márcio Túlio; RENAULT, Luiz Otávio Linhares. *O que há de novo em direito do trabalho*. São Paulo, LTr, 1997.

VILELA, Pedro Rafael; MÁXIMO, Wellton. Desemprego derruba arrecadação da Previdência em R$ 15 bilhões. *Agência Brasil.* 21 set. 2018. Disponível em: <http://agenciabrasil.ebc.com.br/economia/noticia/2018-09/desemprego-derruba-arrecadacao-da-previdencia-em-r-15-bilhoes>. Acesso em: 07 jan. 2019.

VILLALÓN, Diego Varas; YAMAMOTO, Paulo de Carvalho. A pandemia no pandemônio neoliberal: notas sobre direito e sociedade no Brasil e no Chile em tempos de Coronavírus. In: *Direito do Trabalho e crise sanitária da Covid-19 (leituras críticas desde o GPTC-USP)*. Campinas: Lacier Editora, 2021.

TEIXEIRA, Sérgio Torres. *Proteção à Relação de Emprego*. São Paulo: LTr, 1998.

TOLOTO, Diego Alex; ZAMBONI, Eduardo Felipe Lezo. Relações sanitárias e crise sanitária na Venezuela. In: *Direito do Trabalho e crise sanitária da Covid-19 (leituras críticas desde o GPTC-USP)*. Campinas: Lacier Editora, 2021.

TRINDADE, Antônio Augusto Cançado. *Direito Internacional e direito interno: sua interação na proteção dos Direitos Humanos*. Prefácio da obra: *Instrumentos internacionais de proteção dos Direitos Humanos*. São Paulo: Centro de Estudos da Procuradoria Geral do Estado, 1997.

TRINDADE, José Damião de Lima. *História social dos direitos humanos*. São Paulo: Peirópolis, 2002.

WANDELLI, Leonardo. *Despedida Abusiva:* o direito (do trabalho) em busca de uma nova racionalidade. São Paulo: LTr, 2004.

10% DA POPULAÇÃO concentrava 43,3% da renda do país em 2017, diz IBGE. *Uol.* 11 abr. 2018. Disponível em: <https://economia.uol.com.br/noticias/redacao/2018/04/11/concentracao-renda-ibge.htm>. Acesso em: 19 nov. 2018.

37 PROPOSTAS para enfrentarmos com responsabilidade o Coronavírus e suas consequências. Disponível em: <https://www.change.org/p/governo-federal-37-propostas-para-enfrentarmos-com-responsabilidade-o-coronav%C3%ADrus-e-suas-consequ%C3%AAncias-769092a5-bdd0-4c46-bf36-116be41cea79?recruiter=1060888375&utm_source=share_petition&utm_medium=copylink&utm_campaign=share_petition&utm_term=share_petition>. Acesso em: 20 abr. 2020.